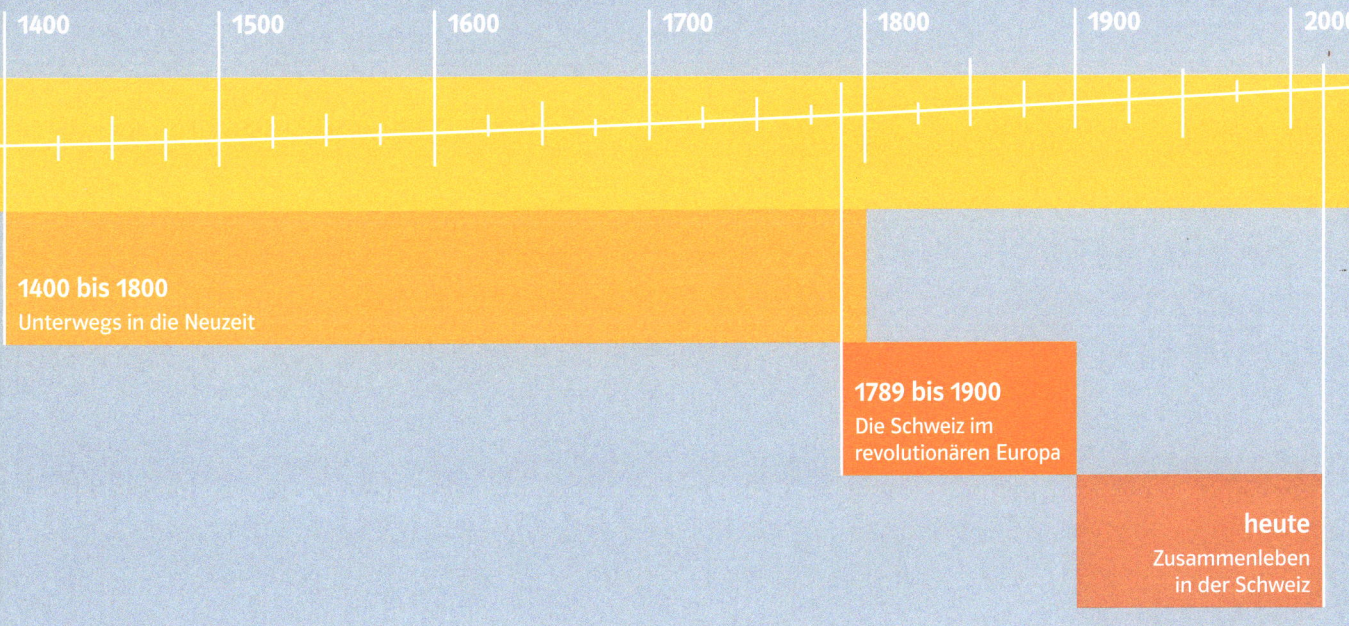

1400 bis 1800
Unterwegs in die Neuzeit

1789 bis 1900
Die Schweiz im revolutionären Europa

heute
Zusammenleben in der Schweiz

   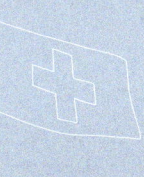  

zeitreise 1

Das Lehrwerk für historisches Lernen im Fachbereich «Räume, Zeiten, Gesellschaften»

Sekundarstufe I

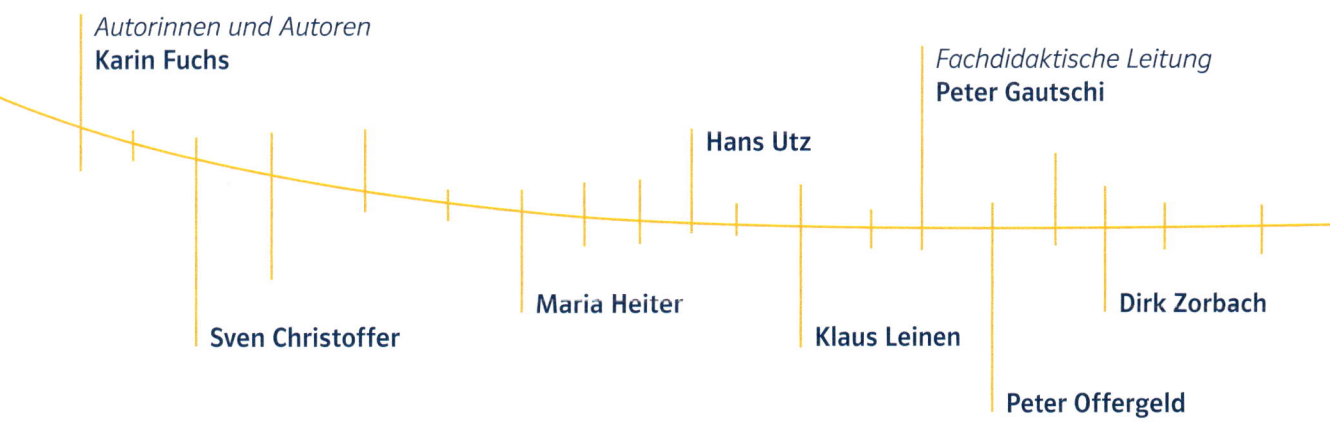

Autorinnen und Autoren
Karin Fuchs

Sven Christoffer

Maria Heiter

Hans Utz

Klaus Leinen

Fachdidaktische Leitung
Peter Gautschi

Peter Offergeld

Dirk Zorbach

Klett und Balmer Verlag

Inhalt

Auf Zeitreise gehen 4
So arbeitest du mit der «Zeitreise» 6

| ca. 500 000 v. Chr. bis heute | 1400 bis 1800 |

1 Eine Reise durch die Zeit 8
  1 Jeder Mensch hat Geschichte 10
  2 *Methode:* Einen Zeitstrahl erstellen 12
  3 Vergangenheit, Gegenwart, Zukunft 14
  4 Woher wir wissen, was früher war 16
  5 *nah dran:* Unser Schulhaus hat Geschichte 18
  6 *Abschluss:* Eine Reise durch die Zeit 20

2 Unterwegs in die Neuzeit 22
  1 Eine neue Sicht 24
  2 Der Blick auf die Welt 26
  3 Auf der Suche nach den Schätzen Indiens 28
  4 Entdeckungen 30
  5 Kolumbus entdeckt Amerika 32
  6 *Rundblick:* Der grösste Seefahrer aller Zeiten 34
  7 Das Aztekenreich 36
  8 Mit Kreuz und Schwert 38
  9 Reichtum für die Europäer 40
  10 Die Welt wird europäisch 42
  11 Ist die Kirche noch zu retten? 44
  12 Die Reformation breitet sich aus 46
  13 Reformation – auch in der Eidgenossenschaft? 48
  14 Ein Christentum – drei Konfessionen? 50
  15 Schweizer Söldner in fremden Diensten 52
  16 Regiert der König allein? 54
  17 *nah dran:* Versailles – die Bühne des Königs 56
  18 *Methode:* Ein Porträt entschlüsseln 58
  19 Der König braucht mehr Geld 60
  20 Das Zeitalter der Aufklärung 62
  21 Neue politische Ideen 64
  22 *Rundblick:* Eine freiere Welt in Amerika? 66
  23 *Abschluss:* Unterwegs in die Neuzeit 68

Anhang *132*
Hinweise für das Lösen der Aufgaben *132*
Methodenglossar *134*
Begriffsglossar *137*
Register *142*
Textquellenverzeichnis *146*
Bildquellenverzeichnis *148*

| 1789 bis 1900 | heute |

3 | Die Schweiz im revolutionären Europa *70*
1. Frankreich in der Krise *72*
2. Die Revolution beginnt *74*
3. Die Erklärung der Menschenrechte *76*
4. *Methode:* Schriftliche Quellen auswerten *78*
5. Frankreich wird Republik *80*
6. Die Revolution wird radikaler *82*
7. *Methode:* Bilder zum Lernen nutzen *84*
8. Die Helvetische Republik *86*
9. Napoleon wird Kaiser der Franzosen *88*
10. Napoleon ordnet Europa neu *90*
11. Napoleon vermittelt in der Schweiz *92*
12. Wien 1815 – die Fürsten ordnen Europa *94*
13. Restauration und Regeneration *96*
14. Eine Schule für alle? *98*
15. Mit Krieg zur Bundesverfassung von 1848 *100*
16. Revolutionen in Europa *102*
17. Die Schweiz: Eine Republik inmitten von Monarchien *104*
18. Gründung des Deutschen Reichs *106*
19. *nah dran:* Bourbaki-Panorama *108*
20. Die Schweiz – ein Bundesstaat *110*
21. Die Schweiz sucht eine gemeinsame Geschichte *112*
22. *Abschluss:* Die Schweiz im revolutionären Europa *114*

4 | Zusammenleben in der Schweiz *116*
1. Müssen wir zur Schule gehen? *118*
2. Was lernen wir in der Schule? *120*
3. *Methode:* Ein Organigramm zeichnen *122*
4. Wer bezahlt die Schule? *124*
5. Wozu gehen wir zur Schule? *126*
6. *Rundblick:* Wie ist Schule anderswo? *128*
7. *Abschluss:* Zusammenleben in der Schweiz *130*

Auf Zeitreise gehen

Geschichte ist überall. Sie ist in unserer Umgebung. Wir treffen auf sie in älteren Fotografien. Auch Häuser, Plätze, Denkmäler oder Strassen haben ihre Geschichte. Und das Wichtigste: Geschichte prägt unser Leben! Deshalb gehen wir auf «Zeitreise».

Sich mit Geschichte zu beschäftigen, ist interessant und oft unterhaltsam. Wer in die Vergangenheit blickt, erweitert seinen Horizont. Wir können aus der Geschichte lernen. Sie stellt uns Antworten auf grosse Fragen bereit: Wie sind wir zu dem geworden, was wir sind? Was ist richtig? Was ist wahr?

Geschichte beeinflusst unser Leben aber auch dann, wenn wir uns nicht bewusst der Vergangenheit zuwenden. Denn alles, was wir heute tun, ist geprägt durch unsere Erfahrungen und Erinnerungen – oft ohne dass wir es merken.

Es ist also doppelt wichtig, dass wir kompetent mit Geschichte umgehen. Dabei helfen dir die folgenden vier Schritte:

1. Vergangenheit und Geschichte wahrnehmen

Sicher bist du schon an vielen Denkmälern vorbeigegangen, ohne dass du sie wahrgenommen hast. Wenn du Geschichte nicht verpassen willst, musst du zuerst deinen Blick schärfen. Wie eine Detektivin, ein Detektiv suchst du Spuren, die in die Vergangenheit führen, und betrachtest sie genau. Dann stellen sich dir viele interessante Fragen.

Wer ist dieser Mann auf dem Denkmal? Wann hat er gelebt? Wer hat das Denkmal errichtet?

Mich beeindruckt Dufour. Seine Vielseitigkeit gefällt mir. Toll, dass es einen General gab, der alle Menschen schützen wollte. Auch finde ich interessant, dass er sich für eine unparteiische und weltoffene Schweiz eingesetzt hat.

4. In Gegenwart und Zukunft handeln

Hilft dir dein Wissen über das Denkmal von Dufour in deinem Alltag? Nützt dir die Geschichte über Dufour etwas? Das kannst nur du selber entscheiden. Geschichte liefert uns Geschichten über Menschen, Orte, Ereignisse. Geschichte liefert Beispiele und Erklärungen, aber keine direkten Lehren und Vorschriften. Deshalb ist Geschichte nie abgeschlossen. Jede und jeder hat die Freiheit und die Möglichkeit, daraus zu lernen.

Auf Zeitreise gehen, das bedeutet wahrnehmen, erschliessen, sich orientieren und handeln. In deinem Schulbuch begegnest du diesen vier Schritten immer wieder. Die Aufgaben im Aufgabenblock rechts unten auf den Themenseiten richten sich danach.

Die Methodenseiten und die linken Abschlussseiten orientieren sich an ihnen; dort kennzeichnen Symbole die einzelnen Schritte.
Am Schluss des Schulbuchs findest du ab S. 132 Materialien, die dir bei der Arbeit behilflich sind.

2. Sich die Vergangenheit und die Geschichte erschliessen

Um deine Fragen zum Denkmal zu beantworten, suchst du nach weiteren Informationen. Du gehst den Spuren entlang, die du gefunden hast. Du betrachtest das Ganze von verschiedenen Seiten. Du recherchierst und hältst fest, was du herausgefunden hast.

Guillaume-Henri Dufour war ein Schweizer Feldherr. Er lebte von 1787 bis 1875. Offenbar war er für Genf so wichtig, dass die Stadt ihm ein Denkmal gesetzt hat.

Dufour war Ingenieur, baute Brücken, leitete die Vermessung der Schweiz. Als besonnener General im Sonderbundskrieg und als Mitbegründer des Roten Kreuzes wurde er berühmt. Er verband militärische, technische und politische Fähigkeiten in ganz aussergewöhnlicher Weise.

3. Sich in Geschichte und Gegenwart orientieren

Du weisst jetzt schon mehr über das Denkmal und die Person. Aber eine Geschichte hast du noch nicht. Deshalb dehnst du als Detektivin, als Detektiv deine Untersuchungen aus: Du befragst andere Menschen, du suchst weitere Materialien und neue Zusammenhänge. So entwickelst du neue Interpretationen und gewinnst neue Erkenntnisse.

So arbeitest du mit der «Zeitreise»

Die «Zeitreise» ist in Themeneinheiten aufgebaut. Sie behandeln einen bestimmten Ausschnitt aus der Geschichte. Die vier Themeneinheiten dieses Bandes sind mit verschiedenen Farben gekennzeichnet.

Wichtige Seiten in deinem Buch:

Themenseite

Der **Titel** führt dich ins Thema ein.

Auf der rechten Seite findest du passende **Materialien**: Quellen und Darstellungen.

Ein **Vorspann** weckt dein Interesse und bringt das Thema der Seite auf den Punkt.

Lexikonartikel klären Begriffe, die im Text vorkommen.

Auf der linken Seite geben dir **Verfassertexte** einen Überblick zum Thema.

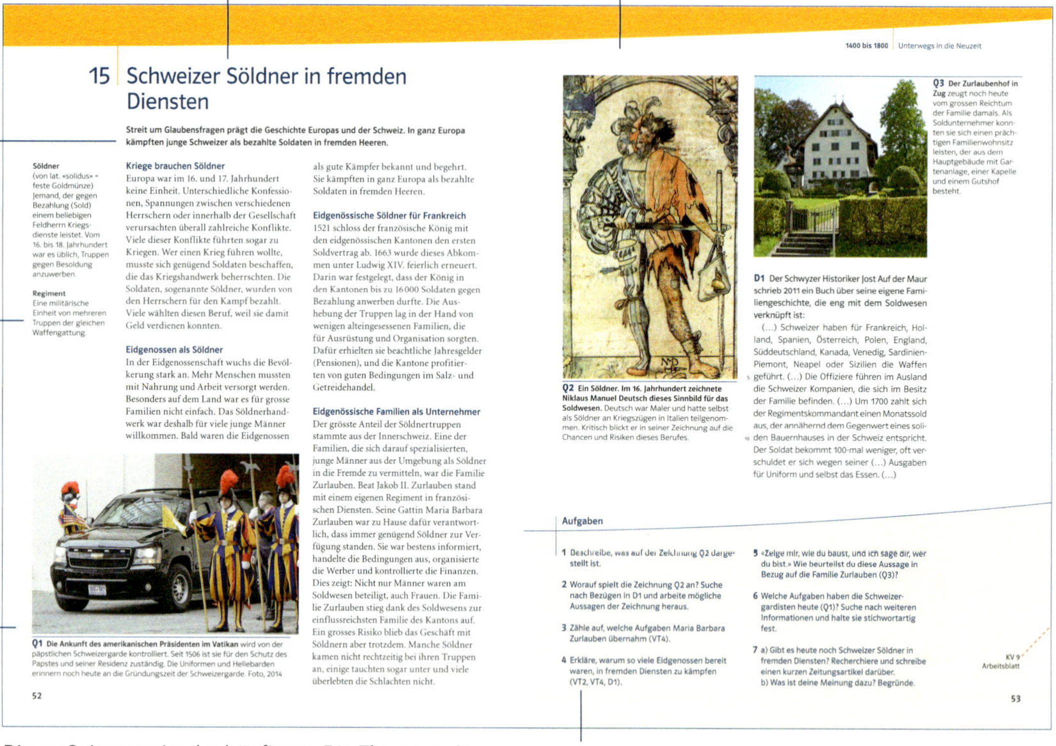

15 Schweizer Söldner in fremden Diensten

Streit um Glaubensfragen prägt die Geschichte Europas und der Schweiz. In ganz Europa kämpften junge Schweizer als bezahlte Soldaten in fremden Heeren.

Söldner
(von lat. «solidus» = feste Goldmünze) Jemand, der gegen Bezahlung (Sold) einem beliebigen Feldherrn Kriegsdienste leistet. Vom 16. bis 18. Jahrhundert war es üblich, Truppen gegen Besoldung anzuwerben.

Regiment
Eine militärische Einheit von mehreren Truppen der gleichen Waffengattung.

Kriege brauchen Söldner
Europa war im 16. und 17. Jahrhundert keine Einheit. Unterschiedliche Konfessionen, Spannungen zwischen verschiedenen Herrschern oder innerhalb der Gesellschaft verursachten überall zahlreiche Konflikte. Viele dieser Konflikte führten sogar zu Kriegen. Wer einen Krieg führen wollte, musste sich genügend Soldaten beschaffen, die das Kriegshandwerk beherrschten. Die Soldaten, sogenannte Söldner, wurden von den Herrschern für den Kampf bezahlt. Viele wählten diesen Beruf, weil sie damit Geld verdienen konnten.

Eidgenossen als Söldner
In der Eidgenossenschaft wuchs die Bevölkerung stark an. Mehr Menschen mussten mit Nahrung und Arbeit versorgt werden. Besonders auf dem Land war es für grosse Familien nicht einfach. Das Söldnerhandwerk war deshalb für viele junge Männer willkommen. Bald waren die Eidgenossen als gute Kämpfer bekannt und begehrt. Sie kämpften in ganz Europa als bezahlte Soldaten in fremden Heeren.

Q1 Die Ankunft des amerikanischen Präsidenten im Vatikan wird von der päpstlichen Schweizergarde kontrolliert. Seit 1506 ist sie für den Schutz des Papstes und seiner Residenz zuständig. Die Uniformen und Hellebarden erinnern noch heute an die Gründungszeit der Schweizergarde. Foto, 2014

Eidgenössische Söldner für Frankreich
1521 schloss der französische König mit den eidgenössischen Kantonen den ersten Soldvertrag ab. 1663 wurde dieses Abkommen unter Ludwig XIV. feierlich erneuert. Darin war festgelegt, dass der König in den Kantonen bis zu 16 000 Soldaten gegen Bezahlung anwerben durfte. Die Aushebung der Truppen lag in der Hand von wenigen alteingesessenen Familien, die für Ausrüstung und Organisation sorgten. Dafür erhielten sie beachtliche Jahresgelder (Pensionen), und die Kantone profitierten von guten Bedingungen im Salz- und Getreidehandel.

Eidgenössische Familien als Unternehmer
Der grösste Anteil der Söldnertruppen stammte aus der Innerschweiz. Eine der Familien, die sich darauf spezialisierten, junge Männer aus der Umgebung als Söldner in die Fremde zu vermitteln, war die Familie Zurlauben. Beat Jakob II. Zurlauben stand mit einem eigenen Regiment in französischen Diensten. Seine Gattin Maria Barbara Zurlauben war zu Hause dafür verantwortlich, dass immer genügend Söldner zur Verfügung standen. Sie war bestens informiert, handelte die Bedingungen aus, organisierte die Werber und kontrollierte die Finanzen. Dies zeigt: Nicht nur Männer waren am Soldwesen beteiligt, auch Frauen. Die Familie Zurlauben stieg dank des Soldwesens zur einflussreichsten Familie des Kantons auf. Ein grosses Risiko blieb das Geschäft mit Söldnern aber trotzdem. Manche Söldner kamen nicht rechtzeitig bei ihren Truppen an, einige tauchten sogar unter und viele überlebten die Schlachten nicht.

52

Q2 Ein Söldner. Im 16. Jahrhundert zeichnete Niklaus Manuel Deutsch dieses Sinnbild für das Soldwesen. Deutsch war Maler und hatte selbst als Söldner an Kriegszügen in Italien teilgenommen. Kritisch blickt er in seiner Zeichnung auf die Chancen und Risiken dieses Berufes.

Q3 Der Zurlaubenhof in Zug zeugt noch heute vom grossen Reichtum der Familie damals. Als Soldunternehmer konnten sie sich einen prächtigen Familienwohnsitz leisten, der aus dem Hauptgebäude mit Gartenanlage, einer Kapelle und einem Gutshof besteht.

D1 Der Schwyzer Historiker Jost Auf der Maur schrieb 2011 ein Buch über seine eigene Familiengeschichte, die eng mit dem Soldwesen verknüpft ist:

(...) Schweizer haben für Frankreich, Holland, Spanien, Österreich, Polen, England, Süddeutschland, Kanada, Venedig, Sardinien-Piemont, Neapel oder Sizilien die Waffen geführt. (...) Die Offiziere führen im Ausland die Schweizer Kompanien, die sich im Besitz der Familie befinden. (...) Um 1700 zahlt sich der Regimentskommandant einen Monatssold aus, der annähernd dem Gegenwert eines soliden Bauernhauses in der Schweiz entspricht. Der Soldat bekommt 100-mal weniger, oft verschuldet er sich wegen seiner (...) Ausgaben für Uniform und selbst das Essen. (...)

Aufgaben

1 Beschreibe, was auf der Zeichnung Q2 dargestellt ist.

2 Worauf spielt die Zeichnung Q2 an? Suche nach Bezügen in D1 und arbeite mögliche Aussagen der Zeichnung heraus.

3 Zähle auf, welche Aufgaben Maria Barbara Zurlauben übernahm (VT4).

4 Erkläre, warum so viele Eidgenossen bereit waren, in fremden Diensten zu kämpfen (VT2, VT4, D1).

5 «Zeige mir, wie du baust, und ich sage dir, wer du bist.» Wie beurteilst du diese Aussage in Bezug auf die Familie Zurlauben (Q3)?

6 Welche Aufgaben haben die Schweizergardisten heute (Q1)? Suche nach weiteren Informationen und halte sie stichwortartig fest.

7 a) Gibt es heute noch Schweizer Söldner in fremden Diensten? Recherchiere und schreibe einen kurzen Zeitungsartikel darüber.
b) Was ist deine Meinung dazu? Begründe.

KV 9
Arbeitsblatt

53

Dieser Seitentyp ist der häufigste. Die **Themenseiten** stellen ein ausgewähltes Thema mit verschiedenen Materialien übersichtlich auf einer Doppelseite dar.

Mit den **Aufgaben** werden die Materialien bearbeitet. Leichte Aufgaben stehen am Anfang.

Auftaktseite

Portfolio

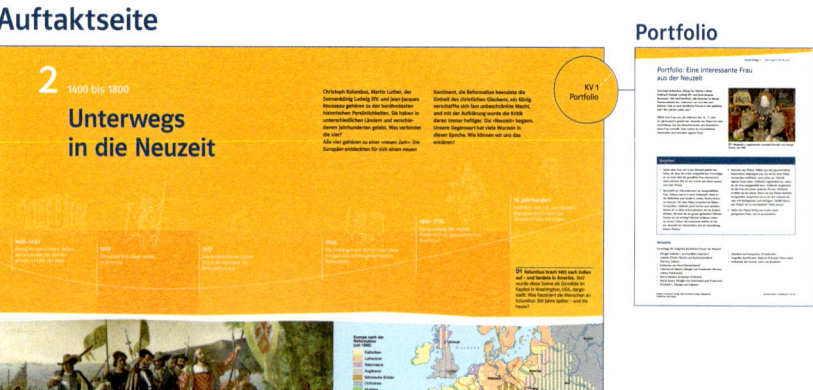

Jede Themeneinheit beginnt mit einer **Auftaktseite**. Ein kurzer Text, ein Zeitstrahl, eine Abbildung und eine Übersichtskarte zeigen dir, worum es in dieser Themeneinheit geht.

Zu jeder Themeneinheit gibt es einen **Portfolioauftrag**. Er leitet dich dazu an, ein eigenes Produkt zu entwickeln. Dadurch lernst du das Handwerk der Historikerin, des Historikers. Den Portfolioauftrag findest du auf dem Arbeitsblatt, das du von deiner Lehrerin, deinem Lehrer erhältst.

Abschlussseite

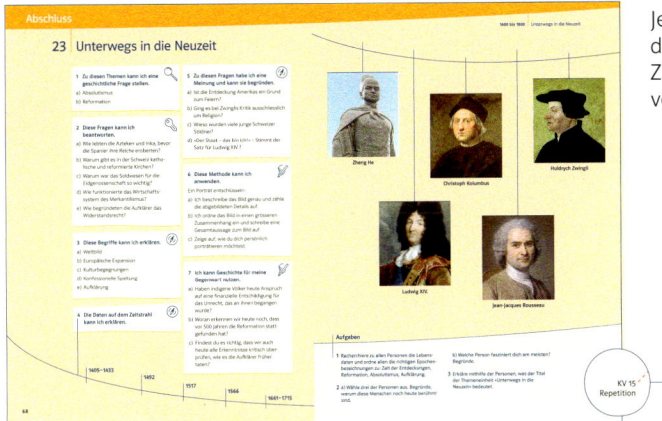

Jede Themeneinheit endet mit einer **Abschlussseite**. Hier kannst du das Gelernte noch einmal repetieren und dich selber testen. Zur **Repetition** kannst du das Arbeitsblatt verwenden, das du von deiner Lehrerin, deinem Lehrer erhältst.

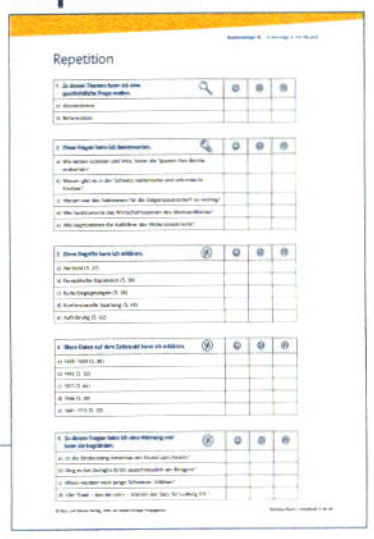

Methode, nah dran, Rundblick

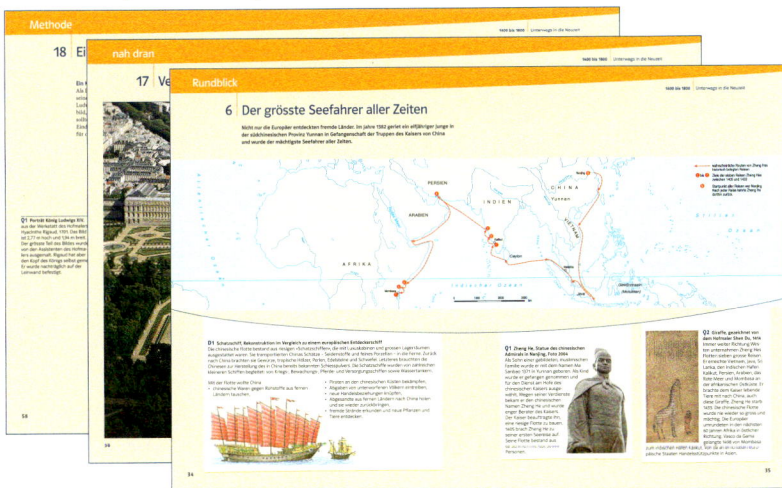

Methode: Hier lernst du Methoden kennen, die du im Umgang mit Geschichte brauchst: historische Texte verstehen, Bilder untersuchen, über Vergangenes erzählen usw.

nah dran: Hier begegnest du der Vergangenheit, wie sie sich in unserer heutigen Welt zeigt. Grossformatige Abbildungen machen Geschichte in allen Details greifbar.

Rundblick: Hier blickst du in die weite Welt. Du erfährst, was zum selben Thema an anderen Orten zur gleichen Zeit geschah. So lernst du andere Kulturen kennen.

Folgende Abkürzungen und Symbole sollst du dir merken:

Q1 Das Q-Symbol steht für **Quellen**: Texte, Bilder und Gegenstände, die aus vergangenen Zeiten übrig geblieben sind. Quellen dienen dir dazu, selber etwas über die Vergangenheit herauszufinden.

D1 Das D-Symbol bezeichnet **Darstellungen** von Geschichte: Es sind Berichte heutiger Forscherinnen und Forscher, die dir etwas erklären wollen. Auch heute entwickelte Schaubilder oder Karten zählen zu den Darstellungen.

VT Steht für **Verfassertext**. Das ist eine besondere Form einer Darstellung, die von einer Autorin, einem Autor für die «Zeitreise» geschrieben wurde. Der Verfassertext ist in Abschnitte gegliedert. VT1 bedeutet «erster Abschnitt des Verfassertextes», VT4 bedeutet «vierter Abschnitt des Verfassertextes».

ET Steht für **Erzähltext**. Dabei handelt es sich um einen erfundenen Text, den sich die Autorin, der Autor ausgedacht hat. Die Geschichte könnte so passiert sein.

Weitere **Lernangebote** zu den Themen dieses Buches gibt es als Arbeitsblätter und 3D-Modell. Deine Lehrerin, dein Lehrer stellt dir die Materialien zur Verfügung.

1 ca. 500 000 v. Chr. bis heute

Eine Reise durch die Zeit

vor 500 000 – 400 000 Jahren
Die Menschen lernen Feuer zu machen.

vor ca. 5000 Jahren
Die Menschen erfinden das Rad.

1 n. Chr.
Christi Geburt – unsere Zeitrechnung beginnt.

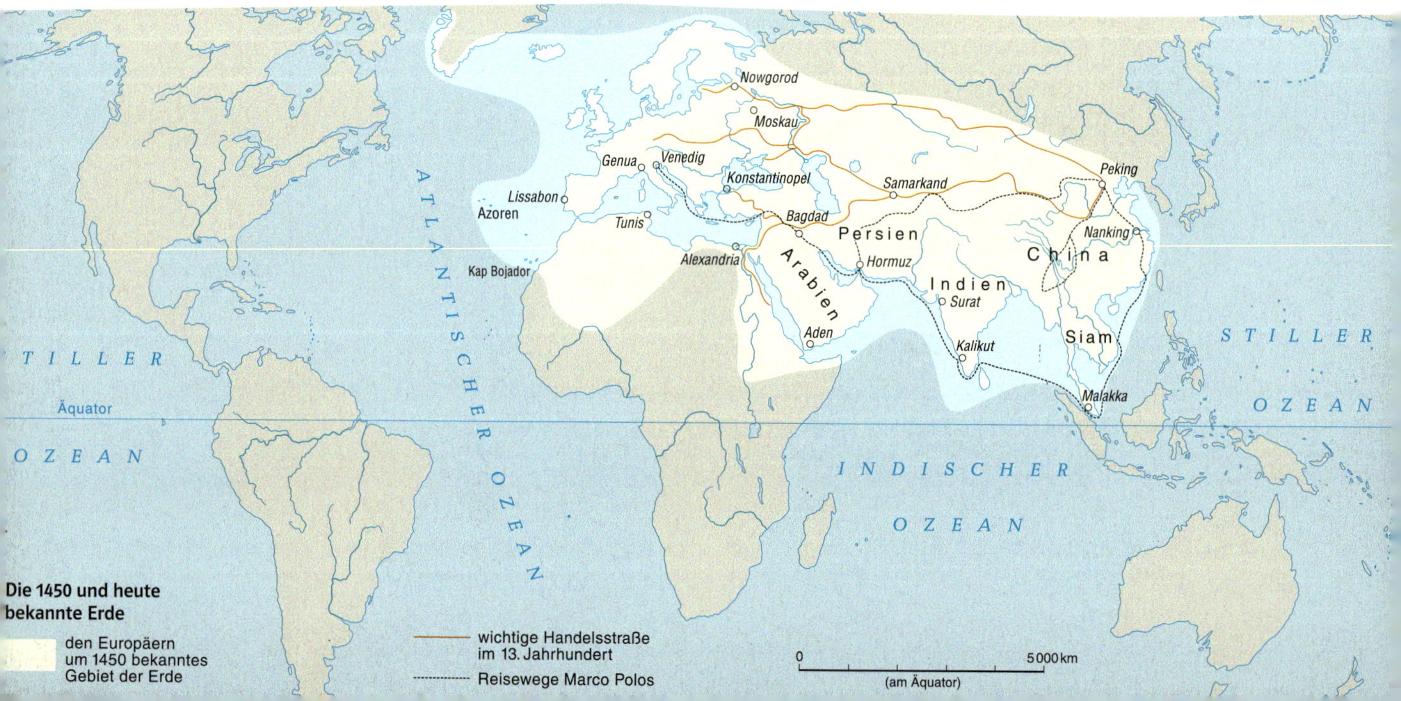

Die 1450 und heute bekannte Erde

den Europäern um 1450 bekanntes Gebiet der Erde

—— wichtige Handelsstraße im 13. Jahrhundert
- - - Reisewege Marco Polos

0   5000 km
(am Äquator)

Wir wissen heute schon viel über unsere Vergangenheit. Das hat mit dem Fach Geschichte zu tun. Geschichtsforscher fragen, wie sich die Welt im Laufe der Zeit verändert hat. Sie erkunden auch, warum unser Leben heute so aussieht, wie wir es kennen.

Und du – möchtest du auch eine Expertin, ein Experte für die Vergangenheit werden? Stell dir vor, du könntest durch die Zeit reisen. Wohin würde deine Reise gehen? Was würdest du dort gerne herausfinden? Wem würdest du am liebsten begegnen? Und welche Fragen hättest du im Gepäck?

KV 1
Portfolio

1492
Christoph Kolumbus entdeckt Amerika.

1825
In England fährt die erste Eisenbahn.

1969
Der erste Mensch betritt den Mond.

Q1 Eine Zeitmaschine – das ist der Traum vieler Menschen. Dieses Modell stammt aus dem Jahr 2002, und zwar aus dem Kinofilm «Time Machine».

1 Jeder Mensch hat Geschichte

Begib dich auf eine Spurensuche in deine eigene Geschichte. Forsche nach Erinnerungsstücken aus der Vergangenheit und gestalte deinen ganz persönlichen Zeitstrahl.

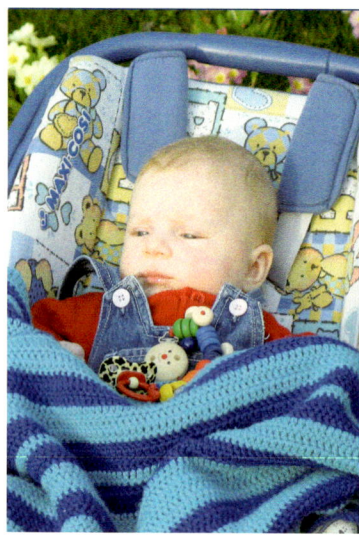 

Q1 Tara als Baby (links) und beim Volleyballspiel (rechts). Zwischen beiden Fotos liegen 9 Jahre.

Auch du hast eine Geschichte

Erinnerst du dich noch an deinen ersten Schultag? Das ist schon recht lange her, aber bestimmt weisst du noch, wie du dich damals gefühlt hast. Warst du aufgeregt? Hast du dich auf deine Mitschülerinnen und Mitschüler sowie die Schule gefreut? Wie war dein erster Eindruck von deinem Lehrer oder deiner Lehrerin? An welche Gefühle kannst du dich noch erinnern? Bestimmt hast du zu Hause ein Foto von dem Tag. Das kann dir dabei helfen, deine Erinnerung aufzufrischen. Von damals bis heute ist eine Menge Zeit vergangen und du hast viele Dinge erlebt. Diese Erlebnisse sind alle Teil deiner eigenen Geschichte.

In der Vergangenheit forschen

Deine Geschichte entdeckst du am besten, wenn du in der Vergangenheit forschst. Hierbei helfen dir alte Fotoaufnahmen, Filme oder Souvenirs. Vielleicht hast du ja ein Schulheft aus der ersten Klasse aufgehoben, hast eine Postkarte oder Fotos von früheren Ferien. Natürlich kannst du dir auch von deinen Eltern oder Grosseltern von früher erzählen lassen. Lass dir von ihnen deine Geburtsurkunde zeigen.

Der Zeitstrahl

Mithilfe eines Zeitstrahls kannst du deine Geschichte in eine zeitliche Reihenfolge bringen und dabei deutlich machen, was wann in deinem Leben passiert ist. Wie bei einem Lineal ist der Zeitstrahl in Abschnitte unterteilt. Jedoch gibt es keine Einteilung in Zentimeter oder Millimeter, sondern in Tage, Monate, Jahre, Jahrzehnte und manchmal sogar noch grössere Abschnitte.

Wenn du deine Geschichte dokumentieren möchtest, ist es sinnvoll, den Zeitstrahl in Jahre einzuteilen. Ein Jahr kann auf deiner Strecke zwei Zentimetern entsprechen. Trage ganz links dein Geburtsjahr ein, daneben das darauf folgende Jahr usw., bis du bei der heutigen Jahreszahl angelangt bist. Wichtige Ereignisse aus deinem Leben schreibst du passend zu der entsprechenden Jahreszahl über den Zeitstrahl.

ca. 500 000 v. Chr. bis heute | Eine Reise durch die Zeit

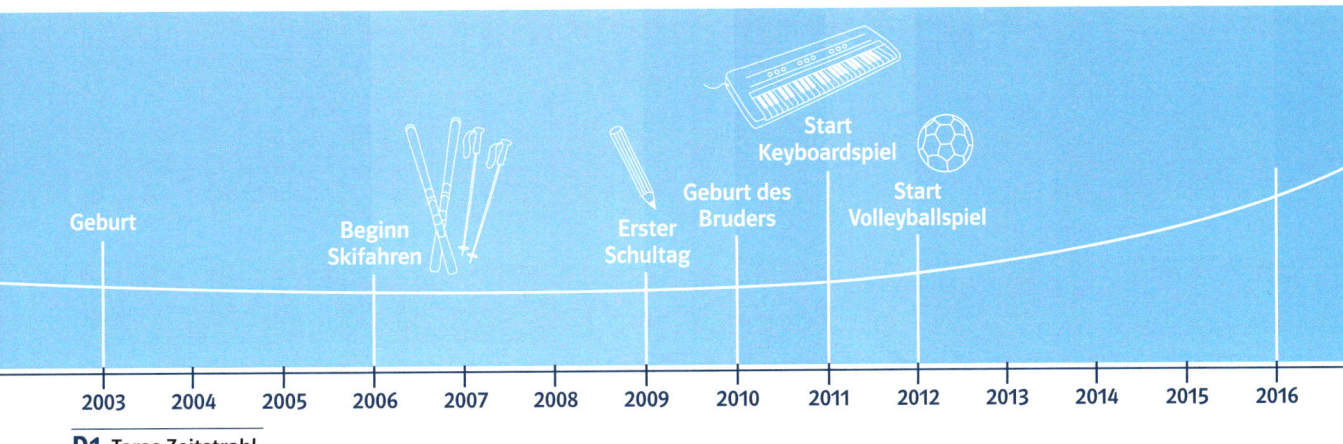

D1 Taras Zeitstrahl

Q2 Erinnerungsstücke: Fotos von Tara beim Skifahren (2006), am ersten Schultag (2009) und beim Keyboardspielen (2014)

Aufgaben

1 Fertige für deine Geschichte eine kleine Tabelle an: Schreibe links auf jeder Zeile die Jahreszahl und rechts das Ereignis aus deinem Leben.

2 Vergleiche deine Tabelle mit derjenigen deines Tischnachbarn. Gibt es Gemeinsamkeiten oder Unterschiede? Hast du Ereignisse in deiner Tabelle übersehen? Überlege dir, welches die sechs bis sieben dir wichtigsten Ereignisse sind.

3 Erstelle für deine Geschichte einen Zeitstrahl nach dem Muster von D1. Lasse unterhalb des Zeitstrahls etwas Platz frei. Lies dazu auch nochmals VT3*.

4 Bringe Gegenstände oder Fotos, mit denen du viele Erinnerungen verbindest, in die Schule. Berichte deinen Mitschülerinnen und Mitschülern darüber, warum du sie gewählt hast.

5 Informiere dich (z. B. im Internet) über wichtige geschichtliche Ereignisse aus deinem Geburtsjahr. Trage eines davon unterhalb des Zeitstrahls bei deinem Geburtsjahr ein.

* VT3 bedeutet: Die Aufgabe bezieht sich auf den dritten Abschnitt des Verfassertextes (VT). Die Abschnitte ergeben sich durch die blauen Zwischenüberschriften.

Methode

2 | Einen Zeitstrahl erstellen

Ur- und Frühgeschichte

Staaten entstehen

Altertum /

um 5500 v. Chr.
Jungsteinzeit in Europa

3000 v. Chr.
Erfindung der Schrift

2000 v. Chr.

D1 Zeitstrahl der Menschheitsgeschichte

Epoche
Das griechische Wort bezeichnet einen langen Zeitabschnitt, der von wichtigen Ereignissen geprägt ist.

Wenn du nicht nur deine Geschichte, sondern die Geschichte deiner Eltern, Grosseltern, ja die Geschichte der Menschheit darstellen willst, brauchst du einen weit zurück reichenden Zeitstrahl. Damit kannst du die Zeit in grosse Abschnitte unterteilen: den Zeitabschnitt deines Lebens, des Lebens deiner Eltern, Grosseltern usw. Einen sehr langen Zeitabschnitt, der für viele Menschen gleichzeitig von Bedeutung ist, nennt man Epoche. Mithilfe der Epochen findet man sich in der Vergangenheit leichter zurecht.

Wann beginnt eine Epoche?
Immer wieder gab es Ereignisse, die das Leben der Menschen stark veränderten. Einige waren so einschneidend, dass sie eine neue Epoche einläuteten. So erfand beispielsweise Johannes Gutenberg um 1450 den Buchdruck für Europa. Vorher hatte es nur wenige Bücher gegeben. Sie waren oft auf Latein geschrieben und konnten nur von wenigen Gelehrten entziffert werden. Bücher mussten mühsam von Hand abgeschrieben werden und waren dementsprechend wertvoll. Mit dem Buchdruck konnten ab 1450 viele Bücher schnell und billig hergestellt werden. Zahlreiche Menschen lernten jetzt lesen und schreiben. Kaum eine Erfindung hat die Welt so verändert: Ohne Johannes Gutenberg gäbe es keine Zeitungen, keine Jugendbücher – und auch dieses Geschichtsbuch gäbe es nicht.

Unterschiedliche Epocheneinteilungen
Um sich zu orientieren, ist es sehr nützlich, die Geschichte in verschiedene Epochen einzuteilen. Das ist die Aufgabe der Historikerinnen und Historiker. Für die europäische Geschichte haben sie vier Epochen vorgeschlagen: Ur- und Frühgeschichte, Antike, Mittelalter, Neuzeit. Unsere Zeitreise führt durch die Epoche der Neuzeit. In anderen Erdteilen ist die Geschichte anders verlaufen, da dort andere Ereignisse wichtig waren. Deshalb unterscheiden die Menschen dort andere Epochen.

Offene Fragen
Ferner müssen wir beachten, dass sich Epochen überschneiden – genau wie die Zeitabschnitte deiner Grosseltern, deiner Eltern und deines Lebens. Deshalb können wir nicht genau sagen, wann eine Epoche endet und wann die nächste beginnt.

ca. 500 000 v. Chr. bis heute | Eine Reise durch die Zeit

D2 Fünf Ereignisse aus der Geschichte:
- um 1450, in Mainz:
Johannes Gutenberg erfindet den Buchdruck mit kombinierbaren Metallbuchstaben.

- um 776 v. Chr., in Olympia:
Im griechischen Ort Olympia finden die ersten Olympischen Spiele statt.

- 1776, in Glasgow:
James Watt verbessert die Dampfmaschine so entscheidend, dass damit in Europa die Industrialisierung beginnt.

- 5. Jahrhundert (400–500) n. Chr., in Europa:
Völker wandern ins Römische Reich ein. Die heutige Schweiz wird viersprachig.

- jetzt und hier:
Du arbeitest gerade im Fach Geschichte.

Arbeitsschritte: Einen Zeitstrahl erstellen

1. Überlege dir, welche Zeitspanne dein Zeitstrahl umfassen soll.
2. Lege fest, wie viel Platz du für ein Jahr, ein Jahrzehnt, ein Jahrhundert brauchst.
3. Errechne, wie lange dein Zeitstrahl wird. Vielleicht musst du den Massstab teilweise stauchen, wenn der Zeitstrahl zu lang wird.
4. Beschaffe dir ein genügend breites Blatt Papier oder klebe mehrere aneinander. Du kannst das Papierband in der Art einer Handharmonika falten.
5. Zeichne den Zeitstrahl ein.
6. Trage nun die Zeitabschnitte resp. Epochen auf dem Zeitstrahl ein.
7. Trage dann die Ereignisse auf diesem Zeitstrahl ein. Überlege auch, wie du die gewählten Ereignisse veranschaulichen kannst. Der Zeitstrahl wird übersichtlicher, wenn du Bilder gebrauchst.

Aufgaben

1. Fasse jedes Ereignis in D2 stichwortartig zusammen.
2. Ordne die Ereignisse in D2 und trage sie auf einem Zeitstrahl ein.
3. Auf dem Zeitstrahl D1 überlappen sich die Farben der einzelnen Epochen. Wie erklärst du dir das (VT4)?
4. Der Zeitstrahl D1 enthält Bildsymbole für einzelne Ereignisse. Gestalte ein Bildsymbol, das zum 21. Jahrhundert passt.

KV 2
Arbeitsblatt

3 | Vergangenheit, Gegenwart, Zukunft

Sie ist unsichtbar und doch umgibt sie uns überall. Wir können sie nicht anfassen, trotzdem wissen wir, dass sie da ist. Eine Uhr können wir anhalten, vor- oder zurückstellen. Aber es ist unmöglich, die Zeit anzuhalten.

Chronologie
(griech. «chronos» = Zeit) Die Chronologie (Zeitrechnung) ordnet die Vergangenheit durch eine Jahreszählung. Die meisten Zeitrechnungen zählen die Jahre von einem bestimmten Ereignis aus vor und zurück. Chronos war in der Antike der Gott der Zeit.

Was hat die Vergangenheit mit der Gegenwart zu tun?

Kannst du dich noch an deine Einschulung erinnern? Dieser wichtige Tag gehört zur Vergangenheit, so wie alle anderen Ereignisse, die bereits hinter dir liegen. In diesem Moment liest du in deinem neuen Geschichtsbuch. Das ist die Gegenwart. Und wenn du dir in deiner Fantasie ausmalst, wie dein Leben in 20 Jahren aussehen könnte, dann denkst du über die Zukunft nach.

Im Fach Geschichte wirst du dich vor allem mit Ereignissen in der Vergangenheit beschäftigen. Ausserdem erfährst du, wie sich diese Ereignisse auf die heutige Zeit ausgewirkt haben. So wirst du merken, dass du einiges in der Gegenwart besser verstehst, wenn du die Vergangenheit kennst.

Zeit lässt sich messen

Schon sehr früh haben die Menschen die Natur beobachtet und dabei gelernt, die Zeit zu messen und einzuteilen: In einem Jahr läuft die Erde einmal um die Sonne. Der Mond braucht rund 30 Tage, um einmal die Erde zu umkreisen. Und die Erde dreht sich innerhalb eines Tages einmal um ihre eigene Achse. Als die Menschen dies erkannten, erstellten sie die ersten Kalender.

Später erfanden die Menschen verschiedene Uhren, mit denen sich der Tag in Stunden einteilen liess. So gab es Sonnenuhren, Stundenkerzen oder besondere Gefässe, durch die Wasser oder Sand liefen. Ganz genau konnte dann die Zeit gemessen werden, als vor rund 700 Jahren die Räderuhr erfunden wurde: Sie zählte sogar die Minuten und brauchte weder Sonne noch Wasser, um zu funktionieren.

In der Zeit rechnen?

Wir können Zeit nicht nur messen, sondern auch berechnen. Von einem bestimmten Zeitpunkt an werden Jahre vor und zurück gezählt. So lassen sich vergangene Ereignisse ordnen und in eine zeitliche Reihenfolge bringen. Ein anderes Wort für Zeitrechnung ist Chronologie.

Unsere Zeitrechnung nimmt die Geburt von Jesus Christus als Ausgangspunkt. Wir teilen die Zeit daher in die Abschnitte «vor Christi Geburt» (v. Chr.) und «nach Christi Geburt» (n. Chr.) ein. Die Jahre 1–100 werden als «erstes Jahrhundert» bezeichnet – also leben wir heute, zwischen 2001 und 2100, im 21. Jahrhundert.

Unsere Zeitrechnung gilt aber nicht auf der ganzen Welt. In anderen Ländern und zu anderen Zeiten haben die Menschen verschiedene Ausgangspunkte für ihre Chronologie festgesetzt.

Q1 Wie die Zeit «läuft», sieht man anhand einer Sanduhr besonders deutlich.

ca. 500 000 v. Chr. bis heute | Eine Reise durch die Zeit

D1 Unterschiedliche Zeitrechnungen

Kultur	Ausgangspunkt für die Zeitrechnung	Ereignis
jüdisch	3761 v. Chr.	Erschaffung der Welt
griechisch	776 v. Chr.	erste Olympische Spiele
römisch	753 v. Chr.	Gründung der Stadt Rom
christlich	1 n. Chr.	Geburt Jesu Christi
islamisch	622 n. Chr.	Mohammeds Flucht nach Medina

Q2 Mechanische Taschenuhr, um 1510 von dem Nürnberger Uhrmacher Peter Henlein angefertigt

Q3 Ägyptische Wasseruhr mit Loch im Boden: ca. 3500 Jahre alt

Q4 Arabische Sonnenuhr aus dem 6. Jahrhundert v. Chr.

Aufgaben

1 Ordne die Begriffe «Vergangenheit», «Gegenwart» und «Zukunft» den verschiedenen Teilen der Sanduhr zu (Q1).

2 Berechne, in welchem Jahr du heute nach der jüdischen Zeitrechnung lebst (D1).

3 Welche Uhr ist die älteste, welche die jüngste? Ordne Q2–Q4 chronologisch.

4 a) Erkläre, wie die Wasseruhr (Q3) und die Sonnenuhr (Q4) funktionierten und welche Nachteile sie gegenüber der Räderuhr (VT2) haben.
b) Warum werden Wasseruhren gegen oben hin breiter?
c) Baut eine Wasseruhr!

5 Finde heraus, in welchem Jahrhundert der Uhrmacher Peter Henlein lebte (VT3, Q2).

KV 3 Arbeitsblatt

4 | Woher wir wissen, was früher war

Wie haben die Menschen früher gelebt? Leider ist es nicht möglich, einfach durch die Zeit zu reisen, um eine Antwort auf diese Frage zu erhalten. Es gibt aber Menschen, deren Beruf es ist, die Vergangenheit zu erforschen und ihre Geheimnisse zu entschlüsseln.

Quelle
So werden alle Texte, Bilder und Gegenstände genannt, die aus vergangenen Zeiten übrig geblieben oder überliefert sind. Wir unterscheiden mündliche und schriftliche Quellen, Bild-, Ton- und Sachquellen. Quellen, die in diesem Buch abgedruckt sind, sind mit einem «Q» gekennzeichnet.

Darstellung
Das, was man über die Vergangenheit herausgefunden hat, kann auf verschiedene Art und Weise dargestellt werden: in Büchern, Zeitungsartikeln, Karten, Filmen, Schaubildern oder Tabellen. Solche Darstellungen erkennst du in diesem Buch an einem «D».

Historiker/-in
Das Wort «historia» stammt aus der lateinischen Sprache und bedeutet so viel wie Geschichte. Historikerinnen und Historiker sind also Wissenschaftler, die sich mit Geschichte befassen.

Quellen – Schlüssel zur Vergangenheit

Wer ein Tor aufschliessen möchte, braucht einen Schlüssel. Auch Historikerinnen und Historiker, die sozusagen das Tor zur Vergangenheit öffnen wollen, sind auf Hilfsmittel angewiesen. Ihre Schlüssel sind die «Quellen». So nennt man all das, was aus der Vergangenheit übrig geblieben ist. Das können sehr unterschiedliche Dinge sein: alte Fotografien und Gemälde, Briefe und Tagebücher, aber auch Burgen, Kirchen und Ruinen. Wer solche Quellen sorgfältig untersucht, erfährt viel über die Zeit, aus der sie stammen.

Die Arbeit der Historiker

Um herauszufinden, wie die Menschen früher gelebt, was sie getan und gedacht haben, spüren Historiker der Vergangenheit nach: in Archiven, Bibliotheken oder auch an anderen Orten. Ihr Beruf ist es, schriftliche Quellen zu entziffern und ihren Inhalt zu bewerten. Daneben untersuchen die Geschichtsexperten aber auch Bild-, Ton- und Sachquellen, um herauszufinden, was diese über die Vergangenheit «erzählen». Dabei arbeiten Historiker fast wie Detektive: Sie versuchen, aus unterschiedlichen Quellen so viele Informationen wie möglich zu sammeln und zu prüfen. Diese müssen sie dann wie die Teile eines Puzzles ordnen, damit am Ende ein möglichst genaues Bild von der Vergangenheit entsteht.

Darstellungen – Veröffentlichungen der Forschungsergebnisse

Die Ergebnisse ihrer Forschungsarbeit veröffentlichen Historiker in Büchern, Ausstellungen, Museen oder Filmen. Dabei sind sie sich aber nicht immer einig. Denn selbst wenn die Geschichtsforscher alle dieselben Quellen nutzen und dieselben Informationen haben, können sie sie doch unterschiedlich bewerten. Und so entstehen dann manchmal Geschichtsdarstellungen, die einander widersprechen. Dass wir bei vielen historischen Ereignissen nicht genau wissen, wie es «wirklich» war, kannst du auch in deinem Geschichtsbuch an Formulierungen wie «vermutlich» oder «wahrscheinlich» erkennen. Das ist oft bedauerlich und unbefriedigend, zugleich macht es Geschichte aber auch besonders spannend.

Q1 Figur eines Schreibers aus dem alten Ägypten (bemalte Statue aus Kalkstein, um 2500 v. Chr.). Auf seinen Knien hat der Schreiber einen Papyrus aufgerollt. Sein straff gespannter Schurz dient ihm als Schreibunterlage.

ca. 500 000 v. Chr. bis heute | Eine Reise durch die Zeit

Q2 Eine Dorfschule vor über 100 Jahren (Gemälde von Albert Anker, 1896)

Q3 Der griechische Schriftsteller Plutarch berichtet darüber, wie der Politiker Cato (234–149 v. Chr.) im alten Rom seinen Sohn erzogen hat:

Sobald der Junge zu begreifen begann, nahm Cato ihn selbst in die Lehre und brachte ihm Lesen und Schreiben bei, obwohl er einen tüchtigen Lehrer an seinem Sklaven Chilon
5 hatte, der viele Knaben unterrichtete. Aber Cato hielt es nicht für recht, wie er selbst sagt, dass sein Sohn von einem Sklaven gescholten oder am Ohr gezogen würde, wenn er nicht fleissig lernte. (…) Sondern Cato war selbst
10 der Lehrer im Lesen und Schreiben, in der Gesetzeskunde und im Sport. Er unterrichtete seinen Sohn nicht nur im Speerwerfen, im Gebrauch der Nahkampfwaffen und im Reiten, sondern auch im Boxen, im Ertragen von Hitze
15 und Kälte und im kräftigen Durchschwimmen der reissenden Stellen des Flusses. Auch seine Geschichtsbücher, sagt er, habe er selbst mit eigener Hand in grossen Buchstaben niedergeschrieben, damit der Knabe die Möglichkeit
20 habe, im eigenen Hause die Taten und Sitten der Vorfahren zu studieren.

Q4 Unterricht vor über 500 Jahren: Ein Schüler muss als Strafe eine Eselsmütze tragen (Holzschnitt, Augsburg 1479).

Textquellen	Bild- und Tonquellen		Sachquellen
Akten	Fotos	Radiosendungen	Bauwerke
Briefe	Gemälde	Lieder	Gräber
Gesetzestexte	Höhlen-	Reden/Ansprachen	Kleidungsstücke
Inschriften	malereien	Fernsehausschnitte	Möbel
Tagebücher	Karikaturen	Videos	Münzen
Urkunden	Mosaike		Statuen
Verträge			Waffen
Zeitungen			Werkzeuge

D1 Übersicht über verschiedene Quellenarten

Aufgaben

1 Textquelle, Bildquelle oder Sachquelle? Ordne Q1–Q4 jeweils einer Quellenart zu.

2 Ordne Quellen, die über dein Leben Auskunft geben, in die Tabelle D1 ein.

3 Erkläre den Unterschied zwischen einer Quelle und einer Darstellung.

4 «Ein Historiker arbeitet oft ähnlich wie ein Detektiv.» Nimm Stellung zu dieser Aussage.

5 Die Steinfigur (Q1) wurde in einem 4500 Jahre alten Grab gefunden. Finde heraus, was uns diese Quelle über die Schreibgewohnheiten der alten Ägypter verrät.

6 Was musste Catos Sohn (Q3) lernen? Vergleiche mit deinem Zeugnis aus der Primarschule.

7 Schreibe als Historiker/-in für die Geschichtszeitschrift «Vergangenheit und Gegenwart» einen Artikel über das Thema «Unterricht vor 500 Jahren – vor 100 Jahren – heute». Untersuche dazu die Quellen Q2 und Q4.

KV 4–5 Arbeitsblatt

nah dran

5 Unser Schulhaus hat Geschichte

D1 Schulhaus Liguster in Zürich-Oerlikon, 1924 eröffnet, für rund 20 Sekundarschulklassen

Unterschiedliche Schulhäuser

Auf dieser Doppelseite sind drei Schweizer Sekundarschulhäuser abgebildet. Spezielle Häuser für die Schule kamen allgemein erst vor 200 Jahren auf. Vorher fand der Unterricht im Haus des Lehrers oder reihum in Privathäusern statt.

Die drei hier abgebildeten Schulhäuser wurden zu verschiedenen Zeiten und in unterschiedlichem Stil erbaut. Aber sie dien(t)en demselben Zweck: Schülerinnen und Schüler der Sekundarstufe auszubilden – genau wie dein Schulhaus, das du als viertes Beispiel mitdenken kannst.

ca. 500 000 v. Chr. bis heute | Eine Reise durch die Zeit

D2 Schulhaus Abländschen (BE), Alter unbekannt, Gesamtschule für Primar- und Sekundarschule; im zweiten Stock Lehrerwohnung. Im Sommer 2015 musste die Schule geschlossen werden, da nur noch 2 Kinder die Schule besucht hätten. Diese gehen fortan in die Schule Jaun (FR) in den Unterricht.

D3 Mittelpunktschule Buttikon (SZ), Schulhaus Hügelacher, 2001 eröffnet, Oberstufenzentrum für rund 20 Klassen der Werk-, Real- und Sekundarschule

Aufgaben

1 Finde heraus, wann dein Schulhaus gebaut wurde.

2 Vergleiche dein Schulhaus mit den abgebildeten Schulhäusern: Welchem gleicht es am meisten? Begründe.

3 Suche in deinem Schulhaus Hinweise auf seine Geschichte: Welche Gegenstände weisen in die Vergangenheit?

4 Finde heraus, wie sich dein Schulhaus im Laufe der Zeit verändert hat.

5 Führt ein Interview mit jemandem, der über die Geschichte eures Schulhauses Bescheid weiss.

6 Diskutiert darüber, ob das Aussehen eines Schulhauses die Gestaltung des Unterrichts beeinflusst: Wo findet wohl der Unterricht statt, der dir am meisten gefällt (D1–D3)?

Abschluss

6 | Eine Reise durch die Zeit

1 Zu diesen Themen kann ich eine geschichtliche Frage stellen.
a) Zeitmessung
b) Einteilung der Geschichte in Epochen

2 Diese Fragen kann ich beantworten.
a) Welche Ereignisse nahmen Juden, Christen und Muslime jeweils als Ausgangspunkt für ihre Zeitrechnung?
b) Was bedeuten die Abkürzungen «v. Chr.» und «n. Chr.»?
c) Warum haben die Historiker die Geschichte in Epochen unterteilt?
d) Wie heissen die vier grossen Epochen unserer Geschichte?

3 Diese Begriffe kann ich erklären.
a) Epoche
b) Chronologie
c) Vergangenheit
d) Gegenwart
e) Zukunft
f) Darstellungen
g) Quellen

4 Die Daten auf dem Zeitstrahl kann ich erklären.

5 Zu diesen Fragen habe ich eine Meinung und kann sie begründen.
a) Hat die Vergangenheit etwas mit der Gegenwart zu tun?
b) Hat die Erfindung des Buchdrucks das Leben der Menschen stark verändert?

6 Diese Methode kann ich anwenden.
Einen Zeitstrahl erstellen:
Ich kann einen Zeitstrahl für einen bestimmten Zeitabschnitt erstellen und Ereignisse darauf eintragen.

7 Ich kann Geschichte für meine Gegenwart nutzen.
a) Welche Folgen hat der Eintritt in die Schule für mich gehabt?
b) Welche Spuren der Geschichte finde ich in meinem Schulhaus?

um 3000 v. Chr. | 500 | 1500 | 1825 | 1969

Q1 Jahreszeugnis. Was kannst du auf dem Zeugnis lesen?

Oberes Gymnasium zu Basel.

Zeugnis

für *Vischer Wilhelm* Schüler der *IV. B* Klasse

IV. Quartal des Schuljahres 19 *12 / 13*

	Fleiss	Leistungen	Bemerkungen
Lateinisch	3	2	auch 3
Griechisch	3	2	
Deutsch	1	2	auch 1
Französisch	2	3	sehr ungleich
Geschichte, Geographie	1	2	
Mathematik	2	3	
Physik	2	2	
Chemie			
Naturgeschichte			
Religion	1	1	
Englisch			
Hebræisch	1	1	
Zeichnen			
Turnen	1	1	
Betragen	3.	Ein Versuch, zu hintergehen. vorlaut.	

Bedeutung der Noten: No. 1 ist die beste, No. 5 die geringste Note.

Eingesehen von _____   Der Rector: *Dr. F. Schäublin*

Aufgaben

1 Kannst du entziffern, was auf dem Dokument steht (Q1)? Kläre dabei folgende Fragen: Wer? Wo? Wann? Was?

2 Entscheide: Aus welchem Jahrhundert stammt die Quelle?

3 Finde heraus, worin sich diese Quelle von einer heutigen unterscheidet.

4 Was für ein Bild machst du dir von diesem Schüler? Erzähle!

2 1400 bis 1800

Unterwegs in die Neuzeit

1405–1433
Zheng He unternimmt sieben Seereisen mit der damals grössten Flotte der Welt.

1492
Christoph Kolumbus landet in Amerika.

1517
Der Mönch Martin Luther löst in Deutschland die Reformation aus.

Christoph Kolumbus, Martin Luther, der Sonnenkönig Ludwig XIV. und Jean-Jacques Rousseau gehören zu den berühmtesten historischen Persönlichkeiten. Sie haben in unterschiedlichen Ländern und verschiedenen Jahrhunderten gelebt. Was verbindet die vier?
Alle vier gehören zu einer «neuen Zeit»: Die Europäer entdeckten für sich einen neuen Kontinent, die Reformation beendete die Einheit des christlichen Glaubens, ein König verschaffte sich fast unbeschränkte Macht, und mit der Aufklärung wurde die Kritik daran immer heftiger. Die «Neuzeit» begann. Unsere Gegenwart hat viele Wurzeln in dieser Epoche. Wie können wir uns das erklären?

KV 1
Portfolio

1566
Die Anhänger von Zwingli und Calvin einigen sich auf ein gemeinsames Bekenntnis.

1661–1715
König Ludwig XIV. regiert Frankreich als absolutistischer Herrscher.

18. Jahrhundert
Aufklärer, wie z. B. Jean-Jacques Rousseau, kritisieren das absolutistische Königtum.

D1 Kolumbus brach 1492 nach Indien auf – und landete in Amerika. 1847 wurde diese Szene als Gemälde im Kapitol in Washington, USA, dargestellt. Was fasziniert die Menschen an Kolumbus 350 Jahre später – und bis heute?

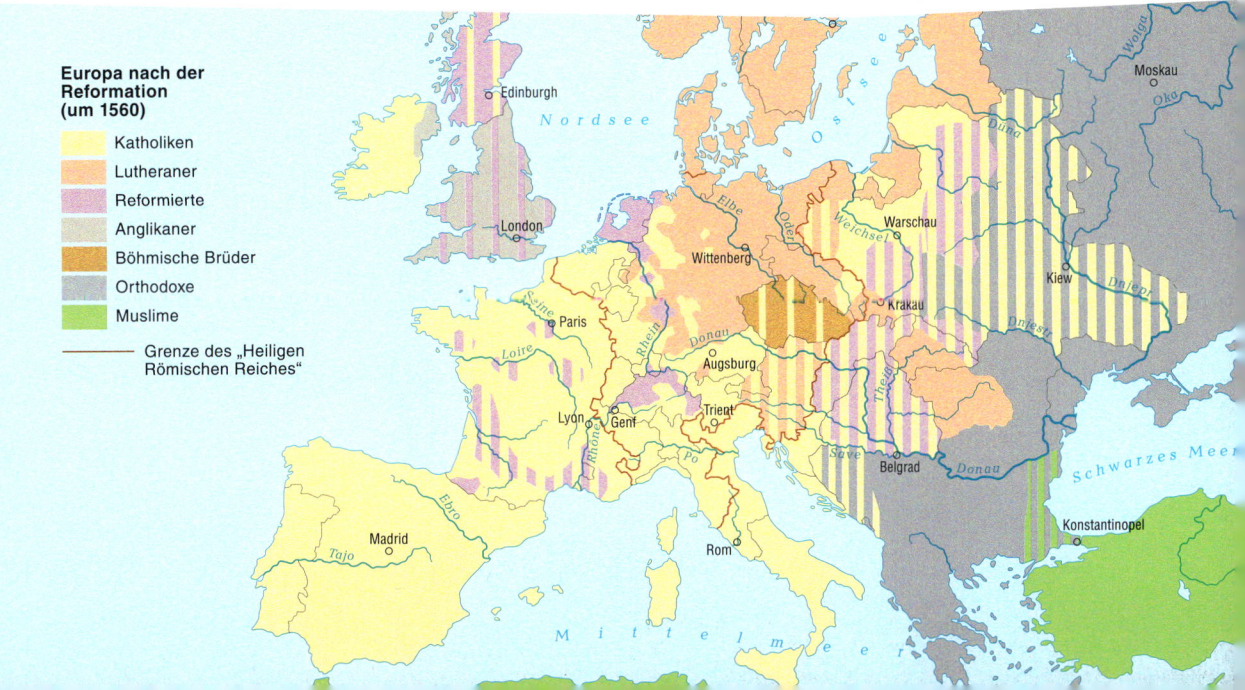

Europa nach der Reformation (um 1560)
- Katholiken
- Lutheraner
- Reformierte
- Anglikaner
- Böhmische Brüder
- Orthodoxe
- Muslime
— Grenze des „Heiligen Römischen Reiches"

1 Eine neue Sicht

Um 1500 hatten gebildete Menschen den Eindruck, den Beginn einer neuen Zeit mitzuerleben. In der Kunst, der Architektur und der Wissenschaft – überall wagten sie es, eine neue Sicht auf ihr Leben zu entwickeln.

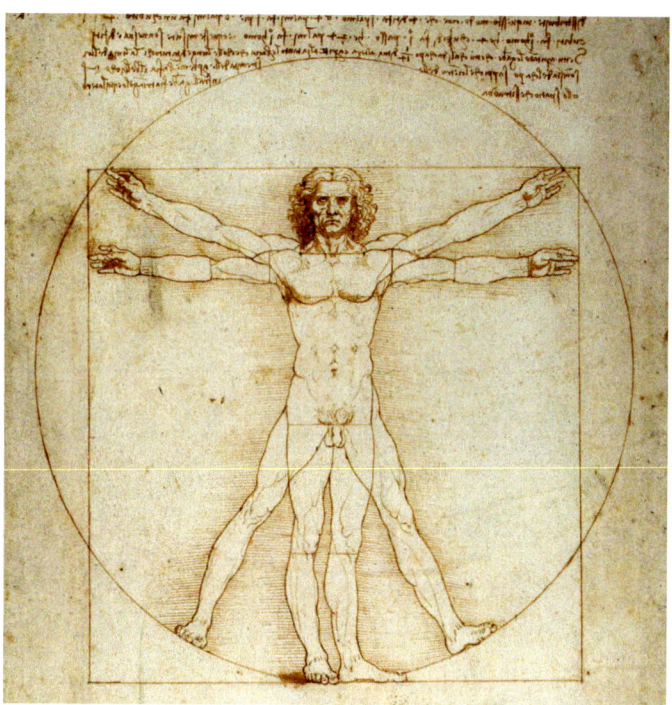

Q1 Proportionen des menschlichen Körpers, Studie von Leonardo da Vinci. Er passte den menschlichen Körper in geometrische Figuren ein. So sollten Harmonie und Perfektion des menschlichen Körperbaus deutlich werden.

Humanismus
(lat. «humanus» = menschlich) Eine Gruppe von Denkern, Künstlern und Wissenschaftlern, die den Menschen in den Mittelpunkt ihres Interesses stellte. Ihr Vorbild war die Antike. Der Humanismus breitete sich von Italien nach ganz Europa aus.

Die Antike als Vorbild
Im 14. Jahrhundert waren in Italien Städte wie Florenz, Venedig oder Mailand durch ihren Handel reich und mächtig geworden. Papst und Kaiser verloren an Einfluss. Stattdessen hatten Kaufleute und Fürsten das Sagen. Selbstbewusste Familien wollten sich nicht mehr beschränken lassen. Immer mehr Kaufleute, Politiker, Gelehrte und Künstler waren auf der Suche nach neuen Ideen. Diese Menschen stellten fest, dass es schon in der Antike viele gute Ideen gegeben hatte, die aber verloren gegangen waren. Sie machten die Antike zum neuen Vorbild: Künstler und Architekten suchten nach Resten von Gebäuden und Skulpturen aus der Römerzeit. Gelehrte studierten alte Schriften griechischer und römischer Philosophen. Sie übersetzten das längst vergessene Wissen ins Lateinische, ins Italienische und in andere europäische Sprachen. Wie konnten diese Schriften schnell und preiswert hergestellt werden?

Gedruckte Bücher in ganz Europa
Johannes Gutenberg hatte eine entscheidende Idee: Er stellte aus Metall einzelne Buchstaben her. Diese «Lettern» wurden zu Wörtern und Texten zusammengesetzt. Nach dem Druck liessen sie sich wieder neu zusammensetzen. Im Jahr 1455 wurde in Europa das erste Buch auf diese Weise gedruckt, eine Bibel. Sie war zehnmal preiswerter als eine handgeschriebene Bibel. Um 1500 gab es in etwa 270 europäischen Städten bereits 1150 Druckereien, in denen fast zehn Millionen Bücher gedruckt wurden. So konnten die Bücher von mehr Menschen gelesen werden. Wissen und Neuigkeiten verbreiteten sich nun viel schneller.

Der Mensch im Mittelpunkt
Der Mensch spielte für die Gelehrten und Künstler eine immer grössere Rolle. Sie sahen ihn als freies Wesen, das Verstand und persönliche Fähigkeiten besitzt. Jeder sollte seine geistigen und körperlichen Kräfte gebrauchen und sein Leben selbst bestimmen. Diese neue Sicht, die den Menschen in den Mittelpunkt aller Überlegungen stellt, nennt man Humanismus. Auch die Künstler stellten Personen ins Zentrum ihrer Bilder. In Porträts sollten die Menschen möglichst echt abgebildet werden. Sehr wenige konnten sich solche Bilder oder Bücher leisten. Die meisten Menschen in dieser Zeit bekamen nie etwas von der neuen Kunst und den neuen Büchern mit. Ihr Alltag bestand aus harter Arbeit und der Sorge ums Überleben. Nur eine ganz kleine Schicht befasste sich mit der neuen Sicht auf die Welt.

1400 bis 1800 | Unterwegs in die Neuzeit

Q2 Über die Vorteile des Buchdrucks schrieb Bonus Accursius um 1475:

(Der Buchdruck) ist eine wahrhaft nutzbringende und gar schöne Kunst, denn Abschriften von Büchern zu verschaffen, ist wegen der hohen Preise für jedermann nicht gerade
5 leicht. Aber wenn dies Gott sei Dank für dich auch kein Hinderungsgrund ist, so musst du doch auch den Buchdruck wegen seiner künstlerischen Schönheit hochschätzen; und dann auch deshalb, weil dieser Buchdruck,
10 sobald er einmal richtig feststeht, immer in derselben Weise durch alle Druckbogen fortschreitet, sodass ein Fehler kaum möglich ist, eine Sache, mit der es beim Abschreiben von Büchern ganz anders aussieht.

Q3 Der Abt Johannes Trithemius schrieb 1494 über gedruckte Bücher:

Niemand möge denken (…): Wozu muss ich mich noch mit Abschreiben schinden, wo doch die Druckkunst so viele und so grosse Bücher ans Licht bringt, dass man um billiges
5 Geld eine grosse Bibliothek einrichten kann? Fürwahr, wer so daherredet, der schickt sich an, durch sein Nichtstun Finsternis einreissen zu lassen. Wer wüsste nicht, wie gross der Unterschied zwischen Schrift und Druck
10 ist? Geschriebenes, wenn man es auf Pergament bringt, wird an die tausend Jahre Bestand haben; Gedrucktes aber, da es auf Papier steht, wie lange wird es halten? Wenn Gedrucktes in einem Band aus Papier an die
15 zweihundert Jahre Bestand haben wird, wird es hoch kommen.

Q4 Selbstbildnis des Malers Albrecht Dürer aus Nürnberg (1500). Maler der Renaissance bildeten die Menschen möglichst lebensnah ab. Albrecht Dürer reiste nach Italien und brachte die neuen Entwicklungen des Porträts und der Perspektive nach Deutschland.

Renaissance
(frz. = Wiedergeburt) Bezeichnet die Zeit von ca. 1350 bis 1550. Künstler und Wissenschaftler entdeckten das Wissen der Antike wieder. Vorstellungen aus der Antike wurden «wiedergeboren».

Porträt
Bildliche Darstellung eines menschlichen Gesichtes bis zur Brust (Brustbild). Es gibt die besonderen persönlichen Eigenschaften wieder.

Aufgaben

1 Erkläre, warum für die Humanisten der Mensch im Zentrum stand (VT3*).

2 Zeige auf, dass für Gelehrte und Künstler die Antike zum Vorbild wurde (VT1).

3 Arbeite heraus, warum Bücher vor Gutenbergs Erfindung sehr teuer waren (VT2, Q3).

4 Q2 und Q3 geben unterschiedliche Meinungen wieder. Begründe, welcher Meinung du bist. Eher derjenigen in Q2 oder in Q3?

5 Gutenberg wurde 2001 zum «Mann des Jahrtausends» gewählt. Hättest du diese Wahl unterstützt? Verfasse einen kurzen Text, indem du deine Position aufzeigst.

6 Braucht es heute noch gedruckte Bücher? Diskutiert diese Frage und begründet eure Meinungen.

7 a) Vergleiche Q1 mit Q4. Halte zwei Gemeinsamkeiten und zwei Unterschiede fest.
b) «Leonardo da Vinci und Albrecht Dürer – zwei Humanisten!» Beantworte die Frage mit Argumenten.

KV 2
Arbeitsblatt

* VT3 bedeutet: Die Aufgabe bezieht sich auf den dritten Abschnitt des Verfassertextes (VT). Die Abschnitte ergeben sich durch die blauen Zwischenüberschriften.

2 Der Blick auf die Welt

Seit es uns Menschen gibt, versuchen wir herauszufinden, wie die Welt aussieht. Im Mittelalter prägten christliche Vorstellungen das Weltbild der meisten Menschen in Europa. Wie veränderten sich diese Vorstellungen?

Q1 Ebstorfer Weltkarte. Diese Weltkarte entstand 1239 in einem norddeutschen Kloster. Sie hat einen Durchmesser von 3,5 m und war aus über 30 Pergamentblättern zusammengeklebt. Es handelt sich um die grösste Weltkarte des Mittelalters. Auf der Karte wird die ganze Welt gezeigt: Die heilige Stadt Jerusalem liegt in der Mitte, das Paradies oben und Europa links unten. Gott wird als Schöpfer der Welt dargestellt: Sein Körper mit Kopf, Händen und Füssen an den Rändern der Karte hält die ganze Welt.

Ein christliches Weltbild

Für die Menschen im christlichen Europa war Gott der Schöpfer der Erde und des Himmels. Entsprechend stellten sie sich die Welt vor und bildeten sie auf Karten ab. Vor allem biblische Geschichten und Schauplätze wurden dargestellt. So stand Jerusalem im Zentrum der Welt, und auch das Paradies wurde auf den Karten eingezeichnet. Städte wie Rom oder Paris und Berge sowie Flüsse kamen vor. Die Karten zeigten aber mehr die Vorstellung einer christlichen Weltordnung als eine genaue räumliche Abbildung.

Ein neues Bild der Erde

Die portugiesischen und spanischen Seefahrer, die gegen Ende des 15. Jahrhunderts aufbrachen, lernten immer grössere Teile der Welt kennen. Sie hielten diese Kenntnisse auf Karten fest. Sie wollten die Welt so abbilden, dass sich andere Seefahrer mit ihrer Hilfe orientieren konnten. Deshalb spielten die exakte Lage der Orte und die Distanzen eine wichtige Rolle. Den Seefahrern war klar, dass die Erde eine Kugel sein muss. Die Entdeckungsfahrten lieferten dafür immer eindeutigere Beweise. In Nürnberg baute der Kaufmann und Seefahrer Martin Behaim zwischen 1492 und 1494 einen «Erdapfel»: die erste Darstellung der Welt als Kugel, ein Globus, der heute noch erhalten ist. Auf einer grossen Kugel zeichnete er alle Länder, Meere und Inseln ein, die damals bekannt waren.

Ein neues Weltbild

Die Vorstellung, dass die Erde in der Mitte des Weltalls still stand und sich Sonne, Mond und Sterne um die Erde drehten, wandelte sich in der gleichen Zeit. Dieses geozentrische Weltbild hatte der griechische Astronom Ptolemäus in der Antike entwickelt. Die Kirche vermittelte dieses Weltbild. Doch im 16. Jahrhundert kamen Zweifel auf. Der Astronom und Mathematiker Nikolaus Kopernikus beobachtete viele Jahre lang den Lauf der Planeten. Er bemerkte, dass sie mit ihren Bahnen eigenartige Schlaufen bildeten. Seine Erklärung: Die Erde musste ebenfalls ein Planet sein und wie alle anderen Planeten um die Sonne kreisen. Diese Behauptung war für die damalige Zeit ungeheuerlich, vor allem die Kirche lehnte sie vehement ab. Kopernikus' Entdeckung wird auch heliozentrisches Weltbild genannt. Der Blick auf die Welt hatte sich damit grundlegend verändert. Bis aber diese Erkenntnisse die Mehrheit der Menschen in Europa erreichten, sollte es noch viele Jahrzehnte dauern.

1400 bis 1800 | Unterwegs in die Neuzeit

geozentrisches Weltbild
(griech. «ge» = Erde) Die Erde ist das Zentrum dieses Weltbildes.

heliozentrisches Weltbild
(griech. «helios» = der Sonnengott) Die Sonne bildet den Mittelpunkt dieses Weltbildes. Die Erde und die anderen Planeten kreisen um die Sonne.

Astronom
(griech. «astron» = Stern) Ein Wissenschaftler, der sich mit den Sternen und dem Himmel befasst.

Q2 Der St. Galler Globus ist die älteste erhaltene Darstellung der Erde und des Himmels auf einer Kugel. Er war ein Geschenk an das Kloster und wurde 1571 bis 1584 hergestellt. Heute steht das Original im Schweizerischen Landesmuseum in Zürich.

Dieser Globus enthält auf derselben Kugel eine Darstellung der Erde und des Himmels. Als eine Art durchsichtiges «Himmelszelt» wurden über den Kontinenten auch die Sterne und Planeten dargestellt. Mithilfe eines Kalenders auf einem Ring liess sich der Stand der Sonne und der Sterne an einem bestimmten Tag festhalten. Dieser Globus zeigt eindrücklich, wie sich das Bild der Welt im Laufe des 16. Jahrhunderts entscheidend verändert hatte: Nicht mehr die Erde stand im Mittelpunkt des Weltalls. Vielmehr kreiste sie als Planet unter anderen um die Sonne. Dass die Erde eine Kugel ist, hatten die Weltumrundungen der Seefahrer mehrfach bewiesen.

Q3 Der St. Galler Globus als Kopie – hergestellt von 2006 bis 2009. Die Kopie des St. Galler Globus ist das Ergebnis eines heftigen Streits. Als Kriegsbeute gelangte der St. Galler Globus 1712 nach Zürich. Zuerst wurde er in der Stadtbibliothek, dann im Schweizerischen Landesmuseum aufgestellt. In den 1990er Jahren flammte ein Streit über diesen Globus zwischen den Kantonen St. Gallen und Zürich auf. St. Gallen forderte das Original zurück. Der Streit wurde 2006 unter Vermittlung des Bundesrates gelöst: Zürich durfte das Original behalten, musste aber eine Kopie anfertigen lassen. Diese wurde 2009 feierlich dem Kanton St. Gallen übergeben und wird seither in der Stiftsbibliothek ausgestellt.

Aufgaben

1 Zeige auf, warum Q1 vor allem die christliche Vorstellung der Welt darstellt.

2 Immer wieder reisen Menschen nach Nürnberg, um sich den Behaim-Globus im Original anzuschauen. Erkläre dies einem Touristen, der sich darüber wundert (VT2).

3 Braucht es heute noch Globen? Nimm dazu persönlich Stellung.

4 Der Streit um den St. Galler Globus – wohin gehört das Original?
a) Suche je nach Argumenten aus der Sicht des Kantons St. Gallen und des Kantons Zürich.
b) Schreib ein mögliches Streitgespräch auf oder spielt es.

5 Was hältst du persönlich vom Ergebnis des Streits? Verfasse einen kurzen Leserbrief mit deiner Meinung.

3 Auf der Suche nach den Schätzen Indiens

Im Auftrag Prinz Heinrichs erkundeten im 15. Jahrhundert portugiesische Schiffe die Küste Afrikas. Alle Erfahrungen wurden in geheimen Logbüchern zusammengetragen. So entstand ein wertvoller Schatz an Wissen – eine wichtige Grundlage für weitere Fahrten.

D1 Gewürze: Ingwer, Safran, Macis, Zimt, Vanille, grüner Kardamom, Pfeffer, Nelken, Sternanis, Muskatnuss. Zwei Sachen sind keine Gewürze, sondern kandierte Früchte. Im 15. Jahrhundert waren Gewürze Luxuswaren und sehr begehrt.

Meutern/Meuterei
Von einer Meuterei spricht man, wenn die Mannschaft eines Schiffes sich gegen den Kapitän auflehnt.

Zimt, Ingwer und Vanille
1453 eroberten die muslimischen Türken Konstantinopel. In ihrem riesigen «Osmanischen Reich» kontrollierten sie die Handelswege von Europa nach Indien und China. Für Handelswaren wie Gewürze oder Seide nahmen sie einen hohen Zoll, sodass die Waren in Europa teurer wurden. Daher suchten die Fernhändler neue Wege nach Ostasien. Wie wäre es, Indien direkt mit dem Schiff zu erreichen, ohne Zoll zu bezahlen?

Heinrich der Seefahrer
In Portugal förderte Prinz Heinrich die Seefahrt und liess den Seeweg um Afrika herum planmässig erforschen. Er versammelte arabische und europäische Wissenschaftler, die ihr Wissen über Astronomie austauschten. Die portugiesischen Seefahrer lernten die Stellungen der Gestirne zu lesen, die für sie die wichtigsten Orientierungspunkte auf See waren. Alle neu entdeckten Gebiete liess Heinrich in verlässliche Karten einzeichnen. Und ein neuer, hochseetüchtiger Schiffstyp wurde gebaut: die Karavelle.

Rund um Afrika
Die Portugiesen hatten Erfolg: 1419 entdeckten und besiedelten sie die Insel Madeira, 1431 die Azoren. Am Kap Bojador südlich der Kanarischen Inseln vermuteten viele Menschen das Ende der Welt. Dort koche das Meer, hiess es. An diesem langen Riff brachen sich nämlich die Wellen und flossen Meeresströmungen zusammen. Prinz Heinrich ermutigte seine Kapitäne, einfach weiterzusegeln. 1434 gelang es ihnen, das Kap Bojador zu umsegeln. 1487 erreichte Bartolomeo Diaz die Südspitze Afrikas. Weil seine Mannschaft meuterte, musste er aber umkehren. 1498 landete schliesslich Vasco da Gama im indischen Hafen Kalikut. Er hatte Afrika umsegelt und den Weg nach Indien gefunden!

Rund um die Welt
Im Jahr 1519 suchte Ferdinand Magellan in westlicher Richtung einen Seeweg zu den Molukken, das waren Gewürzinseln im Stillen Ozean. Tatsächlich entdeckte er einen Weg, und zwar um die Südspitze Amerikas herum. Diese Route heisst bis heute «Magellanstrasse».

Magellan selbst wurde unterwegs auf den Philippinen von dortigen Bewohnern erschlagen; trotzdem gilt er als der erste Weltumsegler. Sein Schiff erreichte Portugal ohne ihn und brachte Gewürze mit, die einen hohen Preis erzielten – viel höher als die Kosten der ganzen Weltumseglung.

1400 bis 1800 | Unterwegs in die Neuzeit

Q1 Karavelle. Ein leichtes, aber stabil gebautes Schiff. Die Karavelle war besonders hochseetüchtig.

Q2 König Manuel von Portugal teilt dem deutschen Kaiser Maximilian 1499 mit:

Was einstmals die Reiche der Römer, Karthager und anderer Völker nicht vermochten – nämlich die Umsegelung der Erde von Westen nach Osten durch den Atlantik
5 und das Indische Meer –, das hat die Gnade Gottes den Königen von Portugal in unserer Regierungszeit gewährt. Im Übrigen haben sie (Vasco da Gama und seine Schiffe) eine Fülle von orientalischen Waren, die über die
10 ganze Welt verbreitet sind, nämlich Zimt, Nelken, Pfeffer, Ingwer, Muskatnuss, Moschus, Benzoeharz, Weihrauch und alle Arten von Spezereien (Gewürzen) ebenso wie von Edelsteinen und Perlen von den indischen Han-
15 delsplätzen mitgebracht. Daher müssen über den derart glücklichen Ausgang sowohl Eure Majestät als auch alle christlichen Fürsten aufs Höchste frohlocken, dass diesen bedeutenden Warenhandel hinfort Christen und
20 Mauren innehaben werden.

Q3 Der Portugiese Pedro Nunes 1537:

Es steht fest, dass die Entdeckung von Küsten, Inseln und Kontinenten nicht zufällig erfolgt. Unsere Seefahrer genießen eine gründliche Ausbildung, bevor sie in See ste-
5 chen. Sie kennen die Navigationsinstrumente, die Grundlagen der Sternenkunde und Geometrie, führen Seekarten mit exakten Seekartenmarkierungen an Bord, die sich von denen früherer Seefahrer erheblich unterscheiden.
10 Früher kannte man nur zwölf Winde und segelte ohne Kompass. Vermutlich deshalb hielten sich die Schiffsführer damaliger Zeiten immer in Sichtweite der Küste.

Aufgaben

1 Arbeite heraus, warum Seeleute damals mit dem Schiff nach Indien segeln wollten (VT1).

2 Liste auf, welche Waren aus dem Orient für die Europäer interessant waren (VT1, Q2).

3 Ordne die in der Bildlegende genannten Gewürze dem Bild zu (D1).

4 Arbeite heraus, welche Verbesserungen es in der Seefahrt im 15./16. Jahrhundert gab (Q3).

5 Stell dir vor, dass König Manuel auch eine Karte mit den verschiedenen Entdeckungsfahrten der Portugiesen zu dem Brief (Q2) gelegt hat. Zeichne diese Karte und beschrifte sie. Nutze die Karte auf S. 30/31.

6 Begründe, warum die portugiesischen Entdeckungsfahrten typisch für die Epoche der Neuzeit sind (VT2, Q3).

7 Entwirf eine Werbeanzeige für eine Karavelle.

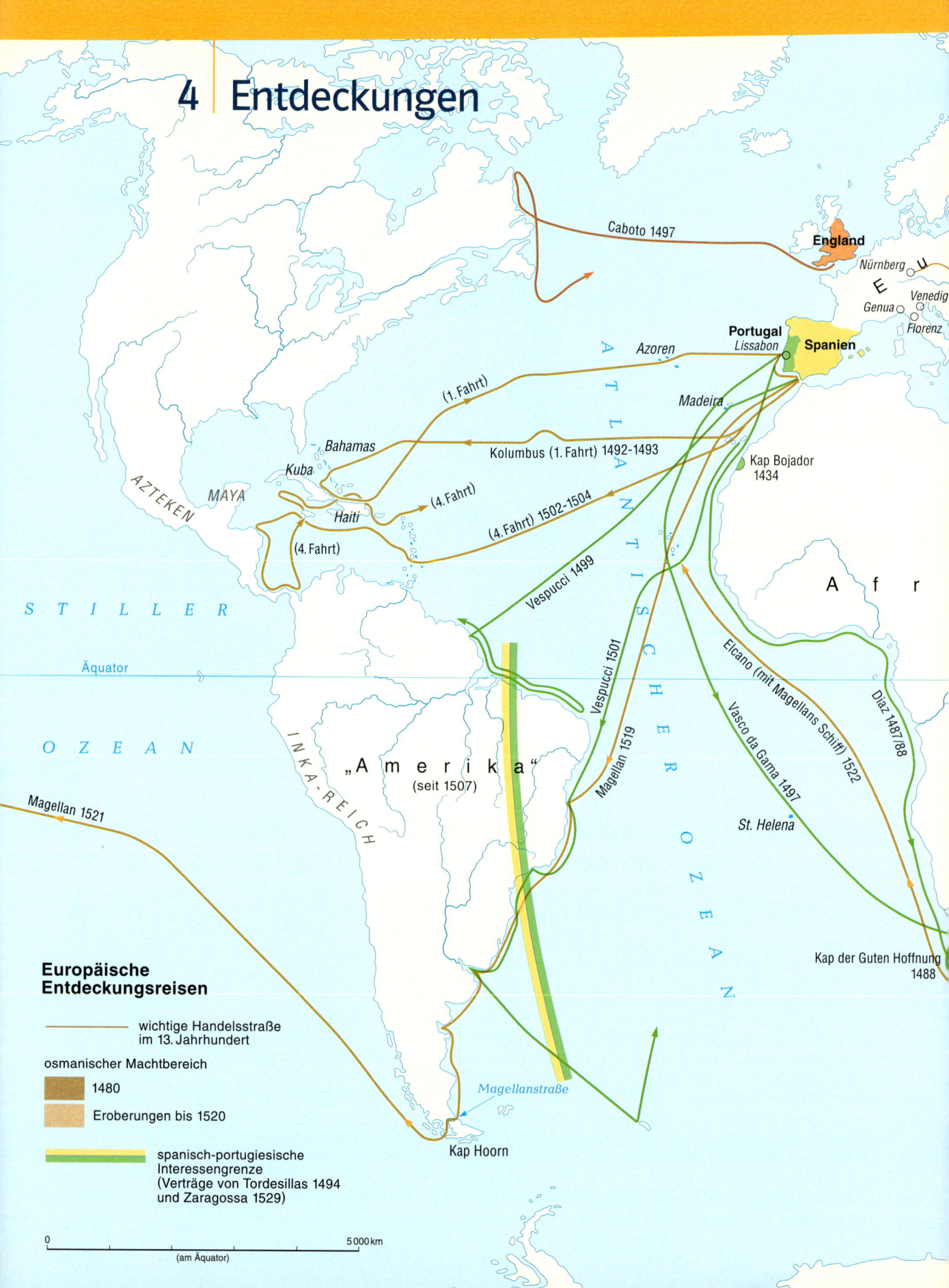

1400 bis 1800 | Unterwegs in die Neuzeit

Q1 Karavelle. Ein leichtes, aber stabil gebautes Schiff. Die Karavelle war besonders hochseetüchtig.

Q2 König Manuel von Portugal teilt dem deutschen Kaiser Maximilian 1499 mit:

Was einstmals die Reiche der Römer, Karthager und anderer Völker nicht vermochten – nämlich die Umsegelung der Erde von Westen nach Osten durch den Atlantik und das Indische Meer –, das hat die Gnade Gottes den Königen von Portugal in unserer Regierungszeit gewährt. Im Übrigen haben sie (Vasco da Gama und seine Schiffe) eine Fülle von orientalischen Waren, die über die ganze Welt verbreitet sind, nämlich Zimt, Nelken, Pfeffer, Ingwer, Muskatnuss, Moschus, Benzoeharz, Weihrauch und alle Arten von Spezereien (Gewürzen) ebenso wie von Edelsteinen und Perlen von den indischen Handelsplätzen mitgebracht. Daher müssen über den derart glücklichen Ausgang sowohl Eure Majestät als auch alle christlichen Fürsten aufs Höchste frohlocken, dass diesen bedeutenden Warenhandel hinfort Christen und Mauren innehaben werden.

Q3 Der Portugiese Pedro Nunes 1537:

Es steht fest, dass die Entdeckung von Küsten, Inseln und Kontinenten nicht zufällig erfolgt. Unsere Seefahrer genießen eine gründliche Ausbildung, bevor sie in See stechen. Sie kennen die Navigationsinstrumente, die Grundlagen der Sternenkunde und Geometrie, führen Seekarten mit exakten Seekartenmarkierungen an Bord, die sich von denen früherer Seefahrer erheblich unterscheiden. Früher kannte man nur zwölf Winde und segelte ohne Kompass. Vermutlich deshalb hielten sich die Schiffsführer damaliger Zeiten immer in Sichtweite der Küste.

Aufgaben

1 Arbeite heraus, warum Seeleute damals mit dem Schiff nach Indien segeln wollten (VT1).

2 Liste auf, welche Waren aus dem Orient für die Europäer interessant waren (VT1, Q2).

3 Ordne die in der Bildlegende genannten Gewürze dem Bild zu (D1).

4 Arbeite heraus, welche Verbesserungen es in der Seefahrt im 15./16. Jahrhundert gab (Q3).

5 Stell dir vor, dass König Manuel auch eine Karte mit den verschiedenen Entdeckungsfahrten der Portugiesen zu dem Brief (Q2) gelegt hat. Zeichne diese Karte und beschrifte sie. Nutze die Karte auf S. 30/31.

6 Begründe, warum die portugiesischen Entdeckungsfahrten typisch für die Epoche der Neuzeit sind (VT2, Q3).

7 Entwirf eine Werbeanzeige für eine Karavelle.

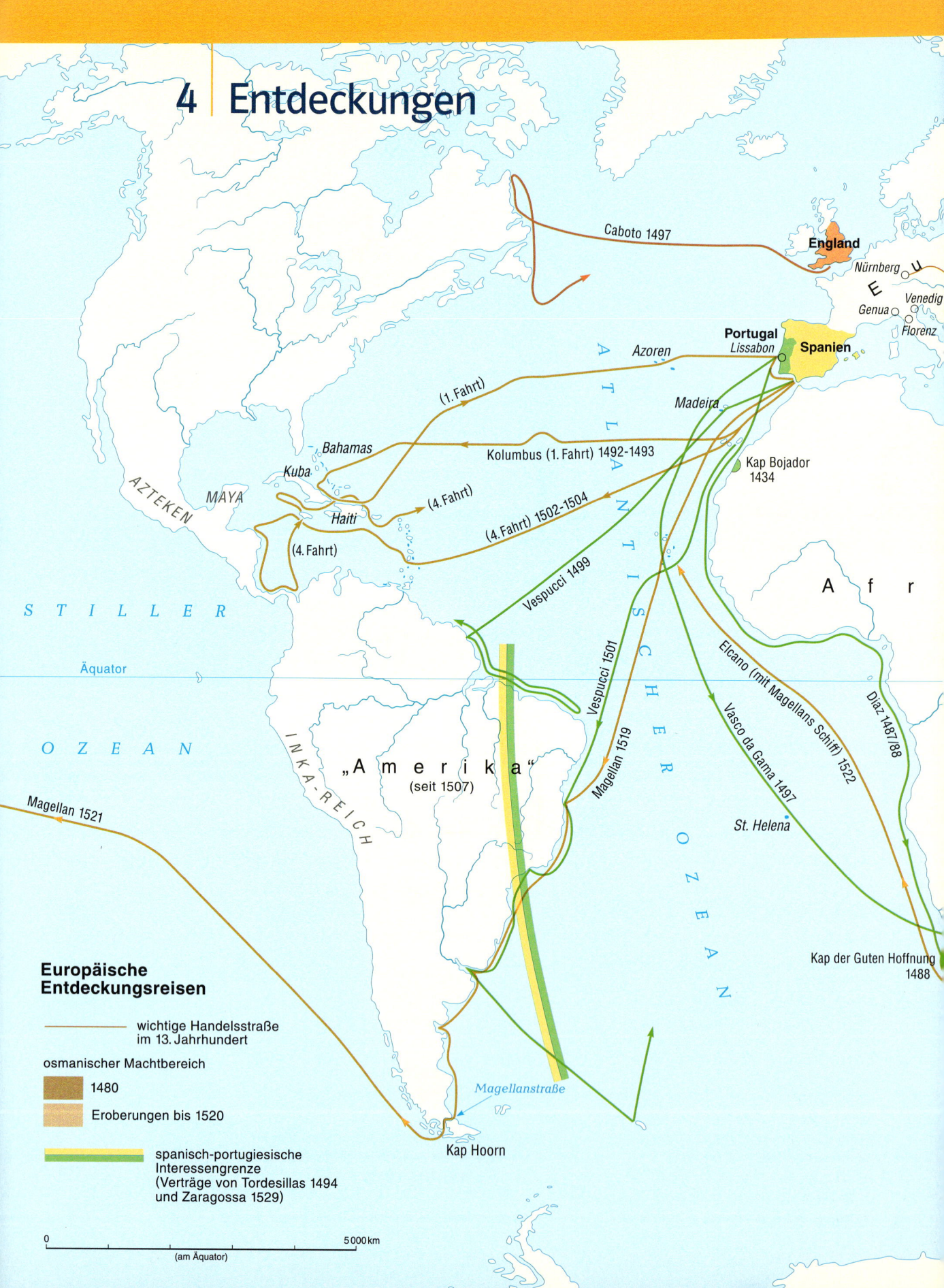

Aufgaben

1 Beschreibe die Lage des Osmanischen Reiches mit heutigen Ländernamen. Erkläre, warum seine Vergrösserung im 15. Jahrhundert den europäischen Handel mit Ostasien behinderte (siehe S. 28).

2 Kolumbus suchte einen Seeweg nach Indien. Beschreibe seine erste Fahrt und ihr Ergebnis.

3 Ein portugiesischer Seefahrer erreichte als Erster Kalikut in Indien auf dem Seeweg. Wie hiess er? Beschreibe seine Route.

4 Portugiesische Seefahrer waren im 15. Jahrhundert besonders erfolgreiche Entdecker. Begründe diese Aussage und beschreibe mithilfe der Karte Seefahrten, die grosse Erfolge waren (siehe auch VT S. 28).

5 | Kolumbus entdeckt Amerika

Der tollkühne Seefahrer Christoph Kolumbus hatte einen Plan. Er wollte in westlicher Richtung einen Seeweg nach Indien finden. 1492 brach er mit drei Schiffen auf. Aber Indien erreichte er nie.

Q1 Landung des Kolumbus auf Haiti, kolorierter Kupferstich von Theodor de Bry aus dem Jahr 1594

Auf dem Weg in eine neue Welt

3. August 1492: Kolumbus verlässt an Bord der «Santa Maria» Spanien. Er rechnet mit einer Fahrt von drei Wochen. Doch schliesslich bricht der dritte Monat an. Essen und Trinkwasser werden knapp. Die Matrosen verlieren das Vertrauen in ihren Kapitän. Mit Mühe verhindert Kolumbus eine Meuterei.

12. Oktober 1492: Kolumbus landet mit drei Schiffen auf Guanahani, einer kleinen Insel der Bahamas. Kolumbus gibt ihr den neuen Namen San Salvador (Heiliger Erlöser) und erklärt sie zum Besitz der spanischen Königin. Von San Salvador aus segeln Kolumbus und seine Männer weiter und entdecken Kuba und Haiti.

Weihnachten 1492: Kolumbus gründet auf Haiti die erste spanische Kolonie. Dann segelt er zurück und nimmt Früchte, Pflanzen und Tiere mit an Bord, die den Europäern unbekannt sind. Auch einige Männer und Frauen aus Haiti verschleppt er, um sie in Spanien zu zeigen.

Der Irrtum des Kolumbus

Kolumbus fuhr in den folgenden Jahren noch dreimal über den Atlantik. 1498 betrat er im heutigen Venezuela das Festland. Bis zu seinem Tod 1506 glaubte er aber, dass er in Asien gelandet war. Erst später wurde den Forschern klar, dass Kolumbus einen riesigen Kontinent entdeckt hatte. 1499 bis 1501 erkundete Amerigo Vespucci die südliche Küste dieses Kontinents. Nach ihm erhielt er seinen Namen: «Amerika».

Kolonie
Land, das Europäer in Amerika und Ostasien ab Ende des 15. Jahrhunderts unter ihre Herrschaft stellten und besiedelten.

indigene Völker
(lat. «indigena» = eingeboren) Die ersten Bewohner eines Gebiets. Sie wurden oft von den Eroberern unterdrückt, mit der Absicht, ihnen die eigene Kultur aufzuzwingen.

Westwärts nach Osten?

Die meisten Indienfahrer hatten vor, Afrika in Richtung Osten zu umrunden. Der erfahrene Kapitän Christoph Kolumbus war davon überzeugt: Ich kann Indien auch erreichen, wenn ich westwärts um die Erdkugel herumsegle. Jahrelang bemühte er sich, in Portugal und Spanien reiche Unterstützer für seinen Plan zu finden. Im Jahr 1492 stimmte das spanische Königspaar zu. Königin Isabella und König Ferdinand gaben ihm Geld, um drei Schiffe für die weite Reise auszurüsten. Ferner ernannten sie ihn zum Admiral. Kolumbus versprach, neue Länder für das spanische Reich zu entdecken, die dort lebenden Menschen zu Christen zu machen und grosse Reichtümer zu erwerben.

1400 bis 1800 | Unterwegs in die Neuzeit

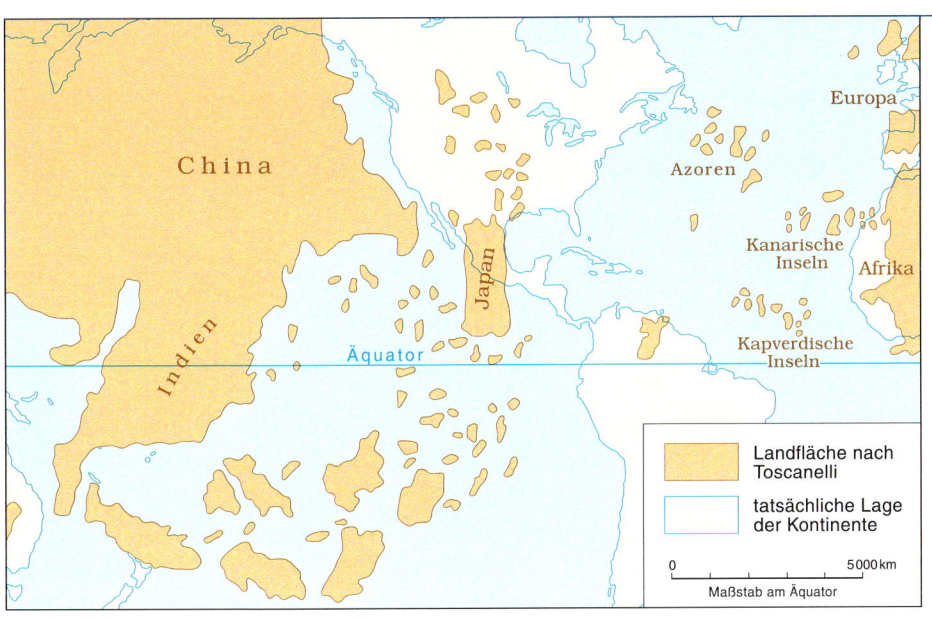

D1 Europa und die Lage der «Ostländer». Die braunen Flächen der Karte zeigen, wie sich der italienische Kartograf Toscanelli 1474 die Welt vorstellte. An Toscanellis Karte orientierte sich Kolumbus. In gelber Farbe eingefügt ist die tatsächliche Lage der Kontinente.

Q2 Aus dem Bordtagebuch von Kolumbus. Es ging verloren, aber ein Bischof hatte eine Zusammenfassung daraus angefertigt.

12. Oktober 1492: Zwei Stunden nach Mitternacht tauchte das Land vor ihnen auf. Schon bald sahen sie nackte Leute am Strand. Der Admiral (Kolumbus) ging mit dem bewaffneten Boot an Land. Er rief die beiden Kapitäne und die anderen, die an Land gegangen waren, zu sich. Ebenso Rodrigo Descovedo, den Notar der Flotte, der rechtlich bezeugen sollte, dass er vor aller Augen von der Insel Besitz ergriff, wie er es dann auch im Namen des Königs und der Königin, seiner Herren, tat. Das Folgende sind wörtliche Äusserungen des Admirals in seinem Buch: «Da ich ihre Freundschaft gewinnen wollte und bemerkte, dass es Leute waren, die sich eher durch Liebe für unseren heiligen Glauben gewinnen und zu ihm bekehren liessen, gab ich einigen von ihnen ein paar bunte Mützen und einige Ketten aus Glasperlen, die sie sich um den Hals hängten. Sie sind sicher hervorragende Arbeitskräfte; sie haben einen aufgeweckten Verstand.»

Aufgaben

1 Stelle dar, welche Idee Christoph Kolumbus hatte (VT1, D1).

2 Arbeite heraus, wo Kolumbus tatsächlich landete (VT2, D1).

3 Finde heraus, welche Ziele Kolumbus verfolgte (Q1, Q2).

4 Erzähle aus der Sicht eines Haitianers von der Landung der Spanier (Q1, Q2).

5 Bewerte das Verhalten der Spanier auf Haiti.

6 a) Recherchiere den Begriff «Indianer». Welche Erklärungen findest du dafür?
b) Gestalte ein Plakat zum Thema «Indianer».

KV 3-4
Arbeitsblatt
3D-Modell
Santa Maria

Rundblick

6 | Der grösste Seefahrer aller Zeiten

Nicht nur die Europäer entdeckten fremde Länder. Im Jahre 1382 geriet ein elfjähriger Junge in der südchinesischen Provinz Yunnan in Gefangenschaft der Truppen des Kaisers von China und wurde der mächtigste Seefahrer aller Zeiten.

D1 Schatzschiff, Rekonstruktion im Vergleich zu einem europäischen Entdeckerschiff
Die chinesische Flotte bestand aus riesigen «Schatzschiffen», die mit Luxuskabinen und grossen Lagerräumen ausgestattet waren. Sie transportierten Chinas Schätze – Seidenstoffe und feines Porzellan – in die Ferne. Zurück nach China brachten sie Gewürze, tropische Hölzer, Perlen, Edelsteine und Schwefel. Letzteres brauchten die Chinesen zur Herstellung des in China bereits bekannten Schiesspulvers. Die Schatzschiffe wurden von zahlreichen kleineren Schiffen begleitet: von Kriegs-, Bewachungs-, Pferde- und Versorgungsschiffen sowie Wassertankern.

Mit der Flotte wollte China
- chinesische Waren gegen Rohstoffe aus fernen Ländern tauschen,
- Piraten an den chinesischen Küsten bekämpfen,
- Abgaben von unterworfenen Völkern eintreiben,
- neue Handelsbeziehungen knüpfen,
- Abgesandte aus fernen Ländern nach China holen und sie wieder zurückbringen,
- fremde Strände erkunden und neue Pflanzen und Tiere entdecken.

1400 bis 1800 | Unterwegs in die Neuzeit

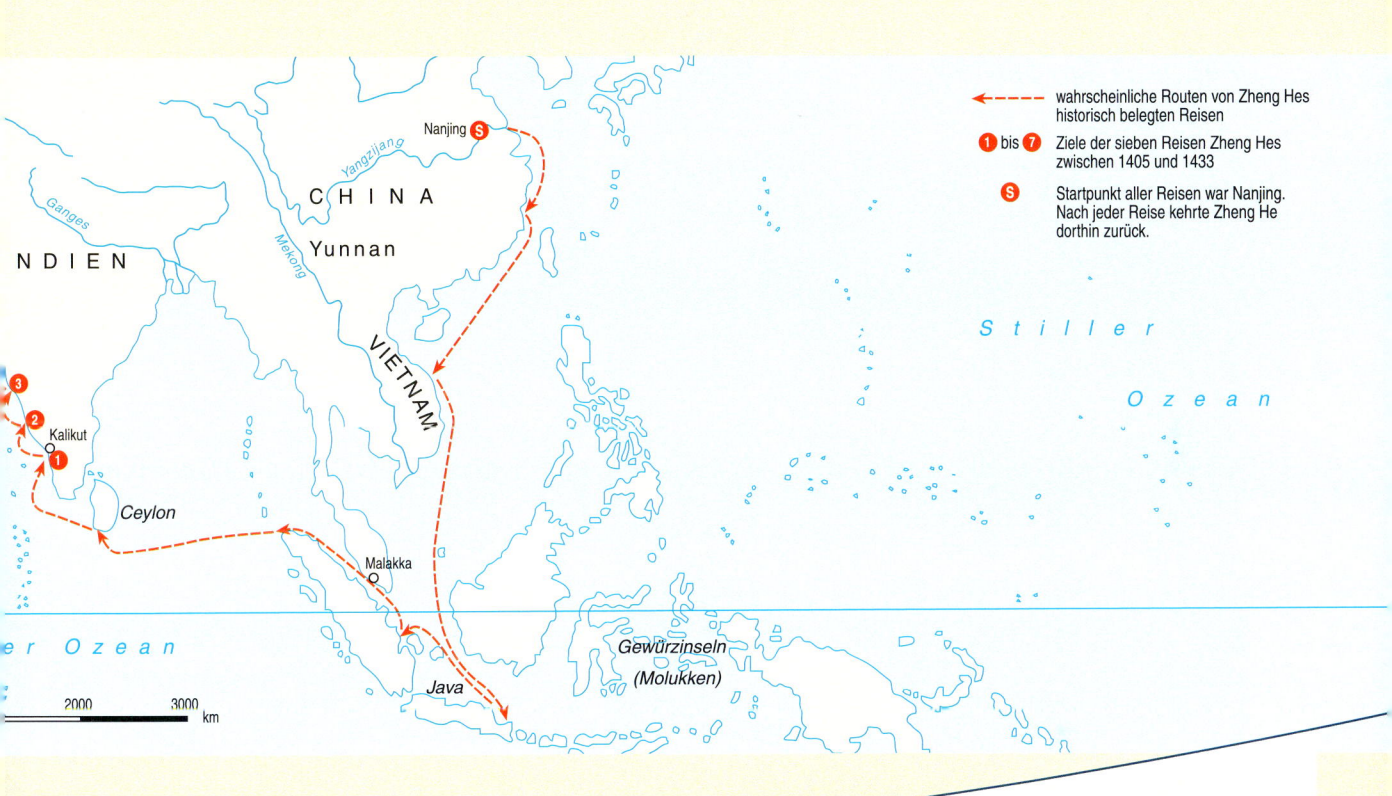

◀---- wahrscheinliche Routen von Zheng Hes historisch belegten Reisen

❶ bis ❼ Ziele der sieben Reisen Zheng Hes zwischen 1405 und 1433

Ⓢ Startpunkt aller Reisen war Nanjing. Nach jeder Reise kehrte Zheng He dorthin zurück.

Q1 Zheng He, Statue des chinesischen Admirals in Nanjing, Foto 2004
Als Sohn einer gebildeten, muslimischen Familie wurde er mit dem Namen Ma Sanbao 1371 in Yunnan geboren. Als Kind wurde er gefangen genommen und für den Dienst am Hofe des chinesischen Kaisers ausgewählt. Wegen seiner Verdienste bekam er den chinesischen Namen Zheng He und wurde enger Berater des Kaisers. Der Kaiser beauftragte ihn, eine riesige Flotte zu bauen. 1405 brach Zheng He zu seiner ersten Seereise auf. Seine Flotte bestand aus 62 Schiffen mit fast 30 000 Personen.

Q2 Giraffe, gezeichnet von dem Hofmaler Shen Du, 1414
Immer weiter Richtung Westen unternahmen Zheng Hes Flotten sieben grosse Reisen. Er erreichte Vietnam, Java, Sri Lanka, den indischen Hafen Kalikut, Persien, Arabien, das Rote Meer und Mombasa an der afrikanischen Ostküste. Er brachte dem Kaiser lebende Tiere mit nach China, auch diese Giraffe. Zheng He starb 1433. Die chinesische Flotte wurde nie wieder so gross und mächtig. Die Europäer umrundeten in den nächsten 60 Jahren Afrika in östlicher Richtung. Vasco da Gama gelangte 1498 von Mombasa zum indischen Hafen Kalikut. Von da an errichteten europäische Staaten Handelsstützpunkte in Asien.

7 | Das Aztekenreich

In Mittelamerika trafen die Spanier auf das Reich der Azteken. Sie staunten nicht schlecht. Die Azteken hatten eine Hochkultur entwickelt und herrschten von einer Hauptstadt aus: Tenochtitlan. Die Europäer waren fasziniert von ihren Schätzen.

Q1 Tenochtitlan, Darstellung von 1572. «Die schönste Stadt der Welt», sagte der Spanier Hernán Cortés über Tenochtitlan und verglich es mit Venedig. In der Stadt wohnten 200 000 bis 300 000 Menschen.

Hauptstadt eines grossen Reiches

Die Stadt Tenochtitlan lag vor 500 Jahren da, wo sich heute die Hauptstadt von Mexiko erstreckt. Die Stadt war auf einer Insel in der Mitte eines Sees angelegt. Vier breite Dämme verbanden sie mit dem Festland. Um 1325 hatten die Azteken die Insel besiedelt. Von dort aus eroberten sie das mexikanische Hochland, unterwarfen benachbarte Völker und dehnten ihr Reich von den Küsten des Atlantiks bis zum Pazifik aus. Über dieses Reich herrschte der König Moctezuma. Sein Palast stand auf einem grossen, gepflasterten Platz in Tenochtitlan neben den Tempeln und Palästen der Priester. In Moctezumas Palast lagerten die Abgaben der unterworfenen Indiostämme: Nahrungsmittel, Baumwolle, Waffen, Juwelen und Gold.

Vom Leben der Azteken

Die meisten Azteken lebten als Bauern auf dem Land. In Städten wohnten vor allem Adlige, Priester, Kaufleute, Handwerker und Künstler. Die Azteken kannten einen eigenen Kalender und ein Zahlensystem. Sie schufen prachtvolle Bildhandschriften und feine Schmuckstücke aus Gold und Edelsteinen. Händler verkauften auf Märkten Luxuswaren wie Felle, Edelsteine, prächtigen Schmuck aus Papageienfedern oder Gold.

Menschenopfer für die Götter

Die Azteken waren eine kriegerische Gesellschaft. Die aztekischen Herrscher unterwarfen immer mehr Stämme und forderten Abgaben. Gleichzeitig hatten die Kriege den Zweck, Gefangene zu nehmen und sie den Göttern zu opfern. Die Azteken glaubten nämlich, dass ein Weltuntergang die Erde bereits viermal verschlungen hätte. Um einen fünften Untergang zu verhindern, müssten sie dem höchsten Gott ständig Menschenopfer bringen. Bei einem einzigen Opferfest wurden auf den Götterpyramiden vor den Tempeln Tausende von Menschen getötet. Der höchste Gott trug den Beinamen Mexitli. Danach nannten sich die Azteken auch Mexica. Die Spanier bezeichneten später dieses Land und die Hauptstadt als «Mexiko».

1400 bis 1800 | Unterwegs in die Neuzeit

D1 Der grosse Tempelplatz in Tenochtitlan. Links: Pyramide mit den Tempeln des Kriegsgottes Huizilopochtli, Mitte: kreisrunder Opferstein, Vordergrund: Teil des riesigen «Mondsees», in dem sich Tenochtitlan befindet.

Q2 Der spanische Hauptmann Bernal Díaz schilderte um 1555 seinen ersten Eindruck von Tenochtitlan:

Wir sahen die grosse Wasserleitung, die von Chapultepec kommt und die ganze Stadt mit süssem Wasser versorgt, und die langen hölzernen Brücken, von denen die Dammstrassen unterbrochen waren, um die Verbindung zwischen den vielen Teilen des Sees zu ermöglichen. Auf dem See wimmelte es von Fahrzeugen, die Waren und Lebensmittel aller Art geladen hatten. Wir stellten einwandfrei fest, dass man Mexiko (so nannten die Spanier Tenochtitlan später) nur über die Zugbrücken oder in Kähnen erreichen konnte. Aus allen Orten ragten die weissen Opfertempel wie Burgen über die Häuser mit ihren Söllern (Plattformen), über kleinere kapellenartige Bauten und über die Befestigungstürme hinaus. Es war ein einmaliger Blick (…) Dann besahen wir uns von hier oben aus noch einmal den Marktplatz mit seinem Gewimmel von Menschen, die einen Lärm machten, den man über eine Stunde weit hören konnte. Leute, die Konstantinopel und Rom gesehen hatten, erzählten, dass sie noch nirgendwo einen so grossen und volkreichen Marktplatz gefunden hätten.

Aufgaben

1 Arbeite heraus, wo Tenochtitlan lag (VT1).

2 Begründe, warum die Spanier von Tenochtitlan so fasziniert waren (Q2).

3 Vergleiche das Stadtbild und das Leben in Tenochtitlan mit einer heutigen Stadt.

4 Fasse zusammen, was du über König und Art der Herrschaft der Azteken erfährst (VT1, VT3).

5 Begründe, warum es sich bei den Azteken um eine Hochkultur handelte (VT2, Q2, D1).

6 Die Spanier übernahmen ausser dem Wort «Mexiko» auch andere Begriffe von den Azteken: z. B. tomatl, xocoatl. Übersetze in die deutsche Sprache und suche nach Gründen für die Übernahme.

8 | Mit Kreuz und Schwert

Im Frühjahr 1519 erreichte den aztekischen König Moctezuma II. eine seltsame Nachricht: Ein Mann hatte auf dem Meer mehrere Berge gesichtet, die sich bewegten. Moctezuma schickte Kundschafter aus, um die Erscheinung näher zu beobachten.

Q1 Cortés auf dem Weg zu König Moctezuma II., 1519, nach einer zeitgenössischen mexikanischen Bilderhandschrift, angefertigt um 1550

europäische Expansion
Ausbreitung der europäischen Herrschaft auf andere Kontinente wie Amerika, Asien und Afrika in der Neuzeit

Kulturbegegnungen
Zusammentreffen und Austausch von verschiedenen Kulturen, wie z. B. der europäischen und der aztekischen. Beide Kulturen übernehmen Elemente der anderen Kultur und verändern sich.

Der Empfang der Spanier

Bei den Bergen handelte es sich um die Schiffe des spanischen Gesandten Hernán Cortés. Er landete mit über 500 Männern, 14 Geschützen und 16 Pferden an der Küste des heutigen Mexiko. Cortés hatte sein gesamtes Vermögen eingesetzt, um das Land mit den unermesslichen Reichtümern zu finden. Als der aztekische König Moctezuma von den Eindringlingen hörte, schickte er Abgesandte an die Küste. Sie brachten den Spaniern wertvolle Geschenke mit, forderten sie aber gleichzeitig auf umzukehren. Doch die Spanier blieben. Die Geschenke lockten sie erst recht, weiter ins Landesinnere vorzudringen. Mithilfe von Dolmetschern sammelte Cortés Informationen über die Situation vor Ort. Er verbündete sich mit Stämmen, die von den Azteken unterworfen worden waren. Moctezuma beobachtete das mit Sorge. Als Cortés im Herbst 1519 Tenochtitlan erreichte, empfing Moctezuma ihn dennoch höflich. Denn er hielt es für möglich, dass die Spanier von den Göttern geschickt worden waren. Doch die Interessen der Spanier waren irdisch: Sie durchsuchten die Gebäude der Stadt nach Gold und Edelsteinen.

Die Zerstörung Tenochtitlans

Die Spanier waren gekommen, um sich zu bereichern, das Christentum zu verbreiten und das Land in Besitz zu nehmen. Sie empörten sich über die religiösen Bräuche und Menschenopfer der Azteken. Cortés liess Götterbilder zerstören und stattdessen Kreuze aufstellen.

Bald kam es zum Aufstand der Menschen in Tenochtitlan. Cortés nahm daraufhin Moctezuma als Geisel und zwang ihn, das aztekische Volk zu beruhigen. Während seiner Ansprache wurde Moctezuma mit Steinen beworfen und starb – so berichten es jedenfalls einige Quellen. Cortés und seine Männer retteten sich unter grossen Verlusten. Im Mai 1521 kehrten sie mit Verstärkung zurück, belagerten Tenochtitlan und eroberten die Stadt. Zwischen 1519 und 1521 starben 300 000 Azteken – viele im Kampf oder durch Hinrichtung. Die meisten Azteken aber starben durch bislang unbekannte Krankheiten, die die Europäer eingeschleppt hatten.

Aus Tenochtitlan wird Mexiko

Die Spanier schütteten mit den Trümmern Tenochtitlans die Kanäle und den See zu. Auf dem Tempelplatz errichteten sie eine riesige Kirche. Die Stadt hiess jetzt Mexiko. Sie wurde die Hauptstadt von «Neuspanien», der spanischen Kolonie in Mittelamerika. Ihr erster Herrscher war Hernán Cortés.

1400 bis 1800 | Unterwegs in die Neuzeit

Q2 Über die Missionierung der Azteken berichtet ein spanischer Geistlicher 1525:

Alle Götzenbilder, die auf den Höfen standen, liess Cortés umwerfen, dann zerbrechen, in Stücke schlagen und schliesslich über die hohen Treppenstufen hinabwerfen. Über den Bildersturz geriet Moctezuma, der dabei war, in grosse Erregung; und auch alle Höflinge entsetzten sich und klagten: «Oh, wir Unglücklichen, wir Armen! Die Götter werden uns in ihrem Zorn die Feldfrüchte nehmen, von denen wir leben, und uns Hungers sterben lassen; auch alle Arten von Krankheiten werden über uns kommen, wie es schon so oft geschah, wenn die Götter nicht versöhnt waren.»

Q3 Die Ankunft der Spanier aus aztekischer Sicht. Boten berichten Moctezuma 1519:

Ein Ding wie ein Ball aus Stein fliegt aus ihrem Bauch heraus, sprüht Funken und regnet Feuer. Wenn es den Baum trifft, verweht er in Splittern, als ob ein Zauberer in seinem Inneren ihn fortgeblasen hätte. Ihre Kriegstracht und ihre Waffen sind ganz in Eisen gemacht. Sie kleiden sich ganz aus Eisen. Sie werden von Hirschen auf dem Rücken getragen, wohin sie wollen. Herr, auf diesen Hirschen sind sie so hoch wie Dächer. Ihr Körper ist ganz verborgen, nur ihre Gesichter sind nicht bedeckt. Ihre Haut ist weiss, wie aus Kalk gemacht.

Q4 Moctezumas Begegnung mit Cortés im November 1519, Zeichnung eines aztekischen Künstlers von 1560 im Auftrag der Spanier, später koloriert. Moctezuma (links sitzend) wird von drei hochgestellten Azteken begleitet. Als Geschenke hat er Mais, Geflügel und Wild mitgebracht. Hinter Cortés (rechts sitzend) steht die aztekische Dolmetscherin Malinche, hinten oben seine Leibwache.

Aufgaben

1 Wie werden in Q1 die Azteken, wie die Spanier dargestellt? Finde zwei Unterschiede.

2 Beschreibt das Verhalten der Spanier (VT, Q2) und der Azteken (VT, Q3) in je vier Punkten.

3 Informiert euch gegenseitig über eure Ergebnisse. Diskutiert, warum den Spaniern die Eroberung des Aztekenreiches gelang, und schreibt eine gemeinsame Begründung.

4 Versetze dich in eine in Q4 dargestellte Person. Notiere dir Zweifel, die der Person während der Begegnung durch den Kopf hätten gehen können.

5 Stellt die Situation nach und spielt die Szene (Q4).

6 Vergleiche die Darstellung der beiden Parteien in den zwei Bildern Q1 und Q4.

9 Reichtum für die Europäer

In Amerika suchten die Europäer Glück und Gold. Dazu beuteten sie die einheimische Bevölkerung aus und transportierten Reichtümer nach Europa.

Manufaktur
(lat. «manu facere» = mit der Hand herstellen) In den Manufakturen wurden Waren arbeitsteilig in grosser Zahl von spezialisierten Handwerkern hergestellt. Im Gegensatz zur späteren Fabrik gab es kaum Maschinen.

Gold und Silber für die Europäer

1532 gelang es dem spanischen Eroberer Francisco Pizarro, eine zweite grosse Kultur in Südamerika zu erobern: das Reich der Inka. Vergeblich versuchten die Inka, ihre Schätze sowie die Gold- und Silberminen geheim zu halten. Die Spanier nahmen die Minen als Kolonialherren in Besitz und liessen die einheimische Bevölkerung für sich arbeiten. Vom spanischen König bekamen sie das Recht übertragen, Gold und Silber zu fördern. Als private Minenbesitzer mussten sie dafür ein Fünftel an das spanische Königshaus abgeben. «Silberflotten» brachten dieses Silber und die Steuern nach Spanien.

Die Europäer errichten Plantagen

Eine andere Geldquelle für die Europäer wurden die grossen Plantagen. Spanische Siedler holzten die Wälder ab und legten auf den gerodeten Flächen Plantagen an. So entstanden riesige Felder, auf denen ausschliesslich Kakao, Tee, Tabak, Baumwolle oder Zuckerrohr angebaut wurden. Die Indios mussten auf den Plantagen als Sklaven arbeiten. Viele wurden krank, starben durch die harte Arbeit oder an den eingeschleppten Krankheiten aus Europa, gegen die sie keine Abwehrkräfte besassen. Die spanischen Plantagenbesitzer standen bald vor einem Problem: Es gab nicht mehr genügend einheimische Arbeitskräfte.

Der Dreieckshandel

Die Europäer hatten eine Idee: Sie schafften Arbeiter aus Afrika heran. Es entstand der sogenannte Dreieckshandel: Europäische Sklavenhändler in Afrika nahmen einheimische Afrikaner gefangen und fuhren sie mit dem Schiff Richtung Amerika. Dort angekommen, wurden die Menschen als Arbeitskräfte in die Kolonien in Mittelamerika und Südamerika verkauft. Hier nahmen die Schiffe Rohstoffe an Bord, die auf den Plantagen angebaut wurden. Mit Rohrzucker, Kaffeebohnen, Kakaobohnen und Baumwolle beladen fuhren die Schiffe nach Europa weiter. In Europa wurden die Rohstoffe in Manufakturen zu Produkten verarbeitet. Erneut wurden die Schiffe beladen: Jetzt transportierten sie fertige Waren wie Gewehre, Rum oder Stoffe nach Afrika. Damit wurden die Sklavenhändler bezahlt.

Q1 Schwarze Sklaven aus Guinea beim Abbau von Bodenschätzen auf Haiti, Kupferstich von Theodor de Bry, 1595, später koloriert

1400 bis 1800 | Unterwegs in die Neuzeit

D1 Südamerika zur Zeit der Eroberungen durch die Europäer

nach Europa:
Tabak, Kartoffel, Mais, Tomate, Baumwolle, Kakao, Kautschuk, Erdnuss, Truthahn

nach Amerika:
Pferd, Kuh, Esel, Schaf, Huhn, Zuckerrohr, Banane, Weizen, Ölbaum, Weinrebe

Im 16. Jahrhundert wandern 200 000–300 000 Menschen von Spanien nach Amerika ein

Indianische Reiche zur Zeit der Entdeckung Amerikas:
- Aztekenreich (bis 1521)
- Mayareiche (bis 1546)
- Inkareich (bis 1532)
- Hauptstadt eines indianischen Reiches

Europäische Kolonialherrschaft:
spanisch:
- spanischer Eroberungszug
- Vizekönigreich Neuspanien 1535
- Vizekönigreich Peru 1542

portugiesisch:
- Kolonialreich um 1600
- europäische Stadtgründung bis um 1600

Q2 Ein Spanier berichtete im 16. Jahrhundert über die Zwangsarbeit im Bergwerk, die «Mita» genannt wurde:

Ein Indianer (kehrte) vom Bergwerk zurück. Und er fand seine Frau tot. Und der Dorfvorsteher kam zu ihm und sagte: «Ich weiss, ich tue dir weh, du kommst gerade erst aus dem
5 Stollen und findest dich als Witwer wieder, mit zwei Söhnen zu ernähren, und du bist (…) erschöpft von der Arbeit. Aber ich kann nicht anders: Ich finde keinen Indianer für die Mita, und wenn die Zahl nicht voll wird, verbrennen
10 sie mich, peitschen sie mich, trinken sie mein Blut. Hab Mitleid mit mir, kehr wieder zurück ins Bergwerk.» Da nahm der Indianer seine zwei kleinen Söhne, umarmte und küsste sie zärtlich und hängte sie an einem Baum auf.
15 Dann nahm er ein Küchenmesser und stiess es sich durch den Hals, um nicht wieder ins Bergwerk zu müssen.

Aufgaben

1 Beschreibe, wie die Europäer in den Kolonien Reichtum gewannen (VT, Q1, Q2).

2 Erkläre den Begriff «Silberflotte» (VT1).

3 Zeichne mit den Informationen aus VT3 ein Schaubild zum Dreieckshandel in dein Heft.

4 Versetze dich in die Lage einer Person in Q1. Erzähle ihre Geschichte aus der Sicht dieser Person.

5 Liste die Folgen der Kolonialherrschaft auf (D1).

KV 5 Arbeitsblatt

KV 6 Schaubild

10 | Die Welt wird europäisch

Die Europäer hatten klare Vorstellungen von ihrer Herrschaft in den eroberten Ländern. Die Kolonien dienten der Herrschaft in den Herkunftsländern. Aber nicht nur die Wirtschaft in diesen Ländern, auch die indigene Kultur wurde zerstört.

Bekehrung unter Zwang

Mit den europäischen Entdeckern und Eroberern kamen auch christliche Priester nach Mittel- und Südamerika. Für sie waren die Ureinwohner bedauernswerte Menschen, die nichts von Jesus Christus wussten und deshalb zum Christentum bekehrt werden mussten. Das geschah mit Worten, aber auch mit Gewalt. Die Spanier zerstörten und verbrannten massenhaft die religiösen Bildschriften der Azteken und ihre Tempel. Gegenstände aus Gold, auf denen Götter oder religiöse Geschichten abgebildet waren, wurden eingeschmolzen. Einheimische Feste wurden verboten, anstelle der höchsten Götter stellten die Europäer Kreuze oder Marienstatuen auf. Christliche Priester tauften die einheimischen Frauen und Männer unter Zwang, um sie zu Christen zu machen. Einige spanische Priester protestierten dagegen. Sie waren der Ansicht, dass man den Glauben an den christlichen Gott nicht erzwingen könne. Aber es half wenig: Ein grosser Teil der indigenen Kultur wurde zerstört. Die Zerstörung prägt übrigens bis heute unsere Sichtweise. Vieles, was wir über die Azteken wissen, sehen wir durch die Brille der Spanier. Denn die meisten heute bekannten Quellen stammen aus der Zeit nach der Eroberung und wurden unter spanischem Einfluss aufgezeichnet.

Die Beherrschung der Welt

Die Kirche mischte sich auch in die Herrschaft über die Kolonien ein. Der Papst teilte die Welt von Pol zu Pol durch eine Linie, damit Spanier und Portugiesen um ihre Kolonien nicht in Streit gerieten (siehe S. 30/31). Spanien erhielt die östliche Hälfte, Portugal die westliche. Die Portugiesen eroberten daraufhin ab 1500 das heutige Brasilien. Andere europäische Staaten wie England, Holland und Frankreich folgten ihnen. Sie gründeten überall in der Welt Kolonien und Handelsstützpunkte. So wurden immer mehr Gebiete abhängig von den europäischen Mächten. Häufig stritten sich die Europäer um ihre Kolonien, führten sogar Kriege. Manchmal wechselten Kolonien dann den Besitzer. Dabei wurden die Lebensformen der indigenen Bevölkerung weiter zerstört und an Europa angepasst.

Südamerika heute

In den Staaten Südamerikas leben heute verschiedene Bevölkerungsgruppen: die Nachfahren der indigenen Völker, die Nachfahren der europäischen Einwanderer und die Nachfahren der afrikanischen Sklaven. Viele Menschen stammen auch von zwei Gruppen ab. Die grossen Plantagen gehören immer noch wenigen Grossgrundbesitzern und Konzernen. Besonders die Arbeiter, auch viele Kinder bekommen nur wenig Lohn und leiden darunter. Allerdings regt sich auch Widerstand (siehe Q1).

Q1 Rigoberta Menchú bei der Verleihung des Friedensnobelpreises 1992. Das Nobelkomitee zeichnete die Führerin der indigenen Bevölkerung in Guatemala wegen ihres Einsatzes für Gerechtigkeit aus. Sie organisierte Streiks für bessere Arbeitsbedingungen und rief die Bauern zum Widerstand gegen die damalige Militärdiktatur auf.

D1 Die europäischen Kolonien
Mitte des 18. Jahrhunderts

- spanischer Besitz
- portugiesischer Besitz
- niederländischer Besitz
- britischer (bis 1707 englischer) Besitz
- französischer Besitz
- russischer Besitz
- dänischer Besitz
- ○ kolonialer Stützpunkt

Q2 Der brasilianische Dichter Amado schildert die Arbeit auf einer Kakaoplantage in Brasilien im 20. Jahrhundert:

(Die Frauen) helfen den Männern bei der Arbeit, brechen die Schale der Früchte auf, die von den Kindern – auch die ganz kleinen sind schon dabei – aufgelesen und vor den Frauen aufgehäuft werden. Die Kleinen verdienen einen halben Milreis (brasilianische Währung) pro Tag, sie laufen nackt herum und haben dicke Bäuche, wie schwangere Frauen, so unförmig sehen sie aus. Schuld daran ist die Erde, die sie essen und die ihnen oft die kärglichen Mahlzeiten ersetzen muss. Ob Schwarze, Mulatten (Menschen mit weissen und schwarzen Vorfahren) oder Weisse, alle Kinder bekommen das gelbliche Aussehen, das an das Laub der Kakaobäume erinnert. (…) Die Früchte fallen zur Erde, die Kinder tragen sie im Laufschritt fort und die Frauen brechen sie mit ihren Messern auf. Manchmal verletzt sich eine von ihnen durch einen unachtsamen Schnitt in die Hand; dann legt sie Erde auf die Wunde und träufelt etwas Pulpa (Brei aus Pflanzenteilen oder Fruchtfleisch) darüber.

Q3 Junge als Arbeiter auf einer Kaffeeplantage

Aufgaben

1 Liste die europäischen Staaten und ihre Kolonien Mitte des 18. Jahrhunderts auf (D1).

2 Fasse zusammen, durch welche Massnahmen die Europäer die ursprüngliche indigene Kultur zerstörten (VT1, VT2).

3 Erkläre die Aussage: «Vieles, was wir über die Azteken wissen, sehen wir durch die Brille der Spanier.»

4 Erkläre die Folgen der Eroberungen für die indigene Bevölkerung bis heute (VT, Q1, Q2).

5 Beurteile die Bedeutung der Verleihung des Friedensnobelpreises an Rigoberta Menchú.

6 Informiere dich im Internet über Rigoberta Menchú und halte einen Kurzvortrag.

KV 7 Arbeitsblatt

11 | Ist die Kirche noch zu retten?

Obwohl die Kirche in den neu eroberten Gebieten in Südamerika grossen Einfluss hatte, kam in Europa in der gleichen Zeit Kritik an der Kirche auf. Sie geriet zunehmend in eine Krise. Woran lag das?

Ablass
Ab dem 12. Jahrhundert bot die Kirche Schriftstücke an, in denen stand, welche Sündenstrafen man durch eine bestimmte gute Tat erlassen bekommen konnte. Diese Schriftstücke wurden Ablassbriefe genannt.

Sünden
Handlungen eines Menschen, mit denen er gegen göttliche Gebote verstösst

Die Kirche in der Krise

Am Ende des Mittelalters besass die Kirche grossen Einfluss auf die Menschen. Die Gläubigen hatten grosse Angst vor dem Teufel und der Hölle. Sie fürchteten sich auch davor, nach dem Tod von Gott für ihre Fehler bestraft zu werden. Damit die Menschen ein gutes Leben führten, verhängten die Priester harte Strafen für begangene Sünden. Dabei verhielten sich viele Geistliche selbst nicht sehr vorbildlich:

Die Päpste in Rom führten Kriege und lebten verschwenderisch. So gab Papst Leo X. riesige Geldsummen für Musiker und Dichter, für Jagden und Karneval und für seine Elefantenwärter aus. Einige Bischöfe, Priester und Mönche lebten nicht gerade christlich: Sie tranken übermässig viel Alkohol, hatten Geliebte und vernachlässigten ihre Aufgaben. Die Priester waren zum Teil so ungebildet, dass sie im Gottesdienst nicht einmal aus der Bibel vorlesen konnten. Hohe kirchliche Ämter wie das Bischofsamt wurden einfach an denjenigen verkauft, der am meisten bot – unabhängig davon, ob er geeignet war oder nicht. Die Menschen wurden deshalb immer unzufriedener mit ihrer Kirche.

Geld befreit von allen Sünden

Für gute Taten, beispielsweise Wallfahrten oder Bussen, stellte die Kirche den Gläubigen sogenannte Ablassbriefe aus. Damit sollten den Menschen ihre Sündenstrafen erlassen sein. Nach und nach ging die Kirche allerdings dazu über, Ablassbriefe auch ohne Nachweise für ein gutes Werk einfach zu verkaufen. Schliesslich brauchten die Päpste für ihr luxuriöses Leben viel Geld. Auch Prachtbauten wie der Petersdom in Rom wurden mit dem Geld aus dem Ablasshandel finanziert. Prediger zogen durch das Land, um den Gläubigen Ablassbriefe zu verkaufen. Ihr Werbespruch lautete: «Sobald das Geld im Kasten klingt, die Seele in den Himmel springt.»

Ein Mönch namens Luther

Am 31. Oktober 1517 schrieb der Mönch Martin Luther an den Erzbischof von Mainz einen Brief mit 95 Thesen (Behauptungen) gegen diesen Ablasshandel. So wollte Luther auf die Missstände in der Kirche aufmerksam machen. Aber er erhielt auf seinen Brief keine Antwort. Daraufhin liess Luther seine Thesen drucken und veröffentlichen. Sie wurden in vielen Städten nachgedruckt und verbreiteten sich in kurzer Zeit in ganz Deutschland. Viele Menschen waren begeistert: Endlich wagte es jemand, die Missstände öffentlich anzuprangern.

Q1 Flugblatt gegen Geldbetrüger. Zu sehen sind Geistliche, Geldverleiher und Münzer. Vorne verkündet ein Mann einen Ablass, dahinter hängt ein Ablassbrief an einem Kreuz. Links ist ein Geldverleiher zu sehen. In der Mitte prägt ein Münzer minderwertige Geldstücke. Holzschnitt von Jörg Breu d. Ä. (dem Älteren), 1530. Flugblätter wurden zur Zeit der Reformation häufig dazu genutzt, politische oder religiöse Botschaften zu verbreiten. Die Bilder wurden auch von Menschen verstanden, die nicht lesen konnten.

1400 bis 1800 | Unterwegs in die Neuzeit

D1 Kirche in der Krise.
Das Schaubild zeigt, wie die mittelalterliche Kirche in die Krise geraten ist und welche Folgen das für die Gläubigen hatte. Das Schaubild ist noch unvollständig (siehe Aufgabe 3).

Päpste
– führen ein _____ und verschwenderisches Leben.
– verdienen viel Geld mit den _____.

Geistliche
– verhalten sich zum Teil _____
– sind oftmals schlecht _____

KIRCHE IN DER KRISE

Luther
– will mit seinem Schreiben auf eine _____ aufmerksam machen.
– verurteilt in seinen 95 _____ das Geschäft mit den Ablassbriefen.

Gläubige
– sind verärgert über den _____ in ihrer Kirche.
– stimmen der _____ von Martin Luther zu.

Q2 Der Ablassprediger Johann Tetzel spricht 1517 vor vielen Menschen bei Magdeburg:

Du Adliger, du Kaufmann, du Frau, du Jungfrau, du Braut, du Jüngling, du Greis! (…) Wisse, dass ein jeder, der gebeichtet, bereut und Geld in den Schrein getan hat, so viel ihm der
5 Beichtvater geraten hat, eine volle Vergebung aller seiner Sünden haben wird. Habt ihr nicht die Stimmen eurer Verstorbenen gehört, die rufen: Erbarmt euch, denn wir leiden unter harten Strafen und Foltern, von denen ihr uns
10 durch eine geringe Gabe loskaufen könnt.

Q3 Aus Luthers 95 Thesen vom Oktober 1517:

32. Wer glaubt, durch Ablassbriefe das ewige Heil erlangen zu können, wird auf ewig verdammt werden samt seinen Lehrmeistern.

36. Jeder Christ, der wahrhaft Reue emp-
5 findet, hat einen Anspruch auf vollkommenen Erlass der Schuld auch ohne Ablassbrief.

43. Man soll die Christen lehren, dass, wer den Armen gibt und dem Bedürftigen leiht, besser tut, als wer Ablassbriefe kauft.

Aufgaben

1 Liste die kirchlichen Zustände auf, mit denen viele Gläubige unzufrieden waren (VT1).

2 Arbeite heraus, wie sich der Einsatz von Ablassbriefen wandelte (VT2).

3 Übertrage das Schaubild D1 in dein Heft und setze folgende Begriffe richtig ein: Ungerechtigkeit – kriegerisches – Kritik – Ablassbriefen – unchristlich – Thesen – ausgebildet – Zustand

4 Beschreibe die einzelnen Figuren auf dem Flugblatt (Q1) möglichst genau. Woran kann man erkennen, dass sich dieses Flugblatt gegen das Geschäft mit den Ablassbriefen richtet?

5 Stell dir vor, Luther würde die Szene im Bild (Q1) betreten. Was würde er der Person vorne in der Mitte sagen (Q3)?

6 Vergleiche, was Johann Tetzel und Martin Luther über den Ablasshandel sagen (Q2, Q3).

7 Diskutiert, warum Luther auf seine Thesen keine Antwort vom Erzbischof bekam.

KV 8
Arbeitsblatt

12 | Die Reformation breitet sich aus

Papst und Kaiser verlangten, dass Luther seine Lehre widerrufen solle. Hatte er den Mut, seiner Überzeugung trotzdem treu zu bleiben?

Q1 Über Martin Luther schwebt die Taube des Heiligen Geistes. Holzschnitt, 1521

Reformation
Bewegung zur Erneuerung der Kirche. Sie wurde von Martin Luther ausgelöst und führte schliesslich zur Spaltung der Kirche.

evangelisch
Von Luther vorgeschlagene Bezeichnung für seine Lehre, die sich hauptsächlich auf die Evangelien in der Bibel stützte. Später bezeichnete man alle Kirchen, die aus der Reformation hervorgegangen sind, als evangelisch.

Luther und Gott
Der Mönch Martin Luther arbeitete an der Wittenberger Universität in Sachsen als Professor für Bibelkunde. Über seine 95 Thesen hatte er viele Jahre lang nachgedacht. Immer wieder hatte er sich gefragt, wie die Menschen leben sollten, um nach ihrem Tod in Gottes Himmelreich zu kommen. Dabei kam er zu folgender Auffassung: Wer fest an Gott glaubt, dem werden seine Sünden vergeben. Wer in das Himmelreich aufgenommen werde, darüber dürfe nur Gott selbst urteilen – und nicht etwa der Papst. Und keinesfalls könne man sich mit Ablassbriefen einfach den Weg in den Himmel erkaufen. Deshalb verurteilte Luther in seinen 95 Thesen den Ablasshandel scharf.

Der Kaiser verhört den Mönch
Der Papst verlangte, dass Luther seine Thesen zurücknehmen solle. Dieser weigerte sich aber. Deshalb schloss der Papst ihn aus der Kirche aus. Drei Monate später lud der Kaiser Luther zum Reichstag nach Worms. Dort wurde er verhört und sollte seine Lehre widerrufen. Doch auch vor den Mächtigen des Reiches nahm Luther kein Wort zurück. Daraufhin verhängte der Kaiser die Reichsacht über ihn: Luther hatte ab sofort keine Rechte mehr, jedermann durfte ihn ausrauben oder töten. Nun war es verboten, Luthers Bücher zu drucken oder zu lesen.

Auf der Wartburg
Einige Tage nach seiner Abreise aus Worms hiess es, Luther sei auf der Heimreise überfallen, verschleppt und vielleicht sogar ermordet worden. In Wirklichkeit hatte Kurfürst Friedrich von Sachsen Luther heimlich auf die Wartburg bei Eisenach bringen lassen. Hier war er erst einmal in Sicherheit. Unter dem Namen Junker Jörg lebte er mehrere Monate unerkannt auf der Burg. Hier übersetzte er das Neue Testament ins Deutsche, um dem Volk die Möglichkeit zu geben, «Gottes Wort» selbst zu lesen. Die Bibel war nämlich auf Hebräisch und Griechisch verfasst.

Luthers Lehre verbreitet sich
Obwohl seine Bücher verboten waren, breitete sich Luthers Lehre weiter aus. Immer mehr Menschen lasen seine Schriften. Wanderprediger erzählten den einfachen Leuten von Luthers Worten. Drei Viertel aller deutschen Städte und zahlreiche Fürsten gingen zur Reformation über. Die Bürger in den Städten entschieden nun selbstständig in kirchlichen Fragen: Sie setzten evangelische Pfarrer ein, schafften die Beichte und die katholische Messe ab. Auch wurde der Gottesdienst nicht mehr in lateinischer Sprache, sondern auf Deutsch abgehalten. Die Reformation verlief aber nicht reibungslos. Vielmehr kam es in manchen Städten zu Kämpfen zwischen evangelischen und katholischen Bürgern. Oft wurde ein Priester einfach aus seiner Kirche gejagt.

Q2 Der Geistliche Johannes Cochläus berichtet über die Folgen, die Luthers Übersetzung der Bibel ins Deutsche hatte:

Luthers Neues Testament wurde durch die Buchdruckerei dermassen vermehrt, dass auch Schneider und Schuster, ja Weiber und andere einfältige Idioten dies neue lutherische Evangelium angenommen haben. Wenn sie auch nur ein wenig Deutsch lesen gelernt hatten, lasen sie es wie einen Brunnen der Weisheit mit grösster Begierde. Etliche lernten es auswendig und erwarben innerhalb weniger Monate so viel Geschicklichkeit und Erfahrung, dass sie keine Scheu hatten, mit Priestern und Mönchen, ja selbst mit Doktoren der Heiligen Schrift zu disputieren (streiten). Ja, es fanden sich auch armselige Weiber, die so vermessen waren, mit Doktoren und ganzen Universitäten zu disputieren.

Q4 Luther und der Teufel reichen sich die Hand.
Holzschnitt, 1535

Q3 Luther wird in Worms 1521 auf dem Reichstag von Kaiser Karl V. verhört.
Der Reichstag war eine Versammlung von Reichsfürsten und Vertretern der Städte. Der Künstler hat den Text eingefügt: ① «Die Bücher sollen mit ihren Titeln genannt werden.» ② «Hier stehe ich, ich kann nicht anders, Gott helfe mir. Amen.» Holzschnitt, 1557

Aufgaben

1 Arbeite heraus: Was war für Luther der einzig richtige Weg, in den Himmel zu kommen (VT1)?

2 Fasse zusammen, wie Papst und Kaiser auf Luthers Verhalten reagierten (VT2).

3 Ordne folgende Personen und Personengruppen in Q3 zu: Kaiser Karl V., Luther, geistliche Fürsten, weltliche Fürsten.

4 Beschreibe Gesichtsausdruck und Körpersprache von Karl V. und Luther (Q3). Lässt sich daraus etwas über das Verhältnis zwischen dem Kaiser und dem Mönch ableiten?

5 Lies Q2 und finde heraus, ob Cochläus ein Anhänger oder ein Gegner Luthers war.

6 «Dass Luther die Bibel übersetzte, war vielleicht der wichtigste Schritt zur Umsetzung seiner Lehre.» Wie beurteilst du diese Aussage (VT3, Q2)?

7 In Q1 und Q4 wird Luther von zwei Künstlern unterschiedlich dargestellt. Beurteile jeweils, ob der Künstler auf der Seite Luthers oder auf der Seite des Papstes gestanden hat. Begründe deine Entscheidung.

13 | Reformation – auch in der Eidgenossenschaft?

Auch in der Schweiz gab es Geistliche, die Kritik an der Kirche äusserten. In Zürich forderte Huldrych Zwingli eine grosse Reform – konnte er sich durchsetzen?

Q1 Die Kappeler Milchsuppe. 1529 konnte bei Kappel am Albis im letzten Moment ein Kampf zwischen den katholischen und reformierten Orten verhindert werden. Der Legende nach feierten die Truppen beider Seiten die Versöhnung mit einer gemeinsamen Milchsuppe.

Konfession
bedeutet Bekenntnis. Unter den Christen gibt es unterschiedliche Bekenntnisse, z. B. römisch-katholisch, evangelisch-lutherisch oder evangelisch-reformiert.

konfessionelle Spaltung
Spaltung der christlichen Religion in mehrere Konfessionen, die sich voneinander unterscheiden.

Huldrych Zwingli

Huldrych Zwingli stammte aus dem Toggenburg. Er studierte Theologie in Basel und Wien und kam als Pfarrer nach Glarus. Als Feldprediger begleitete er die Glarner Söldnertruppen auf zwei Feldzügen nach Italien. 1518 wurde er als Pfarrer ans Grossmünster in Zürich berufen. Er war seit seinem Studium in engem Kontakt mit wichtigen Gelehrten seiner Zeit. So kannte er auch die Schriften von Martin Luther. Zwingli unterstützte in vielen Punkten die Kritik von Luther. Er sah wie Luther allein in der Bibel die Wahrheit. Er lehnte den Ablasshandel oder die Verehrung von Heiligenbildern ab. Für Zwingli war zudem die Abschaffung des Söldnerwesens ein wichtiges Ziel.

Reformation in Zürich

Wie reagierte die Bevölkerung von Zürich auf Zwinglis Ansichten? Vielen Zürcher Handwerkern und Kaufleuten gefiel seine Kritik. Die Gründe waren: Die Stadt verlor zahlreiche junge Männer, die als Söldner aus dem Kriegsdienst nicht mehr zurückkehrten. Die Zürcher Ratsherren wollten schon lange mehr politische Selbstbestimmung. Sie unterstützten deshalb Zwingli und beschlossen, die Kirche nach seinen Vorschlägen zu reformieren. Das bedeutete: Ein einfaches Abendmahl ersetzte die feierlichen Messen, alle Bilder wurden aus den Kirchen entfernt und die Klöster wurden geschlossen. Alle Menschen mussten sich aber im Alltag nach den Regeln der neuen Kirche richten.

Reformation in der Eidgenossenschaft

Die Reformation griff von Zürich aus auch auf andere Städte der Eidgenossenschaft über. Schaffhausen, St. Gallen, Basel und Bern zögerten zuerst, stellten dann aber ihre Kirchenordnungen nach dem Zürcher Vorbild um. In Appenzell, Glarus und Graubünden entschieden sich zahlreiche Gemeinden für die Reformation.

Das führte zu grossen Spannungen mit den Kantonen, die dem alten Glauben treu geblieben waren. Luzern, Zug, Uri, Schwyz, Unterwalden, Freiburg und Solothurn wollten keine Veränderungen. 1529 kam es fast zum Krieg. In letzter Minute konnte er verhindert werden. Doch der Konflikt war nur aufgeschoben. 1531 kam es bei Kappel am Albis (ZH) zum Krieg. Zwingli begleitete die Zürcher Truppen. Er selbst kam mit vielen anderen auf dem Schlachtfeld um. Nach der Schlacht wurde ein Frieden geschlossen, der Zweite Kappeler Landfrieden. Von da an konnte jeder Ort den Glauben frei wählen. Die Eidgenossenschaft war damit in zwei unterschiedliche Konfessionen gespalten. Diese standen sich misstrauisch, manchmal sogar feindlich gegenüber.

1400 bis 1800 | Unterwegs in die Neuzeit

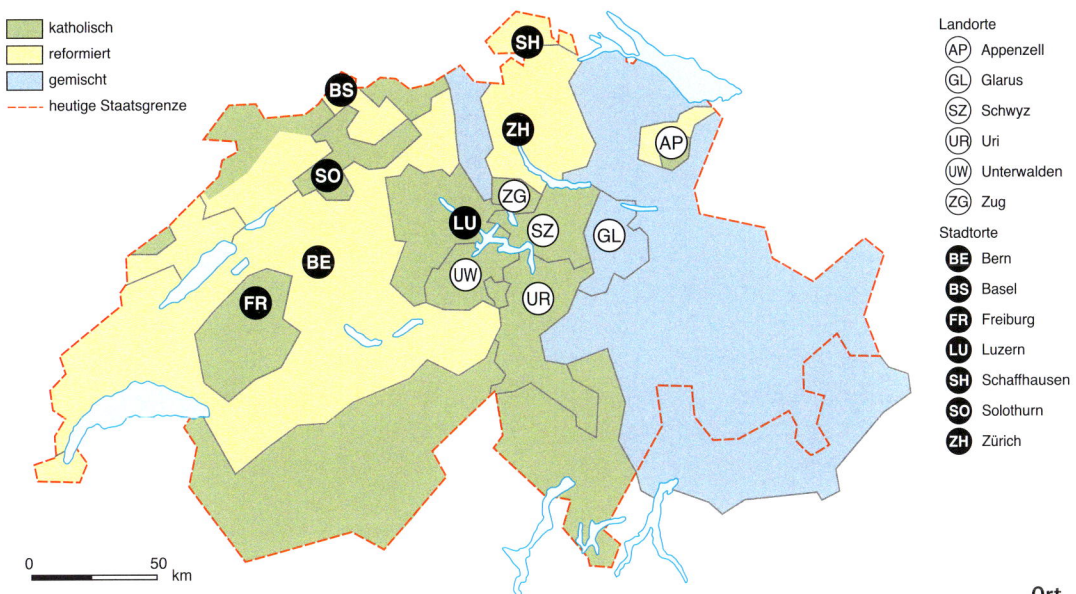

D1 Konfessionelle Spaltung der Eidgenossenschaft (um 1590)

Legende:
- katholisch
- reformiert
- gemischt
- heutige Staatsgrenze

Landorte: AP Appenzell, GL Glarus, SZ Schwyz, UR Uri, UW Unterwalden, ZG Zug

Stadtorte: BE Bern, BS Basel, FR Freiburg, LU Luzern, SH Schaffhausen, SO Solothurn, ZH Zürich

Ort
meint in der Alten Eidgenossenschaft dasselbe wie der Begriff «Kanton».

Stadtorte – Landorte
In der Alten Eidgenossenschaft wurden jene Kantone, in denen die politische Macht vor allem von der Stadt ausging, als Stadtorte bezeichnet. Ging die politische Macht von einer Landsgemeinde aus, nannte man diese Kantone Landorte. Die Unterschiede waren im politischen, wirtschaftlichen und kulturellen Bereich gross.

Q2 Aus einem Erlass des Zürcher Rates 1530:
Wir (…) gebieten, dass jedermann (…) mindestens alle Sonntage rechtzeitig zur Kirche und zur Predigt gehe, es sei denn, er könne sich wegen Krankheit oder aus anderen guten
5 Gründen entschuldigen. Messe, Altäre, Bilder, Gemälde und andere abgöttische Verführungen sind zu Stadt und Land verboten. Diese ärgerlichen Dinge müssen entfernt werden. (…) Kein Wirt (…) darf an Sonn- und Feier-
10 tagen einem Einheimischen vor der Predigt Wein, Brot oder andere Speisen geben. (…) Kein Einheimischer soll sich nachts nach neun Uhr mehr im Wirtshaus blicken lassen. (…)

Q3 Aus den Berichten von Bernhard Wyss und Heinrich Bullinger:
1524 (…) fing man an, Kreuze und alle Bilder von den Altären wegzutragen und die Wandmalereien mit Steinäxten abzuschlagen und zu übertünchen, damit nichts davon
5 übrig bleibe. (…) Innert 13 Tagen waren alle Kirchen der Stadt ausgeräumt. Dabei wurden kostbare Gemälde und Schnitzereien (…) zerstört. Das bedauerten die Falschgläubigen sehr, die Rechtgläubigen aber hielten es für
10 einen guten Dienst an Gott. (…)

Aufgaben

1 Beschreibe die Szene, die in Q1 dargestellt ist, genau.

2 Arbeite heraus, was Huldrych Zwingli an der Kirche kritisierte (VT1).

3 Fasse zusammen, wie die Bevölkerung Zürichs auf Zwinglis Ansichten reagierte (VT2, Q3).

4 Nenne mithilfe der Karte D1 je drei Gebiete,
a) welche der Reformation folgten,
b) welche dem katholischen Glauben treu blieben.
c) Was kannst du über deine eigene Umgebung sagen?

5 Erläutere, welche Folgen die Reformation in Zürich hatte (Q2 und Q3).

6 a) Erkläre die Begriffe «Falschgläubige» und «Rechtgläubige» (Q3).
b) Beurteile das Vorgehen in Q3 aus der Sicht eines «Falschgläubigen».

14 | Ein Christentum – drei Konfessionen?

Auch Johannes Calvin forderte eine Reform der Kirche. Rasch fand er vor allem in der Westschweiz viele Anhänger. Würde dies zu einer weiteren Spaltung der Kirche führen?

Abendmahl/Kommunion
Die Kirche erinnert daran, wie Jesus mit seinen Anhängern am Abend vor seinem Tod eine letzte Mahlzeit eingenommen hat. Wird bei Abendmahl und Kommunion nur an Christus erinnert oder ist er tatsächlich anwesend – wenn ja, in welcher Form? Nicht nur Katholiken und Reformierte sehen dies verschieden, sondern auch die Reformierten untereinander. Das war der Grund dafür, dass eine evangelisch-lutherische und eine evangelisch-reformierte Kirche entstanden.

Protestanten
(lat. «protestari» = öffentlich bezeugen) Auf dem Reichstag in Speyer (D) 1529 protestierte die evangelische Minderheit gegen den Beschluss, Luthers Lehre zu verbieten. Seitdem werden die Anhänger der Reformation auch Protestanten genannt.

Die Calvinisten

Ähnlich wie Zwingli kämpfte Johannes Calvin für eine Erneuerung der Kirche. 1541 berief ihn der Rat zum Vorsteher der Genfer Kirche. In dieser Funktion setzte er nach und nach strenge Verhaltensregeln durch: Alle Vergnügungen wie Kartenspiel, Tanz und Theater wurden verboten. Die Genfer Bürger mussten mehrmals in der Woche in die Kirche gehen und die Predigt hören. Altäre, Kreuze oder Kerzen wurden als unnützer Schmuck aus den Kirchen entfernt. Selbst Musik durfte im Gottesdienst nicht mehr erklingen. Nichts sollte von der Predigt und dem Abendmahl ablenken.

Calvins Lehre

Calvin wollte die Gläubigen aktiv am Leben der Gemeinde beteiligen. So bestimmte jede Gemeinde ihre Prediger, Lehrer und Kirchenältesten selbst. Die Gemeinde wählte sogar ein geistliches Gericht, das über den regelmässigen Besuch des Gottesdienstes und den Lebenswandel der Bürger wachte und Strafen verhängte.

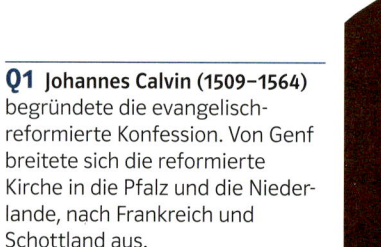

Von drei auf zwei Konfessionen

Calvins Lehre wurde rasch bekannt und breitete sich in der französischsprachigen Schweiz, aber auch über grosse Gebiete Europas aus. In der Eidgenossenschaft gab es vorübergehend drei Glaubensgemeinschaften: die Reformierten nach Zwingli, die Reformierten nach Calvin und die Anhänger des katholischen Glaubens. 1566 einigten sich die Anhänger von Zwingli mit jenen von Calvin auf ein gemeinsames Bekenntnis. Damit war die Eidgenossenschaft nur noch in zwei Konfessionen gespalten. Die fünf Kantone der Zentralschweiz, Freiburg und Solothurn blieben dem alten katholischen Glauben treu. Die restlichen Gebiete blieben mehrheitlich reformiert.

Die unterschiedlichen Glaubensauffassungen zeigten sich in der Lebensweise der Menschen. So hielten die katholischen Orte am Glauben an die Heiligen fest. Wallfahrten und feierliche Prozessionen gehörten zum Alltag. Die reformierten Orte lehnten allen Bilderschmuck in ihren Kirchen ab. Im Zentrum standen vor allem die Predigt und das Einhalten der strengen Regeln. Zahlreiche Konflikte erschwerten das Zusammenleben sehr. In der Schweiz und in ganz Europa führten Glaubensfragen immer wieder zu Streit, häufig sogar zu Kriegen.

Q1 Johannes Calvin (1509–1564) begründete die evangelisch-reformierte Konfession. Von Genf breitete sich die reformierte Kirche in die Pfalz und die Niederlande, nach Frankreich und Schottland aus.

1400 bis 1800 | Unterwegs in die Neuzeit

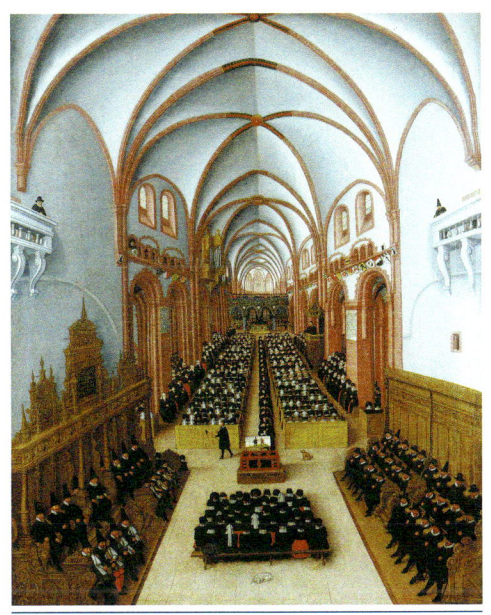

Q2 Dieses Gemälde zeigt einen Gottesdienst im Basler Münster (um 1650).

Q4 Bildersturm der Calvinisten in den Niederlanden (1588). Bilder und Heiligenfiguren, aber auch Altäre, Kreuze und Kerzen waren in Calvins Augen «götzendienerische Dinge». In den reformierten Kirchen sollte es nur noch Bänke für die Gemeinde und eine Kanzel für den Priester bei der Predigt geben.

Q3 Über die sittliche Ordnung schreibt Calvin in einem Brief 1560:

Zum heiligen Abendmahl darf keiner kommen, der nicht seinen Glauben bekennt hat. Deshalb werden jährlich vier Prüfungen abgehalten, an denen die Kinder befragt und eines
5 jeden Fortschritte festgestellt werden. (…) Was die Erwachsenen angeht, so wird jährlich eine Inspektion (Überprüfung) jeder Familie abgehalten. (…)

Die Sittenzucht wird folgendermassen
10 gehandhabt: Jährlich werden zwölf Älteste gewählt. (…) Vor das kirchliche Gericht wird nur vorgeladen, über wen dies eindeutig beschlossen wurde. So werden Flucher, Trunkenbolde, Hurer, Raufbolde und Streitsüch-
15 tige, Tänzer und Reigenführer und dergleichen Leute vorgeladen. Wer nur leicht gefehlt hat, wird mit freundlichen Worten zurechtgewiesen und entlassen. Bei schweren Sünden ist die Rüge strenger, der Pfarrer tut sie dann
20 nämlich in den Bann, wenn auch nur für kurze Zeit; dadurch werden sie vom Abendmahl ausgeschlossen, bis sie um Verzeihung bitten. (…) Verachtet jemand verstockt die kirchliche Macht und lässt nicht innerhalb eines Jahres
25 von seinem Trotze, so wird er vom Rat auf ein Jahr ausgewiesen.

Aufgaben

1 Beschreibe Calvins Lehre (VT1, VT2).

2 Beschreibe das Kircheninnere in Q2. Zu welcher Konfession passt es am besten? Begründe deine Vermutungen.

3 Stell dir vor, du wärest einer der «Bilderstürmer» in Q4 und müsstest dein Handeln gegenüber einem Katholiken rechtfertigen. Wie würdest du argumentieren?

4 Gibt es heute sichtbare Spuren der beiden Konfessionen in deiner Umgebung? Dokumentiere ein Beispiel.

5 Nimm persönlich Stellung zu den Forderungen in Q3 und überlege, ob es diese heute auch noch irgendwo gibt.

15 | Schweizer Söldner in fremden Diensten

Streit um Glaubensfragen prägt die Geschichte Europas und der Schweiz. In ganz Europa kämpften junge Schweizer als bezahlte Soldaten in fremden Heeren.

Söldner
(von lat. «solidus» = feste Goldmünze) Jemand, der gegen Bezahlung (Sold) einem beliebigen Feldherrn Kriegsdienste leistet. Vom 16. bis 18. Jahrhundert war es üblich, Truppen gegen Besoldung anzuwerben.

Regiment
Eine militärische Einheit von mehreren Truppen der gleichen Waffengattung.

Kriege brauchen Söldner

Europa war im 16. und 17. Jahrhundert keine Einheit. Unterschiedliche Konfessionen, Spannungen zwischen verschiedenen Herrschern oder innerhalb der Gesellschaft verursachten überall zahlreiche Konflikte. Viele dieser Konflikte führten sogar zu Kriegen. Wer einen Krieg führen wollte, musste sich genügend Soldaten beschaffen, die das Kriegshandwerk beherrschten. Die Soldaten, sogenannte Söldner, wurden von den Herrschern für den Kampf bezahlt. Viele wählten diesen Beruf, weil sie damit Geld verdienen konnten.

Eidgenossen als Söldner

In der Eidgenossenschaft wuchs die Bevölkerung stark an. Mehr Menschen mussten mit Nahrung und Arbeit versorgt werden. Besonders auf dem Land war es für grosse Familien nicht einfach. Das Söldnerhandwerk war deshalb für viele junge Männer willkommen. Bald waren die Eidgenossen als gute Kämpfer bekannt und begehrt. Sie kämpften in ganz Europa als bezahlte Soldaten in fremden Heeren.

Eidgenössische Söldner für Frankreich

1521 schloss der französische König mit den eidgenössischen Kantonen den ersten Soldvertrag ab. 1663 wurde dieses Abkommen unter Ludwig XIV. feierlich erneuert. Darin war festgelegt, dass der König in den Kantonen bis zu 16 000 Soldaten gegen Bezahlung anwerben durfte. Die Aushebung der Truppen lag in der Hand von wenigen alteingesessenen Familien, die für Ausrüstung und Organisation sorgten. Dafür erhielten sie beachtliche Jahresgelder (Pensionen), und die Kantone profitierten von guten Bedingungen im Salz- und Getreidehandel.

Eidgenössische Familien als Unternehmer

Der grösste Anteil der Söldnertruppen stammte aus der Innerschweiz. Eine der Familien, die sich darauf spezialisierten, junge Männer aus der Umgebung als Söldner in die Fremde zu vermitteln, war die Familie Zurlauben. Beat Jakob II. Zurlauben stand mit einem eigenen Regiment in französischen Diensten. Seine Gattin Maria Barbara Zurlauben war zu Hause dafür verantwortlich, dass immer genügend Söldner zur Verfügung standen. Sie war bestens informiert, handelte die Bedingungen aus, organisierte die Werber und kontrollierte die Finanzen. Dies zeigt: Nicht nur Männer waren am Soldwesen beteiligt, auch Frauen. Die Familie Zurlauben stieg dank des Soldwesens zur einflussreichsten Familie des Kantons auf. Ein grosses Risiko blieb das Geschäft mit Söldnern aber trotzdem. Manche Söldner kamen nicht rechtzeitig bei ihren Truppen an, einige tauchten sogar unter und viele überlebten die Schlachten nicht.

Q1 Die Ankunft des amerikanischen Präsidenten im Vatikan wird von der päpstlichen Schweizergarde kontrolliert. Seit 1506 ist sie für den Schutz des Papstes und seiner Residenz zuständig. Die Uniformen und Hellebarden erinnern noch heute an die Gründungszeit der Schweizergarde. Foto, 2014

1400 bis 1800 | Unterwegs in die Neuzeit

Q3 Der Zurlaubenhof in Zug zeugt noch heute vom grossen Reichtum der Familie damals. Als Soldunternehmer konnten sie sich einen prächtigen Familienwohnsitz leisten, der aus dem Hauptgebäude mit Gartenanlage, einer Kapelle und einem Gutshof besteht.

Q2 Ein Söldner. Im 16. Jahrhundert zeichnete Niklaus Manuel Deutsch dieses Sinnbild für das **Soldwesen.** Deutsch war Maler und hatte selbst als Söldner an Kriegszügen in Italien teilgenommen. Kritisch blickt er in seiner Zeichnung auf die Chancen und Risiken dieses Berufes.

D1 Der Schwyzer Historiker Jost Auf der Maur schrieb 2011 ein Buch über seine eigene Familiengeschichte, die eng mit dem Soldwesen verknüpft ist:

(…) Schweizer haben für Frankreich, Holland, Spanien, Österreich, Polen, England, Süddeutschland, Kanada, Venedig, Sardinien-Piemont, Neapel oder Sizilien die Waffen
5 geführt. (…) Die Offiziere führen im Ausland die Schweizer Kompanien, die sich im Besitz der Familie befinden. (…) Um 1700 zahlt sich der Regimentskommandant einen Monatssold aus, der annähernd dem Gegenwert eines soli-
10 den Bauernhauses in der Schweiz entspricht. Der Soldat bekommt 100-mal weniger, oft verschuldet er sich wegen seiner (…) Ausgaben für Uniform und selbst das Essen. (…)

Aufgaben

1 Beschreibe, was auf der Zeichnung Q2 dargestellt ist.

2 Worauf spielt die Zeichnung Q2 an? Suche nach Bezügen in D1 und arbeite mögliche Aussagen der Zeichnung heraus.

3 Zähle auf, welche Aufgaben Maria Barbara Zurlauben übernahm (VT4).

4 Erkläre, warum so viele Eidgenossen bereit waren, in fremden Diensten zu kämpfen (VT2, VT4, D1).

5 «Zeige mir, wie du baust, und ich sage dir, wer du bist.» Wie beurteilst du diese Aussage in Bezug auf die Familie Zurlauben (Q3)?

6 Welche Aufgaben haben die Schweizergardisten heute (Q1)? Suche nach weiteren Informationen und halte sie stichwortartig fest.

7 a) Gibt es heute noch Schweizer Söldner in fremden Diensten? Recherchiere und schreibe einen kurzen Zeitungsartikel darüber.
b) Was ist deine Meinung dazu? Begründe.

KV 9 Arbeitsblatt

16 Regiert der König allein?

«Der Staat – das bin ich!», soll Ludwig XIV. über sich selbst gesagt haben. Was hat er damit gemeint?

Q1 Ludwig XIV. empfängt niederländische Gesandte bei den Friedensverhandlungen zu Nimwegen 1678 (Gemälde von Charles Lebrun, 1619–1690).

Absolutismus
Bezeichnung für eine Staatsform mit einem starken König an der Spitze, der eine möglichst uneingeschränkte Herrschaft anstrebt. Im 17. und 18. Jahrhundert war sie in Europa weit verbreitet und wurde Monarchie genannt. Vorbild war Ludwig XIV., der König von Frankreich.

Gottesgnadentum
Wie Ludwig XIV. glaubten viele Könige von sich, sie seien Herrscher «von Gottes Gnaden», handelten also direkt im Auftrag von Gott. Auch die Kirche lehrte dies.

Der absolute Herrscher
Ludwig XIV. übernahm in Frankreich im Jahr 1660 mit 22 Jahren als rechtmässiger König die Regierung. Er sah sich als Herrscher von Gottes Gnaden, der seine Entscheidungen nur vor Gott und sonst vor niemandem rechtfertigen musste. Sein Ziel war es, die Macht mit möglichst wenigen zu teilen.

Das Schloss von Versailles
Ab 1662 liess Ludwig XIV. westlich von Paris ein Schloss bauen, wie es noch keines gegeben hatte. Mehr als zwanzig Jahre arbeiteten bis zu 36 000 Menschen daran. 6000 Pferde schleppten das Baumaterial heran, Arbeiter legten Sümpfe trocken, leiteten Flüsse um, gruben Kanäle und schütteten riesige Hügel auf. Eine ganze Landschaft wurde nach dem Willen des Königs vollständig umgestaltet. In ganz Europa bewunderte man das Schloss und den Park von Versailles. Hier lebte der König mit Tausenden von Adligen: Herzögen, Grafen, Baronen.

Der König und seine Minister
Ludwig XIV. führte in Versailles ein luxuriöses Leben. Aber er kümmerte sich auch um die Regierung des Landes. An allen Werktagen beriet er sich mit seinen engsten Mitarbeitern. Das waren seine Minister. Jeder von ihnen trug die Verantwortung für einen wichtigen Bereich des Staates. Der eine war für die Aussenpolitik zuständig, der andere für die Justiz, der nächste für den Krieg. Am wichtigsten war der Finanzminister. Er musste dafür sorgen, dass nicht mehr Geld ausgegeben als eingenommen wurde.

Intendanten verwalten die Provinzen
Ludwig XIV. wollte, dass seine Anordnungen und Gesetze überall in Frankreich genau befolgt würden. Dazu setzte er in den Provinzen Intendanten ein. Das waren hohe königliche Beamte. Sie hatten für Ordnung zu sorgen, die Rechtsprechung und die Verwaltung zu kontrollieren und der Armee Soldaten zu stellen. Vor allem aber mussten sie dem König über alles berichten.

Das «stehende Heer»
Den Krieg hielt Ludwig XIV. für ein normales Mittel der Politik. Daher brauchte er ein gut ausgebildetes Heer, das er jederzeit einsetzen konnte, das bereitstand. Das war etwas Neues, denn bisher warb man Soldaten erst dann an, wenn man sie für einen Krieg brauchte. Der Kriegsminister liess Kasernen bauen, sorgte für Vorräte an Waffen und Munition und gab den Soldaten einheitliche Uniformen. Ludwig XIV. führte dreissig Jahre lang Krieg – weil er seinen Staat, seine Macht, seinen Reichtum und seinen Ruhm vergrössern wollte.

Q2 Über das tägliche Aufstehen des Königs berichtet der Herzog von Saint-Simon in seinen «Erinnerungen», die er zwischen 1740 und 1745 aufschrieb:

Um acht Uhr früh (…) weckte der erste Kammerdiener den König (…). Der König nahm Weihwasser und sprach ein Gebet. Inzwischen waren die Prinzen und danach
5 einige Vertreter des höchsten Adels eingetreten. (…) Es kamen die vier Minister, die Vorleser, Apotheker, Ärzte, die Silberbewahrer, einige Offiziere und Kammerdiener. Nachdem der König eine kleine Perücke aufgesetzt
10 hatte (…), erschienen die Kammerherren, die ihrem Herrn die Namen der bedeutenderen Persönlichkeiten ins Ohr flüsterten, und sofort traten die anwesenden Kirchenfürsten und Kardinäle, Gesandten, Marschälle
15 und andere Grosswürdenträger ein, denen (…) der breite Schwarm der Höflinge folgte. Der König zog sein Nachthemd aus, übergab die Reliquien, die er während der Nacht auf blossem Leibe trug, dem ersten Kammerdie-
20 ner und verlangte sein Taghemd. Das war der Höhepunkt der ganzen Zeremonie: Das Recht, dem König das Hemd zu reichen, stand dem Bruder des Königs zu, wenn dieser abwesend war, den Söhnen und Enkeln des Königs. (…)
25 Wenn der König angezogen war, betrat er das anliegende Gemach. Dort hielt er mit den Ministern Rat. Dabei verkündete er das Programm des Tages, das auf die Minute eingehalten wurde.

Q3 Warum Ludwig XIV. als Symbol seiner Herrschaft die Sonne wählte, hat er einmal so erklärt:

Durch ihre Einzigartigkeit, durch den Glanz, der sie umgibt, durch das Licht, das sie den anderen Sternen verleiht, die sie wie ein Hofstaat umgeben, durch die gleiche und
5 gerechte Verteilung des Lichts auf alle Zonen der Erde, durch das Gute, das sie überall bewirkt, indem sie Leben, Freude und Tätigkeit hervorruft, (…) und durch ihren unveränderlichen Lauf, bei dem es keine Verände-
10 rung und keine Abweichung gibt, ist sie sicher das lebendigste und schönste Sinnbild eines grossen Herrschers.

Q4 Diese Schaumünze liess Ludwig XIV. nach seiner Regierungsübernahme prägen. Die freie Übersetzung der Umschrift lautet: «alles andere überragend». Überall in Versailles liess er das Symbol der Sonne als Zeichen seiner Herrschaft anbringen. Daher nennt man Ludwig XIV. auch den Sonnenkönig.

Aufgaben

1 Ordne die folgenden Begriffe in einer sinnvollen Reihenfolge: Intendant, König, Minister (VT1–VT4). Begründe die Reihenfolge.

2 Arbeite aus Q2, Q3 und Q4 heraus, warum Ludwig XIV. die Sonne als sein Symbol gewählt hat.

3 Erkläre den Satz: «Der Staat – das bin ich!»

4 Beschreibe bei Q1, wie ausländische Gesandte Ludwig XIV. begegneten.

5 Begründe, warum ein «stehendes Heer» Vorteile für den König brachte (VT5).

6 Der König hält eine Rede vor seinen Intendanten, in der er ihnen ihre neue Aufgabe erklärt. Verfasse eine kurze Ansprache und halte sie vor der Klasse (VT4).

7 Diskutiert darüber, ob ihr euch einen Herrscher wie Ludwig XIV. heute als Staatschef vorstellen könnt. Schreibt eure Argumente auf.

nah dran

17 | Versailles – die Bühne des Königs

1400 bis 1800 | Unterwegs in die Neuzeit

Q1 Park und Schloss von Versailles heute (Luftaufnahme). Das Schloss besass mehr als 2000 Räume. Die Prachträume waren mit Marmor, Seidentapeten, Wandteppichen, vergoldeten Möbeln und Gemälden ausgestattet. Auf der Rückseite des Schlosses hatte Ludwig einen riesigen Park nach einem genauen Plan anlegen lassen: mit Alleen, Labyrinthen und immer neuen Blumenbeeten. In mehr als 1000 Springbrunnen plätscherte Wasser. Bäume und Büsche waren zu Pyramiden, Kugeln und Säulen geformt. Andere beschnitt man so, dass sie wie Menschen oder Tiere aussahen.
① Hofstadt (für Perückenmacher, Friseure, Schneider …), ② Pferdeställe, Kutschen, ③ Flügel der Minister, ④ königlicher Hof, ⑤ Marmorhof/Ehrenhof, ⑥ Schlafzimmer des Königs, ⑦ Kabinett des Königs, ⑧ Spiegelgalerie, ⑨ Nordflügel, ⑩ Südflügel, ⑪ Wasserbassin

Q2 Die Spiegelgalerie im Schloss von Versailles. Der Festsaal des Schlosses, auch Spiegelsaal genannt, ist 73 m lang und öffnet sich mit 17 Fenstern gegen die Parkanlage. 17 ebenso grosse Spiegel aus 357 Teilen stehen den Fenstern gegenüber. Spiegelglas war damals ein teures Luxusprodukt. Damals wie heute gilt dieser Raum als Sensation.

1 Beschreibe die Luftaufnahme Q1.
a) Erkläre aus der Bildlegende, welche Seite des Schlosses das Foto zeigt. Benenne die drei Flügel des Schlosses, auf die du direkt schaust. Nenne den Namen der beiden Höfe, durch die ein Besucher das Schloss betrat.
b) Beschreibe nun den Park.
c) Lege durch die Mitte von Park und Schloss einen Bleistift. Was fällt dir auf?

2 Suche das Schlafzimmer des Königs und den Spiegelsaal in der Gesamtanlage des Schlosses. Begründe, warum der König gerade diesen Platz ausgewählt haben könnte.

3 Suche im Internet weitere Bilder von Versailles in der Zeit Ludwigs XIV. und stelle daraus eine Dokumentation zusammen. Beschrifte alle Materialien genau.

4 Die Spiegelgalerie ist auch heute noch eine der grössten Attraktionen der Schlossanlage. Überlege dir, welche Fragen ein heutiger Tourist Ludwig XIV. zum Spiegelsaal stellen könnte.

5 Heute besuchen viele Hundert Touristen täglich das Schloss von Versailles. Erkläre ihnen, was das Schloss damals verdeutlichen sollte.

KV 10–11
Arbeitsblatt

Methode

18 | Ein Porträt entschlüsseln

Ein König will Eindruck machen
Als Ludwig XIV. 63 Jahre alt war, liess er seinen Hofmaler Rigaud zu sich kommen. Ludwig beauftragte ihn mit einem Porträtbild, das ihn selbst in voller Grösse zeigen sollte. Der König wollte mit dem Gemälde Eindruck machen, denn es war als Geschenk für den spanischen Königshof bestimmt.

Dort lebte seit einiger Zeit Ludwigs 17-jähriger Enkel Philipp, der zum König von Spanien gekrönt werden sollte. Als Rigaud das fertige Bild ablieferte, gefiel es Ludwig so gut, dass er es für sich behielt und im Schloss von Versailles aufhängen liess. Für den spanischen Hof in Madrid liess er eine Kopie des Porträts anfertigen.

Q1 Porträt König Ludwigs XIV. aus der Werkstatt des Hofmalers Hyacinthe Rigaud, 1701. Das Bild ist 2,77 m hoch und 1,94 m breit. Der grösste Teil des Bildes wurde von den Assistenten des Hofmalers ausgemalt. Rigaud hat aber den Kopf des Königs selbst gemalt. Er wurde nachträglich auf der Leinwand befestigt.

1400 bis 1800 | Unterwegs in die Neuzeit

D1 Was der Maler Rigaud wusste:
- Frankreichs Könige trugen bei ihrer Krönung als Herrschaftszeichen einen Mantel: innen aus Hermelinpelz, aussen aus Brokatstoff.
- Weiss und Blau waren die Farben der Bourbonen (Herrschergeschlecht Ludwigs XIV.).
- Die Lilie war das Symbol der Bourbonen.
- Der Orden des Heiligen Geistes war der höchste Orden Frankreichs.

Arbeitsschritte: Ein Porträt entschlüsseln

Wahrnehmen

1. Betrachte das Bild und notiere dir Stichworte zu deinem ersten Eindruck.

2. Finde aus der Bildlegende oder dem Text wichtige Angaben heraus: zur abgebildeten Person, zum Auftraggeber des Bildes, zum Maler, zur Zeit.

3. Beschreibe Haltung, Blickrichtung, Haartracht, Kleidung, den Raum um die Person herum und den Rahmen des Bildes.

Erschliessen

4. Liste Symbole auf, die der Person zugeordnet werden.

5. Finde heraus, mit welchen Mitteln der Maler arbeitet, z. B. durch den Einsatz von Licht und Schatten, die Richtung des Lichteinfalls, die Anordnung von Personen und Dingen.

Orientieren

6. Überlege, zu welchem Zweck das Bild gemalt wurde und welche Wirkung der Auftraggeber damit erzielen wollte.

7. Ordne das Bild in die Zeit ein und beurteile, wie das Bild wohl auf den Betrachter damals gewirkt hat.

Sprechblase König: Rigaud, sorge er dafür, dass alles würdig aussieht. Verwende er vornehme Farben. Stelle er mich so dar, dass jeder in Ehrfurcht vor meinem Gemälde erstarrt. Und denke er daran, dass keines meiner Herrschaftszeichen fehlt!

Sprechblase Maler: Majestät werden zufrieden sein, ich werde viel Blau, Purpurrot und Gold verwenden. Ich werde Euer Majestät so gross und würdig erscheinen lassen, dass sich vor Euer Majestät Bild jeder klein vorkommt.

Gedankenblase Maler: Ich muss unbedingt an den Thron denken, an das Zepter ... Die Schuhe und die Perücke sind sehr wirkungsvoll ... Doch wie schaffe ich es, dass der König würdevoll, aber nicht steif erscheint?

D2 Der König und sein Maler haben sich genau überlegt, was alles auf dem Bild zu sehen sein sollte.

Aufgaben

1. Bearbeite das Bild nach den methodischen Arbeitsschritten 1 bis 7.

2. Beurteile zusammen mit deinem Tischnachbarn, ob der Maler Rigaud den Auftrag des Königs gut ausgeführt hat.

3. Verfasse einen Merkzettel für den Maler, auf dem er festhält, was ihm wichtig erscheint. Das kannst du auch in Form einer Mindmap machen: Herrschaftszeichen, majestätische Haltung, Farben ... (Q1, D1, D2).

4. Kopiert Teile des Gemäldes möglichst gross und klebt sie zu einem Plakat zusammen. Hängt es in der Klasse so auf, dass ihr wie in einer Bildergalerie zum König hochschauen müsst. Geht einzeln an dem Bild vorbei und betrachtet es. Notiert euren Eindruck.

5. Du lässt dich porträtieren. Beschreibe, in welcher Haltung du dich darstellen lässt, welche Dinge mit aufs Bild kommen und wie der Rahmen des Bildes aussehen soll. Begründe deine Entscheidungen.

KV 12 Methode

19 | Der König braucht mehr Geld

Kein König war so reich wie Ludwig XIV. – und doch plagten ihn ständig Geldsorgen. Seine Ausgaben wuchsen schneller als die Einnahmen. Da hatte der Finanzminister eine glänzende Idee ...

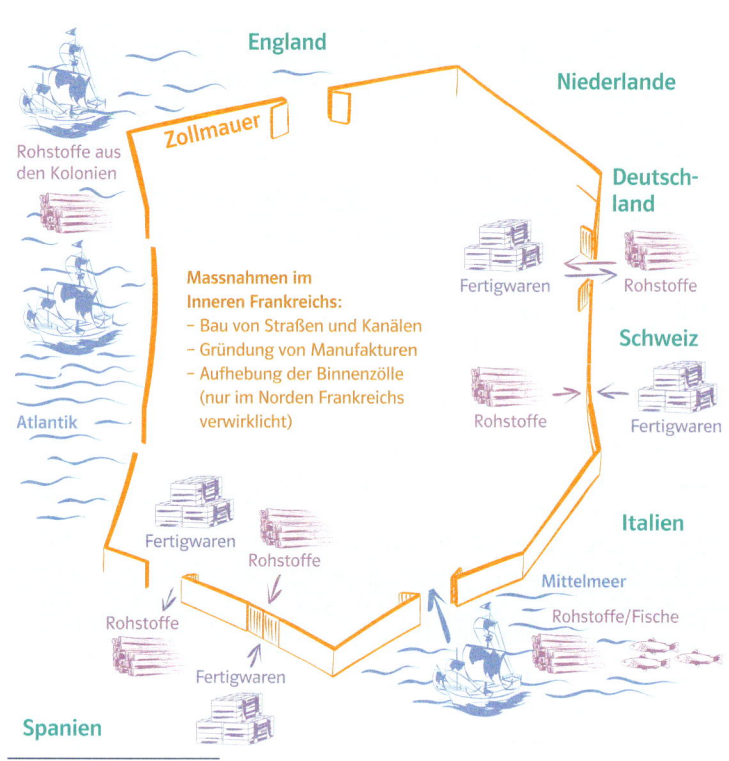

D1 Wirtschaftspolitik unter Ludwig XIV.

(Abbildung: Karte Frankreichs mit Zollmauer, umgeben von England, Niederlanden, Deutschland, Schweiz, Italien, Mittelmeer, Spanien und Atlantik. Rohstoffe aus den Kolonien kommen über den Atlantik. Fertigwaren werden exportiert, Rohstoffe importiert. Mittelmeer: Rohstoffe/Fische.

Massnahmen im Inneren Frankreichs:
– Bau von Strassen und Kanälen
– Gründung von Manufakturen
– Aufhebung der Binnenzölle (nur im Norden Frankreichs verwirklicht))

Export/Import
Export ist die Ausfuhr von Waren in ein anderes Land. Das Gegenteil ist der Import, also die Einfuhr von Waren.

Merkantilismus
So heisst die Wirtschaftsform des Absolutismus. Nach französischem Vorbild förderten die Herrscher vor allem die Produktion von Luxusgütern und die Ausfuhr von Fertigwaren, um möglichst viel Geld in die Staatskasse zu bekommen.

Der Merkantilismus entsteht

Zur Zeit Ludwigs XIV. war Frankreich das reichste Land Europas. Doch die grosse Armee, die prächtigen Schlösser und der glanzvolle Hof kosteten Jahr für Jahr Unsummen. Obwohl Frankreichs Bauern und Bürger immer höhere Steuern zahlten, vergrösserte sich die Schuldenlast des Staates. Noch mehr Steuern konnte der König kaum verlangen. Dann hätte er viele seiner Untertanen ins Elend gestürzt und vielleicht einen Aufstand riskiert. Es musste einen anderen Weg geben, die Staatskasse zu füllen. Finanzminister Colbert (sprich: Kolbeer) riet dem König, Frankreichs Bürger erst reich zu machen, dann würden sie automatisch mehr Steuern zahlen. Wie das funktionierte, zeigt ein Gespräch, das zwei Kaufleute 1675 so geführt haben könnten:

Monsieur Robert: «Für uns Kaufleute waren die Zeiten noch nie so gut wie heute. Colbert fördert den Handel, wo er nur kann. Seit der Ausfuhrzoll auf Fertigwaren abgeschafft ist, verdiene ich prächtig mit dem Export von Stoffen nach England.»

Monsieur Philippe: «Wenn ich früher Holz aus Schweden eingeführt habe, musste ich an der Grenze Zoll bezahlen. Den hat Colbert für die meisten Rohstoffe gestrichen. Am liebsten ist ihm natürlich, wenn die Rohstoffe auf französischen Schiffen aus unseren Kolonien in Amerika kommen. Dann bleibt das Gold in Frankreich.»

Monsieur Robert: «Seit dieser Colbert überall Werkstätten für Luxusgüter bauen lässt, können wir riesige Spiegel herstellen. So etwas schafften bisher nur die Glaser in Venedig. Colberts Agenten konnten dort zwei Meister abwerben. Soll einige Beutel Gold gekostet haben!»

Monsieur Philippe: «Übrigens, mit Spielkarten liesse sich auch gutes Geld verdienen. Vor allem, wenn Colbert uns ein Monopol darauf gibt. Dann dürfen nur unsere Kartenspiele in Frankreich verkauft werden.»

Monsieur Robert: «Wenn wir sie auch im Ausland verkaufen, zahlt uns Colbert vielleicht eine Prämie. Den Ausländern das Geld aus der Tasche ziehen und Franzosen Arbeit geben, das ist ja sein Ziel. Wir müssen alles genau planen: Wenn jeder Arbeiter immer die gleichen Handgriffe macht, brauchen wir nur wenige Fachleute. Das drückt die Lohnkosten!»

Monsieur Philippe: «Aber die Qualität muss stimmen. Sonst nimmt uns Colbert das Monopol wieder weg. Seine Kontrolleure wachen darüber, dass französische Waren ihren guten Ruf behalten!»

1400 bis 1800 | Unterwegs in die Neuzeit

Q1 Eine Manufaktur für Spielkarten in Paris um 1680. Der Maler hat sieben verschiedene Arbeitsgänge dargestellt: ① Zeichnen, ② Färben, ③ Drucken, ④ Trocknen, ⑤ Schneiden, ⑥ Glätten und ⑦ Sortieren.

Q2 Die Grundsätze seiner Wirtschaftspolitik legte Colbert 1664 dem König so dar:

Ich glaube, (…) dass es einzig und allein der Reichtum an Geld ist, der die Unterschiede an Grösse und Macht zwischen den Staaten begründet. Was dies betrifft, so ist es sicher, dass jährlich aus dem Königreich einheimische Erzeugnisse (…) für den Verbrauch im Ausland im Wert von 12 bis 18 Millionen Livres hinausgehen. Das sind die Goldminen unseres Königreiches (…).

Ausser den Vorteilen, die die Einfuhr einer grösseren Menge Bargeld in das Königreich mit sich bringt, wird sicherlich durch die Manufakturen eine Million zurzeit arbeitsloser Menschen ihren Lebensunterhalt gewinnen.

Q3 Der Botschafter von Venedig berichtete aus Frankreich seiner Regierung über die Massnahmen Colberts:

Herr Colbert (…) versäumt nichts, um Gewerbe anderer Länder in Frankreich heimisch zu machen. (…) Aus Holland hat man Techniken der Tuchproduktion übernommen, ebenso auch die Herstellung von Käse, Butter und anderer Spezialitäten. (…) Aus Deutschland hat man die Produktion von Hüten, Weissblech und vieler anderer Erzeugnisse geholt, aus unserem Land die Spitzenklöppelei und die Spiegelherstellung. Was es an besten Waren in aller Welt gibt, das wird zurzeit in Frankreich hergestellt, und so gross ist das Ansehen dieser Waren, dass von überall her Bestellungen kommen.

Aufgaben

1 Nenne Gründe, warum Ludwig XIV. ständig Geldsorgen hatte (VT1).

2 Liste aus dem Gespräch der beiden Kaufleute auf, mit welchen Massnahmen Colbert die Wirtschaft in Frankreich fördern wollte (ET).

3 Beschreibe die Organisation der Arbeit in einer Spielkartenmanufaktur (Q1).

4 Zeichne mit deinem Tischnachbarn ein Schaubild zur Wirtschaftspolitik Colberts. Stellt Frankreich in die Mitte und zeichnet ein, welche Güter Frankreich einführen wollte und welche nicht. Zeichnet nun mit einer anderen Farbe die Ausfuhren ein (ET, D1).

5 Stellt euch vor, 1670 hätte es schon Fernsehen und eine freie Presse gegeben. Colbert erklärt in einer Talkshow seine Wirtschaftspolitik (Q2, ET), ein Journalist fragt kritisch nach. Dabei argumentiert er vor allem aus der Sicht des Auslandes (Q3, ET). Bereitet die Diskussion in Partnerarbeit vor.

6 Begründe, warum auch heute viele Staaten den Export von Waren fördern, den Import aber durch Einfuhrzölle behindern.

20 | Das Zeitalter der Aufklärung

Weit über das Mittelalter hinaus gaben sich die meisten Menschen damit zufrieden, wenn die Kirche ihnen die Welt erklärte und ihnen sagte, was richtig oder falsch sei. Das änderte sich um 1700: Statt zu glauben, wollte man jetzt Beweise sehen.

Q1 Ein Wissenschaftler erklärt die Bewegung der Planeten. Die Sonne ist durch eine Lampe ersetzt. Das von Joseph Wright um 1765 fertiggestellte Ölgemälde fasziniert durch seine Lichtwirkung. Das Licht war ein Symbol der Aufklärung.

Aufklärung
Der Begriff bezeichnet eine neue Denkweise im 18. Jahrhundert, die darauf abzielte, alle Gebiete des Lebens durch die Vernunft zu erklären und Erkenntnisse kritisch zu überprüfen. Die Aufklärer forderten von Staat und Kirche die Freiheit der Meinung.

Eine neue Vorstellung von der Welt

Im Jahr 1610 beobachtete der italienische Wissenschaftler Galileo Galilei durch das gerade erfundene Fernrohr vier Monde, die den Planeten Jupiter umkreisen. So müssten auch die Planeten die Sonne umkreisen, war sein Gedanke. Fast 100 Jahre zuvor hatte Nikolaus Kopernikus behauptet, dass die Erde sich im Laufe eines Tages um sich selbst dreht und in einem Jahr die Sonne umkreist. Hatte Kopernikus also doch Recht gehabt!

Der Papst verbot Galilei, seine Erkenntnisse zu verbreiten. Die Lehre widerspreche den Aussagen der Bibel.

Aber mit Verboten liess sich der Fortschritt in den Naturwissenschaften nicht mehr aufhalten. Johannes Kepler erkannte, dass sich die Planeten nach festen Gesetzen bewegen. Isaac Newton leitete daraus das Prinzip der Schwerkraft ab. Und Otto von Guericke fand durch Experimente heraus, dass sich Gase beim Erwärmen ausdehnen und beim Abkühlen wieder zusammenziehen.

Vernunft ersetzt den Glauben

Immer mehr Menschen erkannten, dass alle Vorgänge in der Natur nach bestimmten Gesetzen ablaufen. Durch Beobachtung und Experiment wollte man sie erforschen.

Einige Gelehrte übertrugen das neue Denken auf andere Lebensbereiche. Sie bezweifelten alles, was sich nicht durch die Vernunft erklären liess. Ihre Kritik richtete sich zunächst gegen die Bevormundung durch die Kirche, dann aber auch gegen eine angeblich von Gott gewollte Herrschaft der Könige und Fürsten.

Die Aufklärer – so nennen wir die kritischen Gelehrten des 18. Jahrhunderts – sahen in der Erziehung und Bildung aller Volksschichten eine wichtige Aufgabe. Selbst einfache Menschen sollten ermutigt und befähigt werden, ihren eigenen Verstand zu gebrauchen. Sie müssten sich dann nicht mehr wie unmündige Kinder durch die Vorschriften anderer leiten lassen. Die Aufklärer glaubten, dass eine höhere Bildung sie auch gleichzeitig zu besseren und glücklicheren Menschen mache.

Die Aufklärung verbreitet sich

Die Ideen der Aufklärer wurden bald in allen Ländern Europas diskutiert. Dazu trug auch bei, dass nun Zeitungen und Zeitschriften gedruckt wurden, die Neuigkeiten schnell verbreiteten. In den neumodischen Kaffeehäusern kamen Menschen aus den verschiedensten Schichten zusammen – auch um Gedanken auszutauschen. Ein Treffpunkt besonderer Art waren die Salons vornehmer Damen. Hier verkehrten Bürger, Adlige und Geistliche miteinander. In diesem geschlossenen Kreis las man die Schriften der Aufklärer gemeinsam und sprach darüber. Jeder konnte seine Meinung frei sagen.

Q2 Otto von Guerickes Versuch mit den Halbkugeln, Kupferstich von 1672 (koloriert). Guericke entwickelte Pumpen, mit denen man durch Absaugen der Luft ein Vakuum erzeugen konnte. 1657 zeigte er in Magdeburg, dass man zwei aufeinandergelegte und leer gepumpte Halbkugeln nicht einmal mit der Kraft von 16 Pferden auseinanderreissen konnte. Guericke wies nach, dass Luft ein Gewicht hat, das auf alles drückt. Er hatte den Luftdruck entdeckt.

Q3 Die österreichische Kaiserin Maria-Theresia 1774 in einem Brief an ihren Sohn Franz, der ein Anhänger der Aufklärung war:

Schämt Euch nicht, jederzeit ein guter Christ zu sein, in Euren Worten wie in Euren Taten. Das verlangt die grösste Wachsamkeit und Strenge, heute noch mehr als früher, weil die Sitten locker und verdorben sind (…). Nichts ist bequemer (…) als die Freiheit von allem Zwang. Das ist das Zauberwort, das man im Jahrhundert der Aufklärung an die Stelle der Religion setzen will – jeder soll selbst zur Erkenntnis kommen und nach eigener Einsicht und Überzeugung handeln. (…) Diese ganze Philosophie ist ein Unglück, ich kann Euch das nicht oft genug sagen und muss Euch immer wieder davor warnen.

Q4 Der deutsche Philosoph Immanuel Kant erklärte die neue geistige Bewegung 1783 so:

Aufklärung ist der Ausgang des Menschen aus seiner selbst verschuldeten Unmündigkeit. Unmündigkeit ist das Unvermögen, sich seines Verstandes ohne Leitung eines anderen zu bedienen. Selbst verschuldet ist diese Unmündigkeit, wenn die Ursache derselben nicht am Mangel des Verstandes, sondern der Entschliessung und des Mutes liegt, sich seiner ohne Leitung eines anderen zu bedienen. «Habe Mut, dich deines eigenen Verstandes zu bedienen!», ist also der Wahlspruch der Aufklärung.

Aufgaben

1 Arbeite heraus, welches neue Denken mit der Aufklärung begann (VT1).

2 Zähle auf, woran die Aufklärer Kritik übten und welche Ziele sie hatten (VT2, Q4).

3 Im Englischen wird das Zeitalter der Aufklärung «enlightenment» (Erleuchtung) genannt. Erkläre diesen Begriff mithilfe von Q1.

4 Finde aus Q3 Gegenargumente zu den Positionen der Aufklärung heraus und schreibe sie auf.

5 Ein Aufklärer diskutiert mit einem Priester über die Religion. Bildet dazu Gruppen. Schreibt Argumente für beide Parteien auf. Spielt anschliessend die Szene vor der Klasse (VT1, VT2, Q3, Q4).

6 Schreibe einen Zeitungsartikel, in dem du über eine der neuen Erfindungen berichtest.

21 | Neue politische Ideen

Dürfen Menschen über andere herrschen? Braucht man überhaupt Könige oder könnte sich das Volk auch selbst regieren? Solche Fragen stellten die Aufklärer. Das war unerhört!

Gewaltenteilung
Trennung der Staatsgewalt in gesetzgebende Gewalt (Legislative), vollziehende Gewalt (Exekutive) und Rechtsprechung (Judikative). Dadurch wird eine Diktatur verhindert.

Menschenrechte
Darunter versteht man Rechte, die allen Menschen ohne Ausnahme zustehen.

Freiheit
ist ein Begriff, der in der Aufklärung eine grosse Bedeutung bekam und zu den Grundforderungen der Französischen Revolution gehörte. Jeder Mensch sollte die Garantie haben, ohne Zwang zwischen allen Möglichkeiten auswählen zu können.

Menschenrechte

Die Aufklärer wollten alle Lebensbereiche auf die Vernunft gründen, also auch den Staat und die Gesellschaft. Mit dem Verstand war es aber nicht zu erklären, wenn die Fürsten behaupteten, von Gott als Herrscher eingesetzt zu sein. Die Ordnung in der Gesellschaft musste vielmehr von Menschen geschaffen worden sein. Niemand, so sagten die Aufklärer, ist dazu geboren, Untertan eines anderen zu sein. Alle Menschen sind von Natur aus frei und haben die gleichen Rechte.

Einen besseren Staat schaffen

Keiner Regierung sollte es erlaubt sein, die Menschenrechte zu verletzen. Die wichtigste Pflicht des Staates müsste es vielmehr sein, die Freiheit des Einzelnen zu schützen, das Eigentum zu garantieren sowie das Glück und den Wohlstand der Menschen zu fördern.

Freiheit des Glaubens und des Gewissens

Der Staat hatte nach Meinung der Aufklärer nicht das Recht, den Glauben der Menschen zu bestimmen. Alle Religionen müssten also toleriert werden. Die Folter, mit der man bisher noch Geständnisse bei Gericht erzwang, war abzuschaffen.

Gewaltenteilung als Lösung

Wie sollte aber ein Staat aufgebaut sein, in dem freie und mündige Bürger leben könnten? Auf diese Frage gab der Franzose Charles de Montesquieu eine Antwort: Er meinte, die Menschen könnten nur dann als freie Bürger leben, wenn keiner zu viel Macht hätte. Die Befugnisse des Staates müssten daher in drei Teile gegliedert werden:
1. Parlament (= Volksvertretung): beschliesst Gesetze, die das Zusammenleben der Bürger im Staat regeln.
2. Regierung: sorgt dafür, dass die Gesetze ausgeführt und die staatlichen Aufgaben erledigt werden.
3. Gerichte: entscheiden unabhängig, was im Einzelfall rechtens ist.

Widerstandsrecht gegen die Regierung

Die meisten Aufklärer wollten das Königtum nicht abschaffen. Aber der König sollte nicht mehr absolut regieren, sondern wie in England durch eine Verfassung in seiner Macht beschränkt sein. Die Engländer hatten 1688 ihren König gestürzt, weil er die Rechte des Parlaments einschränken wollte. Der englische Philosoph John Locke rechtfertigte dieses Vorgehen damit, dass das Volk nur so lange einem Herrscher Gehorsam schuldig sei, solange dieser nicht gegen die Rechte der Untertanen verstosse.

Q1 Der Philosoph Voltaire (1694–1778), auf einem zeitgenössischen Gemälde. Voltaire sah im aufgeklärten Monarchen den idealen Herrscher. Sein Freund und Gönner war König Friedrich II. von Preussen.

1400 bis 1800 | Unterwegs in die Neuzeit

Q2 Der Schriftsteller Denis Diderot entwarf den Plan, das gesamte Wissen seiner Zeit in einer «Enzyklopädie» zusammenzufassen. Viele Aufklärer unterstützten sein Werk, indem sie Artikel verfassten. Diderot selbst schrieb Tausende von Artikeln, darunter den über die «politische Autorität»:

Kein Mensch hat von der Natur das Recht erhalten, über andere zu herrschen. Die Freiheit ist ein Geschenk des Himmels, und jeder einzelne Mensch hat das Recht, sich ihrer zu
5 erfreuen, sobald er Vernunft besitzt.

Jede andere Autorität (…) kann man auf eine dieser beiden Quellen zurückführen: entweder auf Macht und Gewalt desjenigen, der sie an sich gerissen hat, oder auf die Zustim-
10 mung derjenigen, die sich ihr durch einen Vertrag unterworfen haben.

Q4 Im Salon der Madame Geoffrin (Gemälde von Gabriel Lemonnier, um 1770). Marie Thérèse Geoffrin ① war eine gebildete und reiche Frau der Pariser Gesellschaft. Sie empfing in ihrem Salon die berühmtesten Schriftsteller, Philosophen und Künstler ihrer Zeit. Die dargestellte Szene zeigt einen Schauspieler, der aus einem Drama Voltaires vorliest. Anschliessend werden die Gäste über das Werk diskutieren. Man erkennt auf dem Bild Montesquieu ②, Diderot ③, Rousseau ④ und die Büste Voltaires ⑤.

Q3 Über die Freiheit jedes Menschen sagte Jean-Jacques Rousseau 1762:

Der Mensch wird frei geboren, und überall ist er in Ketten. (…) Solange ein Volk gezwungen wird zu gehorchen und gehorcht, so tut es wohl; sobald es aber das Joch abwerfen kann
5 und es abwirft, so tut es besser (…). Rechtmässige Gewalt kann nur auf einer Übereinkunft der Menschen gründen (…). Auf seine Freiheit verzichten heisst auf seine Menschheit, die Menschenrechte, ja selbst auf seine
10 Pflichten verzichten. Eine solche Entsagung ist mit der Natur des Menschen unvereinbar.

Q5 Der Philosoph Jean-Jacques Rousseau (1712–1778) war vielleicht der radikalste Aufklärer. Er wollte dem Volk die Herrschaft übertragen, strebte also die Republik an (zeitgenössisches Porträt).

Aufgaben

1 Arbeite heraus, warum die Aufklärer die bisherige Ordnung im Staat kritisierten (VT1).

2 Bearbeitet in Partnerarbeit die Begriffe «Gewaltenteilung» (VT4) und «Widerstandsrecht» (VT5). Jeder erklärt einen Begriff und sagt, wie die Idee begründet wird.

3 Beschreibe die Gäste im Salon der Madame Geoffrin (Q4). Achte auf ihre Kleidung und ihre Haltung.

4 Fasse die Aussagen von Q2 und Q3 zusammen. Erkläre, warum die absolutistischen Könige manche Aufklärer verhaften liessen.

5 Ein Philosoph der Aufklärung beschreibt in einer kurzen Erzählung seinen Zuhörern ein Land so, wie er es sich vorstellt. Schreibe seine Erzählung auf. Vergleiche dieses Land mit unserem heute.

6 Besorgt euch einen Text der Bundesverfassung der Schweizerischen Eidgenossenschaft (z. B. aus dem Internet). Nennt aus Artikel 8 bis 15 Rechte, die auch schon die Aufklärer gefordert haben.

KV 13–14
Arbeitsblatt

Rundblick

22 | Eine freiere Welt in Amerika?

Die Idee von der Freiheit des Einzelnen kam aus Europa. Doch in Amerika setzte sie sich zum ersten Mal durch. Viele Amerikaner sahen sich sogar als eine Vorhut im Kampf gegen die Unterdrückung überall auf der Welt.

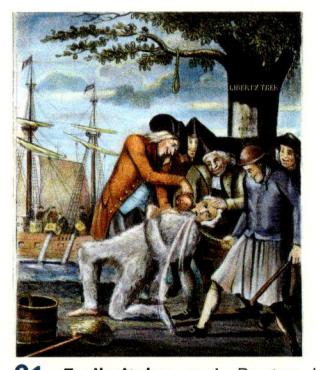

Frankreich

Atlantischer Ozean

Vereinigte Staaten von Amerika (1776/1787)
1775

Rep. Mexiko 1824
1810

Pazifischer Ozean

Rep. Yucatan 1841

Rep. Haiti 1806
1791

Vereinigte Provinzen Zentralamerikas 1823

1795
Rep. Venezuela
1810

Vereinigte Republik Kolumbien 1819

Ksr. Brasilien (seit 1822 von Portugal unabhängig)

Republiken von Peru, Bolivien, Paraguay, Chile, Argentinien, Uruguay

Q1 «Freiheitsbaum» in Boston. Im Jahr 1765 hängten junge Männer einen britischen Steuereintreiber symbolisch auf, dann teerten und federten sie ihn, d.h., sie bestrichen ihn mit Teer und bewarfen ihn mit Federn. Am Baum hängt der verhasste Steuererlass der britischen Regierung. Britische Karikatur, 1774

Q2 George Washington, der erste Präsident der USA, leistet 1789 in New York seinen Amtseid auf die Bibel. Kolorierter Stich, zeitgenössisch

1400 bis 1800 | Unterwegs in die Neuzeit

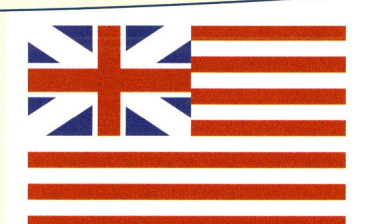

→ Ideen der Aufklärung
← Ausstrahlung der Revolution in Nordamerika
← Ausstrahlung der Französischen Revolution
1810 Aufstand gegen die Kolonialmächte
Republik mit Gründungsjahr

Pazifischer Ozean

Indischer Ozean

Äquator

D1 Flagge der 13 Kolonien, 1775
Im 18. Jahrhundert führten England und Frankreich einen erbitterten Krieg um die Vorherrschaft in Nordamerika. England gewann, doch der Krieg hatte sehr viel Geld gekostet. Einen Teil davon wollte sich der englische König von seinen Untertanen in den Kolonien durch höhere Steuern zurückholen. Dagegen rebellierten die Kolonisten. Am 4. Juli 1776 erklärten die 13 britischen Kolonien in Nordamerika ihre Unabhängigkeit.

D2 Flagge der USA, 1789
Unter Führung des Generals George Washington setzten sich die Siedler gegen die Truppen des englischen Königs durch. 1783 musste er den Kolonien die Freiheit geben. Die 13 Kolonien schlossen sich zu einem neuen Staat zusammen, den sie «United States of America» (USA) nannten. 1787 wurde eine Verfassung ausgearbeitet. Sie legte fest, dass die Bürger ihre Regierung selbst wählen durften. Doch dieses Recht galt nur für weisse Siedler. Den Indianern raubte man weiter das Land. Und es dachte auch kaum jemand daran, den afrikanischen Sklaven die Freiheit zu geben.

Abschluss

23 | Unterwegs in die Neuzeit

1 Zu diesen Themen kann ich eine geschichtliche Frage stellen.
a) Absolutismus
b) Reformation

2 Diese Fragen kann ich beantworten.
a) Wie lebten die Azteken und Inka, bevor die Spanier ihre Reiche eroberten?
b) Warum gibt es in der Schweiz katholische und reformierte Kirchen?
c) Warum war das Soldwesen für die Eidgenossenschaft so wichtig?
d) Wie funktionierte das Wirtschaftssystem des Merkantilismus?
e) Wie begründeten die Aufklärer das Widerstandsrecht?

3 Diese Begriffe kann ich erklären.
a) Weltbild
b) Europäische Expansion
c) Kulturbegegnungen
d) Konfessionelle Spaltung
e) Aufklärung

4 Die Daten auf dem Zeitstrahl kann ich erklären.

5 Zu diesen Fragen habe ich eine Meinung und kann sie begründen.
a) Ist die Entdeckung Amerikas ein Grund zum Feiern?
b) Ging es bei Zwinglis Kritik ausschliesslich um Religion?
c) Wieso wurden viele junge Schweizer Söldner?
d) «Der Staat – das bin ich!» – Stimmt der Satz für Ludwig XIV.?

6 Diese Methode kann ich anwenden.
Ein Porträt entschlüsseln:
a) Ich beschreibe das Bild genau und zähle die abgebildeten Details auf.
b) Ich ordne das Bild in einen grösseren Zusammenhang ein und schreibe eine Gesamtaussage zum Bild auf.
c) Zeige auf, wie du dich persönlich porträtieren möchtest.

7 Ich kann Geschichte für meine Gegenwart nutzen.
a) Haben indigene Völker heute Anspruch auf eine finanzielle Entschädigung für das Unrecht, das an ihnen begangen wurde?
b) Woran erkennen wir heute noch, dass vor 500 Jahren die Reformation stattgefunden hat?
c) Findest du es richtig, dass wir auch heute alle Erkenntnisse kritisch überprüfen, wie es die Aufklärer früher taten?

1405–1433 | 1492 | 1517 | 1566 | 1661–1715

1400 bis 1800 | Unterwegs in die Neuzeit

Zheng He

Christoph Kolumbus

Huldrych Zwingli

Ludwig XIV.

Jean-Jacques Rousseau

Aufgaben

1. Recherchiere zu allen Personen die Lebensdaten und ordne allen die richtigen Epochenbezeichnungen zu: Zeit der Entdeckungen, Reformation, Absolutismus, Aufklärung.

2. a) Wähle drei der Personen aus. Begründe, warum diese Menschen noch heute berühmt sind.

   b) Welche Person fasziniert dich am meisten? Begründe.

3. Erkläre mithilfe der Personen, was der Titel der Themeneinheit «Unterwegs in die Neuzeit» bedeutet.

KV 15
Repetition

3

1789 bis 1900

Die Schweiz im revolutionären Europa

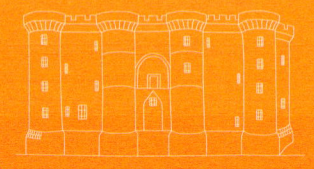

1789
Die Französische Revolution beginnt und stürzt die alte Herrschaft.

1798
Frankreich greift ein: In der Eidgenossenschaft entsteht die Helvetische Republik.

1815
Wiener Kongress: Die Fürsten ordnen Europa nach dem Sieg über Napoleon neu.

Die Französische Revolution veränderte nicht nur Frankreich grundlegend. In ganz Europa brachen Revolutionen aus. In der Alten Eidgenossenschaft führten heftige Konflikte zwischen Anhängern der alten und einer neuen Ordnung zu einem raschen Wechsel verschiedener Regierungsformen. Ein Bürgerkrieg führte schliesslich zur Bundesverfassung, die sich die Schweiz 1848 selbst gab. Ein Zusammengehörigkeitsgefühl im neuen Staat musste sich aber erst noch entwickeln. Der Blick auf die gemeinsame Geschichte trug wesentlich dazu bei. So legte 1891 der junge Bundesstaat seine Geburtsstunde fest: Am 1. August 1291 sei die Schweiz gegründet worden.

KV 1
Portfolio

1848
Der Bundesstaat Schweiz entsteht:
Die Schweiz gibt sich eine demokratische Verfassung.

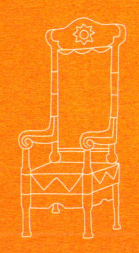

1871
Gründung des Deutschen Reichs:
Die deutschen Fürsten rufen den preussischen König zum Kaiser aus.

1891
Geburt des Nationalfeiertags:
Die Schweiz sucht ihre gemeinsame Geschichte.

D1 General Guillaume-Henri Dufour befahl während des Sonderbundskriegs 1847, die feindlichen Truppen zu schonen. Szene: Vertreter der Stadt Freiburg bieten dem General ihre Kapitulation an. Aus der Fernsehserie «Die Schweizer».

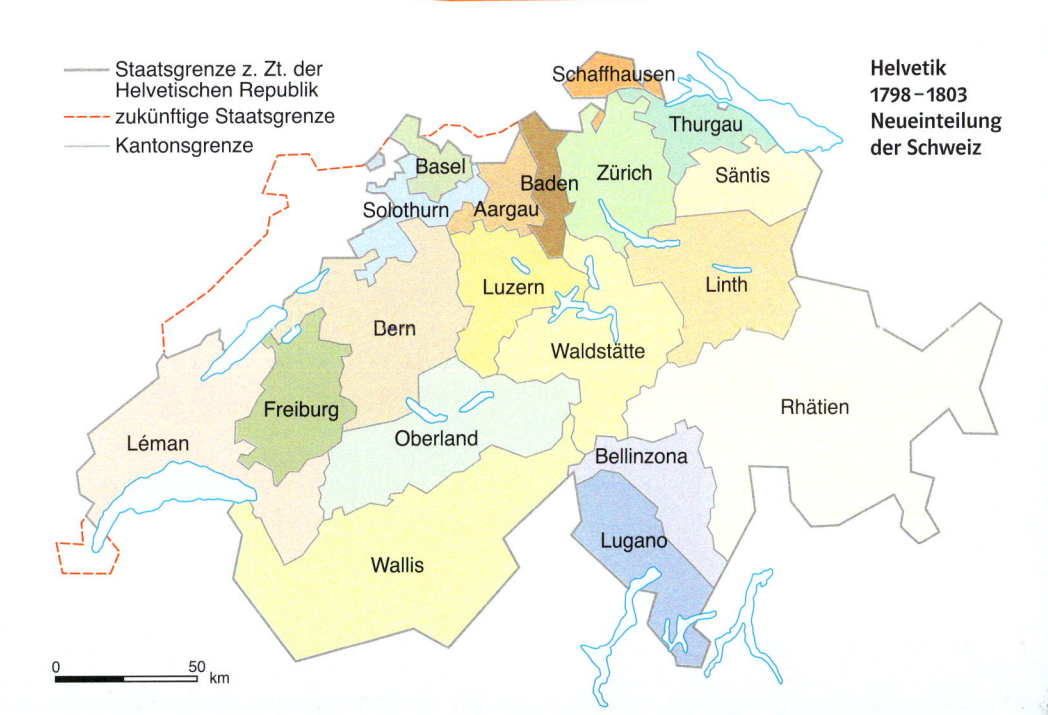

Helvetik
1798–1803
Neueinteilung der Schweiz

— Staatsgrenze z. Zt. der Helvetischen Republik
--- zukünftige Staatsgrenze
— Kantonsgrenze

Schaffhausen, Thurgau, Basel, Baden, Zürich, Säntis, Solothurn, Aargau, Bern, Luzern, Linth, Freiburg, Waldstätte, Léman, Oberland, Bellinzona, Rhätien, Wallis, Lugano

0 50 km

1 | Frankreich in der Krise

Im Jahr 1788 stand der französische König Ludwig XVI. vor einem Problem: Missernten liessen den Brotpreis steigen, der Staat war pleite und die Bürger zweifelten an der Rechtmässigkeit der staatlichen Ordnung. Der König fasste einen folgenschweren Entschluss.

Q1 «Hoffen wir, dass das Spiel bald ein Ende nimmt», seufzt der Bauer. Aus seiner Tasche hängen Zettel, auf denen die Salz-, die Tabak- und die Kopfsteuer, die Abgaben und Dienste genannt werden. Auf der Hacke steht: «Von Tränen getränkt». Auf anderen Zetteln steht: «Bischof», «Abt», «Herzog», «Graf», «Pension», «Grossspurigkeit». Der Degen trägt die Aufschrift «Gerötet vom Blut». Französische Karikatur aus dem Jahr 1789

Ständegesellschaft
Darunter versteht man die Einteilung der Gesellschaft in Adel, Klerus und Bauernschaft/Bürgertum. Die Zugehörigkeit zu einem Stand war in der Regel durch die Geburt vorgegeben.

Klerus
Bezeichnung für den geistlichen Stand. Dazu gehören Bischöfe, Priester, Äbte, Mönche und Nonnen.

Privilegien
Sonderrechte für einzelne Personen oder Personengruppen im Staat.

Das Volk hungert
Der Winter war hart gewesen. Im Frühjahr führten Regenfälle zu Überschwemmungen, eine Hitzewelle liess im Sommer die Felder vertrocknen. In manchen Regionen Frankreichs fiel die Getreideernte des Jahres 1788 katastrophal schlecht aus. Der Preis für Brot stieg stark an. Gleichzeitig verkauften sich die Erzeugnisse des Handwerks schlecht, in den Städten stieg die Arbeitslosigkeit. Immer mehr Franzosen hungerten. Sie hofften auf die Hilfe des Königs, doch die staatlichen Getreidelager waren leer. Die Hungernden waren wütend: auf den König, aber auch auf Adel und Klerus, deren Reichtum ein Leben ohne Not ermöglichte.

Zweifel an der staatlichen Ordnung
Es gab aber auch viele Bürger, die in den vergangenen Jahrzehnten reich geworden waren. Sie hatten durch Handel, Bankgeschäfte, Schifffahrt und mit der Produktion von Luxusgütern in Manufakturen grosse Vermögen verdient. Ärzte, Rechtsanwälte und tüchtige Handwerksmeister gehörten zu den angesehenen und oft wohlhabenden Bürgern der Städte. Sie bezahlten einen Grossteil der Steuern. Doch die hohen Ämter in der staatlichen Verwaltung, bei der Armee und in der Kirche gab der König den Adligen. Viele fragten sich: Sind die Privilegien von Adel und Klerus noch zeitgemäss? Sagen die Aufklärer nicht, dass alle Menschen gleiche Rechte haben?

Die Staatskasse ist leer
Die Hofgesellschaft in Versailles interessierte sich dafür nicht. Sie lebte wie immer in Saus und Braus. Der König bezahlte für alles – aber mit Geld, das er sich selbst erst leihen musste. Denn die Staatskasse war leer. Verschwendung und eine Reihe von Kriegen hatten sie ruiniert. Allein für die Zinsen der riesigen Staatsschulden musste Ludwig XVI. mehr als die Hälfte der Einnahmen aufwenden. Es blieb ihm nichts anderes übrig, als die Steuern zu erhöhen. Sonst drohte der Staatsbankrott.

Der König reagiert
Der Dritte Stand, die Bauern und Bürger, war aber nicht mehr bereit, fast allein den Staat zu finanzieren. Er verlangte, dass Adel und Klerus endlich nach Einkommen und Vermögen besteuert würden. Doch die weigerten sich. Der König entschloss sich zu einem riskanten Schritt: Er berief die Generalstände ein. Sie sollten wie früher über neue Steuern beraten. Das hatte es seit 1614 nicht mehr gegeben.

Zu Beginn des Jahres 1789 versammelten sich überall im Lande die Menschen. Nach Ständen getrennt wählten sie Abgeordnete, die sie beim König vertreten sollten. Ihre Beschwerden an den Monarchen gaben sie den Abgeordneten gleich mit auf den Weg. Ludwig XVI. hatte sie selbst dazu aufgefordert. Auch das war für den König riskant!

1789 bis 1900 | Die Schweiz im revolutionären Europa

Q2 Männer, die mindestens 25 Jahre alt waren und Steuern zahlten, durften die Abgeordneten ihres Standes für die Generalstände wählen. Gleichzeitig sollten sie dem König Missstände mitteilen und Verbesserungen vorschlagen. Diese «Beschwerdehefte» wurden zwischen März und Mai 1789 verfasst:

a) Die Bauern des Dorfes La Chapelle fordern:
4. vollständige Abschaffung aller Privilegien
5. Abschaffung der königlichen Salzsteuer, der Kopfsteuer für Nichtadlige und anderer Rechte.
6. Um diese Steuern und Rechte zu ersetzen, soll eine persönliche Kopfsteuer eingeführt werden, die ohne Unterschied die Bürger aller drei Stände betrifft (…).
9. Dass jegliche Gerichtsbarkeit und Polizeigewalt der Adligen abgeschafft wird; dass ihr Recht auf Jagd, Fischerei, (…) Abgaben und Dienste abgeschafft wird; dass jeder das Recht hat, zumindest jeder auf seinem Land, Hasen und andere Schädlinge der Landwirtschaft zu töten.
13. Dass man den Kirchenzehnten abschafft.

b) Die Bürger der Stadt Beaucaire fordern:
Artikel 3: Die Erklärung der Menschen- und Bürgerrechte.
Artikel 4: Die Freiheit der Presse und das Briefgeheimnis.
Artikel 16: Das Recht für alle Angehörigen des Dritten Standes, die verschiedensten Arbeitsplätze bei Armee, Marine und höherer Verwaltung einzunehmen.

c) Der Adel des Wahlbezirks Ament fordert:
Die Bewahrung der Privilegien und Auszeichnungen, die der Adel zu allen Zeiten besessen hat (…). Der Adel denkt in keiner Weise daran, sich seiner herrschaftlichen Rechte berauben zu lassen, weder die Ehrenämter noch die nützlichen, wie hohe, mittlere und niedere Gerichtsbarkeit, Jagd, Fischerei, Frondienste, (…) Abgaben (…).

d) Der Klerus des Wahlbezirks Orléans fordert:
Dass der König, dem Beispiel seiner Vorgänger folgend, seinen ganzen Eifer einsetzt, um die (Kirche) gegen die vielfältigen Anfeindungen der Gottlosigkeit und der modernen Philosophie zu verteidigen; dass er durch harte Gesetze die ungezügelte Möglichkeit der Presse unterdrückt, die Hauptstadt und die Provinzen mit schmählichen Schriften aller Art zu überfluten. (…) Damit der katholische Glauben (…) der einzig zulässige und berechtigte ist.

Generalstände
Das war in Frankreich die Versammlung der drei Stände: Adel, Klerus, Bürgertum/Bauernschaft. Die Versammlung hatte das Recht, Steuern zu beschliessen.

Kirchenzehnter
So nannte man die Steuer für die Kirche, bei der die Bauern den zehnten Teil ihrer Ernte abgeben mussten.

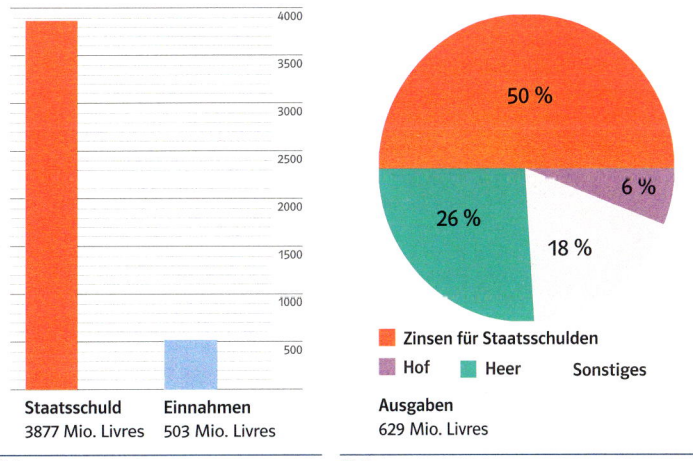

D1 Schulden und Einnahmen Frankreichs 1788
Staatsschuld 3877 Mio. Livres
Einnahmen 503 Mio. Livres

D2 Frankreichs Ausgaben 1788
Ausgaben 629 Mio. Livres
- Zinsen für Staatsschulden 50 %
- Heer 26 %
- Sonstiges 18 %
- Hof 6 %

Aufgaben

1 Liste auf, womit das Volk in Frankreich 1788 unzufrieden war (VT1*, VT2).

2 Erläutere die Aussage der Karikatur Q1. Überlege zunächst, welche Stände die drei Männer verkörpern. Begründe deine Aussagen, indem du Kleidung, Haltung und Texte auswertest.

3 Finde heraus, warum Ludwig XVI. die Steuern erhöhen wollte (VT3, D1, D2).

4 Ordnet die Forderungen aus den «Beschwerdeheften» den folgenden Oberthemen zu: Gleichberechtigung der Stände, Freiheitsrechte, Steuerrecht, Religion (Q2).

5 Fertigt in Gruppenarbeit Plakate zu den Forderungen in Q2 an.

6 Verfasst Zeitungsschlagzeilen zur Eröffnung der Generalstände, aus denen sich Hoffnungen der Menschen ablesen lassen.

KV 2 Arbeitsblatt

* VT1 bedeutet: Die Aufgabe bezieht sich auf den ersten Abschnitt des Verfassertextes (VT). Die Abschnitte ergeben sich durch die blauen Zwischenüberschriften.

2 | Die Revolution beginnt

«Was ist der Dritte Stand? – Alles. Was ist er bis jetzt in der politischen Ordnung gewesen? – Nichts. Was fordert er? – Endlich etwas zu sein!» Dieses Flugblatt eines Geistlichen veränderte Frankreich.

Q1 Eröffnung der Generalstände am 5. Mai 1789 (Gemälde, um 1840). Die Sitzordnung: Ludwig XVI. und seine Gemahlin Marie-Antoinette oben links, die Vertreter der drei Stände zu ebener Erde. Die Abgeordneten verteilen sich wie folgt: Klerus: 291, Adel: 270, Dritter Stand: 578. Die Vertreter des Dritten Standes fallen durch ihre schlichte Kleidung auf. Die meisten waren Rechtsanwälte, Gelehrte, Kaufleute und Unternehmer. Nur ein Bauer war darunter. Der Klerus wurde von knapp 50 Bischöfen, einigen Äbten und Mönchen und 208 einfachen Pfarrern vertreten. Unter den Mönchen und Pfarrern waren viele bereit, den Dritten Stand zu unterstützen.

Revolution
Darunter versteht man einen zumeist gewaltsamen Umsturz der staatlichen und gesellschaftlichen Ordnung.

Nation
(lat. «natio» = Stamm, Volk) Heute fasst man darunter Menschen gleicher Sprache oder Staatsangehörigkeit zusammen.

Nationalversammlung
Das ist eine Versammlung von gewählten Vertretern des Volkes, die eine Verfassung oder Gesetze erarbeiten sollen.

Die Generalstände treten zusammen

Als der König die Versammlung der Generalstände eröffnet, ist die Stimmung gespannt. Die Abgeordneten des Dritten Standes wollen nicht nur über höhere Steuern reden. Sie fordern wirkliche Reformen, vor allem die Beseitigung der Privilegien von Adel und Klerus. Es geht also auch um die Macht im Staat.

Über die Frage, wie abgestimmt werden sollte, kommt es zum Streit: Der König besteht auf einer Abstimmung nach Ständen. Damit wären Adel und Klerus im Vorteil. Die Vertreter des Dritten Standes verlangen dagegen eine Abstimmung «nach Köpfen».

Die Nationalversammlung

Am 17. Juni erklären sich die Abgeordneten des Dritten Standes zur Nationalversammlung. Die Begründung ist einfach: Sie vertreten 98 Prozent aller Franzosen, also beinahe die gesamte Nation.

Der Ballhausschwur

Als der König den Tagungsraum schliessen lässt, ziehen die Abgeordneten des Dritten Standes in ein leer stehendes Ballspielhaus. Dort schwören sie, nicht auseinanderzugehen, bis Frankreich eine Verfassung habe.

Bürger greifen zu den Waffen

Nun überstürzen sich die Ereignisse. In Paris ist Brot so knapp geworden, dass hungrige Menschen die Bäckereien belagern. Es kommt zu Plünderungen. Gerüchte gehen um, der König habe Truppen um Paris zusammenziehen lassen. In den ärmeren Vierteln der Stadt bewaffnen sich Tausende von Männern. Sie stürmen ein Waffenlager und erbeuten 30 000 Gewehre und einige Kanonen. Damit ziehen die Aufständischen zu einer alten Festung, der Bastille. Sie fällt – und mit ihr die politische Ordnung Frankreichs.

1789 bis 1900 | Die Schweiz im revolutionären Europa

Q2 Sturm auf die Bastille am 14. Juli 1789 (Ölbild eines unbekannten Künstlers von 1789). Die Bastille (sprich: Bastije) war ursprünglich eine königliche Festung. Im 18. Jahrhundert wurde sie als Gefängnis und Waffenlager genutzt. Man sperrte hier zum Beispiel Schriftsteller ein, die über Kirche und Königtum spotteten. Dadurch wurde sie zum Symbol für die Willkür der absoluten Monarchie. Die Szene zeigt den Augenblick, als sich der Kommandant Launay mit seinen Soldaten und Offizieren – darunter auch 32 Schweizer Gardisten – ergibt. Das Haus des Kommandanten brennt, beide Zugbrücken sind herabgelassen. Den Aufständischen haben sich schon Soldaten des Königs angeschlossen.

Aufgaben

1 Lege einen Zeitstrahl zu den Ereignissen des Jahres 1789 an (VT2, VT4, Q1, Q2).

2 Arbeite heraus, was das Ziel der Nationalversammlung war (VT2, Lexikon).

3 Ein zorniger Abgeordneter des Dritten Standes wird gefragt, was er von der Versammlung der Generalstände hält und was er fordert. Formuliere seine Antwort (VT1, VT2, Q1).

4 Bei einer Abstimmung «nach Köpfen», also Abgeordneten, wäre der Dritte Stand im Vorteil gewesen. Begründe diese Aussage (Q1).

5 Schreibe als Augenzeuge einen Bericht über die Erstürmung der Bastille. Beschreibe die Angreifer, ihre Kleidung, ihre Waffen, die Übergabe der Festung durch den Kommandanten. Berichte auch darüber, dass er kurze Zeit danach erschlagen wird.

6 Bei der Erstürmung der Bastille gab es über hundert Tote. Diskutiert, warum es den Franzosen trotzdem wichtig ist, das Ereignis jedes Jahr zu feiern.

3 Die Erklärung der Menschenrechte

Den Sommer des Jahres 1789 nennt man in Frankreich die Zeit der «grossen Angst». Auf dem Land stürmen Bauern die Herrensitze des Adels. In ihrer Wut über die Grundherren brennen sie deren Schlösser nieder – und mit ihnen die verhassten Abgabenverzeichnisse.

Die Menschen auf dem Lande
Vier von fünf Franzosen lebten 1789 auf dem Land. Die meisten von ihnen waren Bauern. Sie litten am meisten unter einer Ordnung, die Adel und Klerus privilegierte.

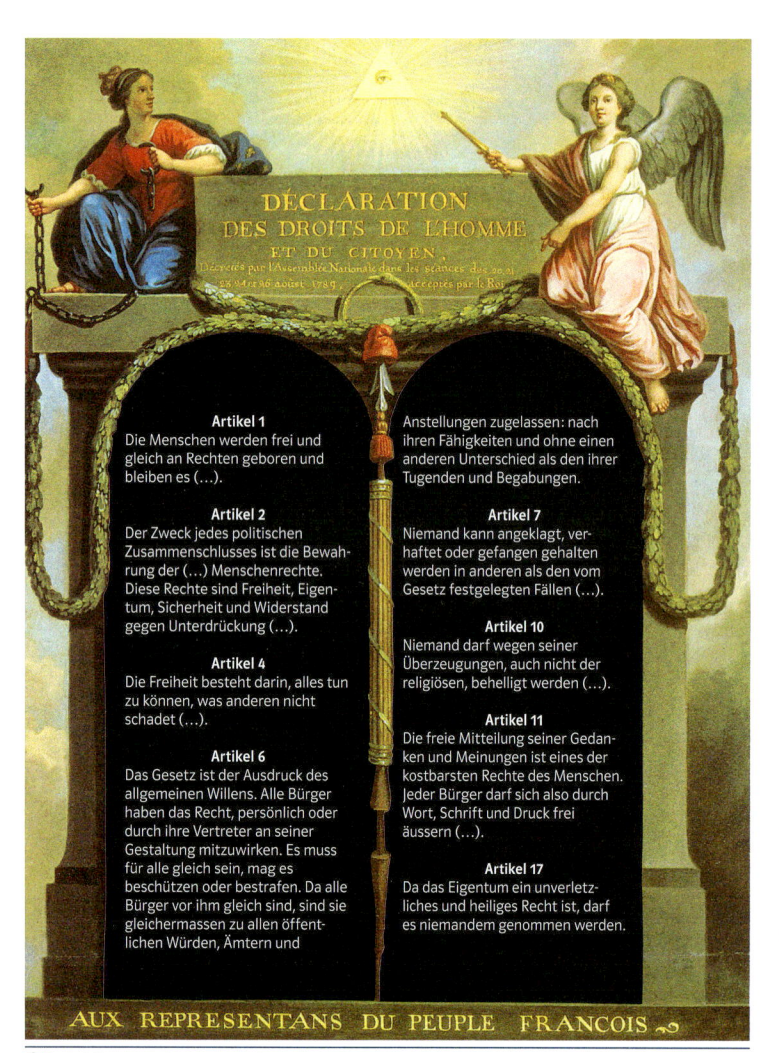

Eine unerträgliche Last
Auf den Bauern lasteten nicht nur die Steuern des Königs. Noch erdrückender waren die Pflichten gegenüber ihren adligen Herren. Diese besassen Verzeichnisse, in denen genau aufgelistet war, was die Bauern seit Generationen zu leisten hatten: Abgaben für das Ackerland, unbezahlte Dienste, Pflicht zur Benutzung der herrschaftlichen Mühle und vieles mehr. Und dann kamen noch die Herren der Kirche: Sie verlangten von allem, was der Bauer erntete, den zehnten Teil. So war es seit Jahrhunderten.

«Weg mit den Privilegien!»
Doch die Familien der Bauern hungerten. Und die Bürger von Paris hatten gezeigt, dass durch den Zorn des Volkes sogar eine königliche Festung fallen konnte. Jetzt waren auch die Bauern nicht mehr bereit zu gehorchen. Mit Äxten, Mistgabeln und Sensen bewaffnet vertrieben sie ihre Grundherren. Viele Adlige fürchteten um ihr Leben und flohen ins Ausland.

In Versailles kam es zu einer dramatischen Sitzung der Nationalversammlung. Am Ende verzichteten Adel und Klerus auf ihre Privilegien. Drei Wochen später folgte die Erklärung der Menschen- und Bürgerrechte. Damit wurden alle Franzosen zu Staatsbürgern mit gleichen Rechten. Die Ständegesellschaft gab es nicht mehr.

Freiheit, Gleichheit, Brüderlichkeit
So lautete die Parole der neuen Zeit. Doch ihre Umsetzung warf Fragen auf: Wie sollte man die Gleichheit aller Menschen verwirklichen? Genügte es, wenn der Adel mitsamt seinen Titeln und Wappen abgeschafft wurde? Hatten alle die gleichen Chancen, wenn der Staat nun die Aufsicht über die Schulen übernahm? Sollten Frauen die gleichen Rechte wie Männer bekommen?

Q1 Erklärung der Menschen- und Bürgerrechte vom 26. August 1789 auf einer Bildtafel aus dem Jahr 1791. Die Erklärung besteht aus 17 Artikeln. Die deutsche Übersetzung ist hier in gekürzter Form in das Original eingefügt worden. Die Frauengestalt oben links symbolisiert Frankreich, die Engelsgestalt oben rechts die Freiheit. Das Auge im Dreieck mit dem Strahlenglanz der Sonne ist ein Symbol der Aufklärung: Man nennt es das «Auge der Vernunft». Pike und rote Kappe sind Symbole der Französischen Revolution.

Artikel 1
Die Menschen werden frei und gleich an Rechten geboren und bleiben es (…).

Artikel 2
Der Zweck jedes politischen Zusammenschlusses ist die Bewahrung der (…) Menschenrechte. Diese Rechte sind Freiheit, Eigentum, Sicherheit und Widerstand gegen Unterdrückung (…).

Artikel 4
Die Freiheit besteht darin, alles tun zu können, was anderen nicht schadet (…).

Artikel 6
Das Gesetz ist der Ausdruck des allgemeinen Willens. Alle Bürger haben das Recht, persönlich oder durch ihre Vertreter an seiner Gestaltung mitzuwirken. Es muss für alle gleich sein, mag es beschützen oder bestrafen. Da alle Bürger vor ihm gleich sind, sind sie gleichermassen zu allen öffentlichen Würden, Ämtern und Anstellungen zugelassen: nach ihren Fähigkeiten und ohne einen anderen Unterschied als den ihrer Tugenden und Begabungen.

Artikel 7
Niemand kann angeklagt, verhaftet oder gefangen gehalten werden in anderen als den vom Gesetz festgelegten Fällen (…).

Artikel 10
Niemand darf wegen seiner Überzeugungen, auch nicht der religiösen, behelligt werden (…).

Artikel 11
Die freie Mitteilung seiner Gedanken und Meinungen ist eines der kostbarsten Rechte des Menschen. Jeder Bürger darf sich also durch Wort, Schrift und Druck frei äussern (…).

Artikel 17
Da das Eigentum ein unverletzliches und heiliges Recht ist, darf es niemandem genommen werden.

1789 bis 1900 | Die Schweiz im revolutionären Europa

Q2 Zug der Frauen nach Versailles, 5. Oktober 1789 (zeitgenössische Radierung). Im Herbst 1789 wussten viele Frauen in den Pariser Arbeitervierteln nicht mehr, wie sie ihre Familien ernähren sollten. Für die steigenden Brotpreise machten sie den König verantwortlich. Es ärgerte sie auch, dass Ludwig immer noch zögerte, die Beschlüsse der Nationalversammlung zu unterschreiben. Mehrere Tausend Frauen zogen bewaffnet nach Versailles und zwangen den König, mit ihnen nach Paris zu kommen und die Beschlüsse anzuerkennen. Von nun an lebte Ludwig mit seiner Familie im alten königlichen Schloss von Paris – sozusagen unter der Aufsicht des Volkes.

Q3 Patriotischer Frauenklub (Zeichnung aus dem Jahr 1791). Frauen hatten massgeblich dazu beigetragen, die Ideen der Aufklärung zu verbreiten. In der Revolution gründeten sie Klubs, um zu diskutieren und politische Forderungen zu formulieren. In ganz Frankreich gab es fast 60 solcher Klubs.

Aufgaben

1 Nenne zwei Beschlüsse der Nationalversammlung vom August 1789, die das Ende der alten Ordnung in Staat und Gesellschaft bedeuteten (VT3, Q1).

2 Unterscheide in Q1 Freiheitsrechte, Gleichheitsrechte und Besitzrechte. Liste in einer Tabelle auf, welche Artikel zu den jeweiligen Rechten eine Aussage machen.

3 Erkläre, warum die Bauern im Sommer 1789 die Schlösser des Landadels stürmten (VT2).

4 Beschreibe, wie sich Frauen an der Revolution beteiligten (Q2, Q3).

5 Die Ideen von 1789 finden sich heute in den Verfassungen fast aller Staaten. Vergleiche mit den Artikeln 7–27 der Schweizerischen Bundesverfassung.

KV 3–4
Arbeitsblatt

Methode

4 | Schriftliche Quellen auswerten

Pantheon
Seit der Französischen Revolution die Grabstätte berühmter französischer Persönlichkeiten in Paris. Es wird auch als «nationale Ruhmeshalle Frankreichs» bezeichnet.

Die Rechte der Frau
«Mann, bist du fähig, gerecht zu sein?» So beginnt ein Text, den die Schriftstellerin Olympe de Gouges im September 1791 verfasste. Sie hatte erkannt, dass die Vorteile der Revolution einseitig von den Männern beansprucht wurden. Mit ihrer Schrift wollte sie erreichen, dass die Nationalversammlung die Menschenrechtserklärung von 1789 neu formulierte. Dazu legte sie ihre «Erklärung der Rechte der Frau und Bürgerin» in 17 Artikeln inklusive einer Einleitung vor.

Schriftliche Quellen aus der Zeit heraus verstehen
Für Historikerinnen und Historiker sind schriftliche Quellen ganz besonders wichtig. Aus ihnen erfahren wir viel über die Vergangenheit. Sie informieren scheinbar objektiv, wir glauben ihnen gerne. Doch auch schriftliche Quellen berichten nicht einfach die Wahrheit. Der Verfasser oder die Verfasserin hat bestimmte Absichten und schreibt den Text entsprechend. Wir müssen deshalb versuchen, die schriftlichen Quellen sehr genau zu untersuchen und aus ihrer Zeit heraus zu verstehen.

Q1 «Erklärung der Rechte der Frau und Bürgerin» von Olympe de Gouges aus dem Jahr 1791:

Einleitung
Wir, Mütter, Töchter, Schwestern, Vertreterinnen der Nation, verlangen, in die Nationalversammlung aufgenommen zu werden. In
5 Anbetracht dessen, dass Unwissenheit, Vergesslichkeit oder Missachtung der Rechte der Frauen die alleinigen Ursachen öffentlichen Elends und der Korruptheit der Regierungen sind, haben wir uns entschlossen, in einer fei-
10 erlichen Erklärung die natürlichen, unveräusserlichen und heiligen Rechte der Frau darzulegen (…).

Artikel 1: Die Frau wird frei geboren und bleibt dem Manne gleich an Rechten. (…)
15 *Artikel 6:* Das Gesetz soll der Ausdruck des allgemeinen Willens sein; alle Bürgerinnen und Bürger sollen persönlich oder über ihre Vertreter zu seiner Gestaltung beitragen; es muss gleich für alle sein: Da alle Bürgerinnen und
20 Bürger vor ihm gleich sind, müssen sie gleichermassen zu allen öffentlichen Würden, Ämtern und Anstellungen zugelassen sein: nach ihren Fähigkeiten und ohne andere Unterschiede als die ihrer Tugenden und Begabungen.
25 *Artikel 7:* Für Frauen gibt es keine Sonderrechte; sie werden verklagt, in Haft genommen und gehalten, wo immer es das Gesetz vorsieht.

Artikel 8: Für den Unterhalt der Polizei und
30 für die Verwaltungskosten werden von der Frau wie vom Manne gleiche Beträge gefordert. Hat die Frau teil an allen Pflichten und Lasten, dann muss sie ebenso teilhaben an der Verteilung der Posten und Arbeiten in nie-
35 deren und hohen Ämtern und im Gewerbe.

Artikel 9: Frauen unterstehen wie Männer den gleichen Strafgesetzen.
(…)

Q2 Demonstration für Olympe de Gouges. Präsident Hollande hat zwar 2014 dafür gesorgt, dass zwei neue Frauen im Pantheon geehrt werden. Er hat sich aber gegen Olympe de Gouges entschieden. Für die Kommission, welche die Empfehlungen machte, war die Revolutionärin die klare Favoritin gewesen. Auch die Frauen, die 2014 vor dem Pantheon demonstrierten, wollten Olympe de Gouges.

1789 bis 1900 | Die Schweiz im revolutionären Europa

Arbeitsschritte: Schriftliche Quellen auswerten

Wahrnehmen

1 Lies den Text mindestens zweimal durch und mache dir klar, um welches Thema es geht.

Erschliessen

2 Gliedere den Inhalt in Sinnabschnitte und formuliere für jeden neuen Gedanken eine Überschrift.

3 Stelle fest, wer den Text geschrieben hat.

4 Kläre unbekannte Begriffe mithilfe eines Lexikons.

Orientieren

5 Ordne den Text in den grösseren geschichtlichen Zusammenhang ein.

6 Mit welcher Absicht könnte der Verfasser oder die Verfasserin den Text geschrieben haben?

7 Beurteile, ob der Verfasser oder die Verfasserin dir glaubwürdig erscheint.

Q3 Von Olympe de Gouges (1748–1793) gibt es nur sehr wenige Bilder. Dieses Porträt ist das einzige erhaltene, das sie während ihres Lebens darstellt. Ein polnischer Porträtmaler, der in Frankreich viele berühmte Persönlichkeiten gemalt hatte, stellte sie in einfacher Kleidung und mit einer für die damalige Zeit modischen Frisur dar. Wer das Bild in Auftrag gegeben hat, ist nicht bekannt.

D1 Steckbrief von Olympe de Gouges:
Name: Olympe de Gouges, eigentlich Marie Gouze
Geboren: Am 7. Mai 1748 in Südfrankreich als uneheliche Tochter der Wäscherin Anne-Olympe Mouisset. Ihre Mutter heiratete 1756 den Metzger Pierre Gouze.
Heirat: Als 17-Jährige wurde sie von ihrer Mutter und ihrem Stiefvater mit Louis-Yves Aubry verheiratet. Dieser arbeitete bei einem Adligen in Paris als Küchenchef. 1766 wurde ihr Sohn Pierre geboren.
Beruf: Nach einem intensiven Selbststudium wurde sie Schriftstellerin; sie hatte in Paris Zugang zu Salons, in denen die politischen Fragen der Zeit diskutiert wurden. Sie verfasste vor allem Theaterstücke, aber auch Romane und politische Schriften.
Gestorben: Sie wurde im Sommer 1793 verhaftet, zum Tode verurteilt und am 3. November 1793 auf der Place de la Concorde in Paris hingerichtet.

Aufgaben

1 Bearbeite die Textquelle Q1 nach den methodischen Arbeitsschritten 1–4.

2 Lies nochmals das Kapitel über die Erklärung der Menschenrechte durch (S. 76–77). Führe nun die methodischen Arbeitsschritte 5–7 aus.

3 Formuliere einen kurzen Lexikonartikel zur Person Olympe de Gouges (Q3, D1).

4 Untersuche, wodurch sich Q1 von der Erklärung der Menschenrechte vom 26. August 1789 unterscheidet (S. 76: Q1).

5 Ist die Position von Olympe de Gouges heute noch aktuell? Was hätte dafür gesprochen, sie im Pantheon zu ehren? Erläutere deine Meinung.

KV 5 Methode

5 | Frankreich wird Republik

Der König verkleidet sich als Diener, seine Frau als Dienerin. Mit gefälschten Pässen besteigen sie gegen Mitternacht eine Kutsche und verlassen heimlich die Hauptstadt. Sie haben Angst – vor ihrem eigenen Volk!

Q1 König Ludwig XVI. wurde 1774 im Alter von 20 Jahren König. Das Gemälde aus dem Jahr 1777 zeigt Ludwig im Krönungsmantel.

konstitutionelle Monarchie
Der König ist als Staatsoberhaupt an eine Verfassung (Konstitution) gebunden. Seine Macht wird durch eine Volksvertretung (Parlament) eingeschränkt.

Republik
(lat. «res publica» = die öffentliche bzw. gemeinsame Sache) Bei dieser Staatsform wird das Volk als höchste Gewalt angesehen. Regierung und Parlament werden nur auf Zeit gewählt.

Guillotine
So heisst das Fallbeil zur Enthauptung von Menschen, das der Arzt Guillotin erfunden hat, um Hinrichtungen zu beschleunigen.

«Holt den König zurück!»
Am Morgen des 21. Juni 1791 gibt es in ganz Paris nur ein Thema: Ludwig XVI. und Marie-Antoinette haben sich davongemacht. Reiter der Nationalgarde verfolgen sie schon: Der König darf nicht ins Ausland entkommen. Wenn er die Monarchen Europas zu einem Krieg gegen Frankreich aufhetzt, ist die Revolution verloren.

Die Macht des Königs wird beschränkt
60 Kilometer vor der Grenze wird Ludwig erkannt, festgehalten und unter Beschimpfungen nach Paris zurückgebracht. Viele Bürger fragen sich: Braucht man noch einen König? Die radikalen Abgeordneten der Nationalversammlung fordern seine Absetzung. Doch die Gemässigten setzen sich durch: Am 3. September 1791 wird Frankreich eine konstitutionelle Monarchie. Der König bleibt Staatsoberhaupt, muss aber einen Eid auf die neue Verfassung leisten.

«Das Vaterland ist in Gefahr!»
Die Monarchen von Österreich und Preussen sowie die ins Ausland geflohenen französischen Adligen sind gegen die Entmachtung des Königs. Sie wollen ihm zu Hilfe kommen, Frankreich angreifen und die Revolution beenden. Die Nationalversammlung erklärt im April 1792 Österreich den Krieg, aber die ausländischen Truppen marschieren gegen Paris zu. In der Not ruft die Nationalversammlung Freiwillige zu den Waffen. Zehntausende junger Männer melden sich: Sie wollen die Revolution retten und die Ideen von Freiheit und Gleichheit in ganz Europa verbreiten!

Die Monarchie stürzt
Ludwig XVI. hat der Kriegserklärung zugestimmt, verhandelt aber insgeheim mit seinem Schwager, dem Kaiser in Wien. Preussen und Österreich rufen die Franzosen auf, die Revolution zu beenden. Sie drohen damit, Paris zu zerstören, wenn dem französischen König etwas geschehen sollte. Doch der Aufruf erreicht das Gegenteil: Am 10. August stürmen empörte Revolutionäre das Königsschloss in Paris. Rund 700 Soldaten verlieren das Leben. Auch die Schweizer Garde, seine letzte Truppe, wird dabei niedergemetzelt. Ludwig wird seines Amtes enthoben und ins Gefängnis gebracht.

Der König wird hingerichtet
Im September wird eine neue Nationalversammlung gewählt. Jetzt sind die Gegner der Monarchie in der Mehrheit. Der Konvent, wie sich die neue Versammlung nennt, setzt den König ab und erklärt Frankreich am 22. September 1792 zur Republik. Ludwig wird wegen Landesverrats angeklagt und zum Tode verurteilt.

Q2 Der spanische Gesandte in Frankreich berichtet über die Rückkehr des Königs nach Paris am 25. Juli 1791:

Sobald sich der Wagen näherte, folgte eine tiefe Stille auf das wütende Geschrei. Dieses Schweigen war aber kein Ausdruck des Mitleids, sondern begleitete ein sehr bezeichnendes Verhalten: Ohne wegen ihres Monarchen das geringste Aufsehen zu machen, blieben die Zuschauer mit bedecktem Haupt stehen und zwangen diejenigen, die aus Anstand oder Gewohnheit den Hut abgenommen hatten, ihn wieder aufzusetzen. Die Truppe blieb beim Vorbeifahren des königlichen Wagens Gewehr bei Fuss stehen, um anzuzeigen, dass sie ihm nicht die Ehre erwies; dann präsentierte sie und schlug die Trommel, um den Postmeister von Saint-Menehould und seine Kollegen, die den König auf seiner Flucht angehalten hatten, (…) feierlich zu empfangen.

Q3 Nachdem Ludwig XVI. am 21. Januar 1793 mit der Guillotine hingerichtet worden war, berichtete eine Zeitung, der König sei ängstlich gewesen. Der Henker Sanson äusserte sich dagegen so:

(Der König hielt) es nicht für nötig (…), dass man ihm die Hände band. Er machte auch den Vorschlag, sich selbst die Haare abzuschneiden. Und, um der Wahrheit die Ehre zu geben, er hat all das mit einer Kaltblütigkeit und Festigkeit mitgemacht, die uns alle erstaunt hat. Ich bleibe ganz überzeugt, dass er diese Festigkeit aus den Prinzipien der Religion geschöpft hatte.

Q4 Die königliche Familie wird unter Bewachung der Nationalgarde in das königliche Schloss nach Paris zurückgebracht (zeitgenössischer Stich).

Q5 Hinrichtung Ludwigs XVI. (zeitgenössischer Stich)

Aufgaben

1 Nenne zu den folgenden Jahreszahlen die Wohnorte der königlichen Familie: bis zum 5. Oktober 1789, 5. Oktober 1789 bis zum 10. August 1792, seit dem 10. August 1792 (VT4, Q4, S. 77: Q2).

2 Zeichne einen Zeitstrahl, auf dem du drei Staatsformen Frankreichs bis 1792 einträgst.

3 Der König von Preussen teilt in einem Eilbrief dem Kaiser in Wien mit, wie er nach dem 3. September 1791 über die Lage in Frankreich denkt. Verfasse den Brief (VT2, VT3).

4 Hat König Ludwig sein Land verraten? Formuliere eine kurze Begründung für die Anklage des Königs (VT1, VT4, VT5).

5 Beurteile, ob Ludwigs Tod aus der Sicht der Revolutionäre nötig war.

6 Die Revolution wird radikaler

Begeistert ziehen im Sommer 1793 Tausende von jungen Männern in den Krieg: um die Revolution zu retten und um ihre Ideen in ganz Europa zu verbreiten. Bald beginnt aber in Paris eine Herrschaft des Schreckens. Was bedeutet das?

Q1 Maximilien Robespierre (1758–1794) war ein ehrgeiziger Rechtsanwalt, der sich 1789 als Abgeordneter des dritten Standes wählen liess. Im Sommer 1793 stürzte er ehemalige Verbündete im Konvent, die sich gegen den übertriebenen Terror aussprachen. Mit Unterstützung der radikalen Jakobiner regierte er bis zum Juli 1794 diktatorisch. Von Robespierre gibt es viele zeitgenössische Bilder. Der Maler dieses Porträts ist unbekannt.

Gleichheit
Die Aufklärer hatten vor allem die politische und rechtliche Gleichheit aller Menschen im Sinn. Während der Französischen Revolution wandelte sich der Inhalt des Begriffs. Unter «Gleichheit» verstanden jetzt die ärmeren Schichten vor allem wirtschaftliche Gleichheit. Sie wollten die Eigentumsunterschiede verringern.

Jakobiner
So nannte sich eine radikale politische Gruppe, die zu ihren Sitzungen in einem ehemaligen Sankt-Jakobs-Kloster zusammenkam.

Volksheer für die Revolution
Die Hinrichtung Ludwigs XVI. hatte die Herrscher Europas entsetzt. Nun schlossen sich die Könige von Preussen, Holland, England, Spanien sowie der Kaiser von Österreich zu einer mächtigen Koalition zusammen. Ihre Heere drangen von Norden, Osten und Süden vor. Gleichzeitig kam es in vielen Provinzen Frankreichs zu Aufständen. In manchen Gegenden brach die Versorgung mit Lebensmitteln völlig zusammen, und in den Städten hungerten die Menschen wieder.

Gegen die Armeen der europäischen Monarchen mobilisierte die Regierung in Paris ein riesiges Volksheer. Jeder erwachsene Franzose wurde zum Wehrdienst verpflichtet. Viele meldeten sich freiwillig. Sie kämpften nicht für Geld, sondern für ihr Vaterland.

Den Hunger mit Gesetzen bekämpfen
Auch in Paris hungerten die Menschen. Ihr Zorn richtete sich gegen «Schieber und Spekulanten», die das Getreide knapp hielten und die Preise hochtrieben. So sahen es jedenfalls die einfachen Leute. Da die Regierung immer mehr von deren Zustimmung abhing, legte sie durch ein Gesetz Höchstpreise für lebenswichtige Güter fest. Die Folge war, dass Lebensmittel auf den offiziellen Märkten noch knapper wurden. Wer konnte, besorgte sie sich auf dem Schwarzmarkt zu enormen Preisen.

Die Macht der Strasse
Das ärgerte vor allem die Handwerker, Arbeiter, Marktfrauen, Wäscherinnen, Tagelöhner und Kleinhändler. Sie wussten oft nicht, wie sie Brot, Salz und Zucker besorgen sollten. Die Radikalsten unter ihnen, die Sansculotten, terrorisierten bald jeden auf der Strasse, den sie für einen «Reichen» hielten.

Sommer 1794 – «der grosse Schrecken»
In der Regierung setzten sich die radikalsten Jakobiner durch: Ihr Anführer war der Rechtsanwalt Robespierre. Er liess alle verfolgen, die er für Gegner der Revolution hielt. Überall gab es Spitzel, die «Verdächtige» anzeigten. Wer vor eines der Revolutionsgerichte kam, war der reinen Willkür ausgesetzt. «Tod durch die Guillotine», lautete oft ihr Urteil.

Robespierre stützte seine Herrschaft auf eine radikale Mehrheit im Konvent und auf die Sansculotten. Sein Ziel der Revolution war auch das ihre: die «Gleichheit» aller Bürger – auf Kosten der «Reichen». Wer sich ihm in den Weg stellte, wurde vernichtet. Am Ende hatte jeder Angst. Bald verschworen sich aber einstige Anhänger gegen ihn selber: Am 28. Juli 1794 wurde Robespierre mit der Guillotine hingerichtet. Eine neue Regierung, das Direktorium, wurde eingesetzt. In Frankreich begann eine neue Zeit.

1789 bis 1900 | Die Schweiz im revolutionären Europa

Q2 Vor die Revolutionsgerichte zerrte man angebliche «Feinde der Republik». Das waren erst Adlige und Priester, dann reiche Bürger und gemässigte Abgeordnete des Konvents, am Ende auch Sansculotten und Jakobiner, die sich kritisch äusserten. In einem zeitgenössischen Bericht heisst es dazu:

Verhöre und Verteidigungen gibt es nicht mehr. Zeugen werden keine vernommen. Wer im Gefängnis sitzt, ist bereits zum Tode verurteilt. Der öffentliche Ankläger kommt kaum
5 mehr zur Ruhe. In einem Raum neben seinem Büro wirft er sich nachts für einige Stunden auf seine Pritsche, um dann aufgeschreckt wieder an den Schreibtisch zu wanken. (…) Es gibt Verhandlungen, wo 100 oder 150 Ange-
10 klagte schon vor der Verhandlung als schuldig in die Listen eingetragen wurden. (…) Der eine Richter vertreibt sich die Zeit damit, Karikaturen der Angeklagten zu zeichnen, andere sind oft betrunken.

D1 Von der Schreckensherrschaft zum Direktorium:
1793/94: Robespierre herrscht mithilfe der radikalen Jakobiner.
28. Juli 1794: Robespierre und andere Radikale werden hingerichtet. Die Revolutionsgerichte
5 werden abgeschafft, die Jakobiner verboten.
1795: Eine neue Verfassung entzieht allen Bürgern, die keine Steuern zahlen, das Wahlrecht. Im Konvent sind nun die Gemässigten und die Reichen in der Mehrheit. Sie beschliessen
10 Gesetze, die das Eigentum schützen. Eine Regierung aus fünf Direktoren sorgt dafür, dass im Land Ordnung herrscht.

Q3 Sansculotten mit Säbel, Pike und Kokarde (zeitgenössische Radierungen). «Sansculotte» bedeutet «ohne Kniehose». Männer aus dem einfachen Volk trugen diese langen Hosen. Adlige und Reiche hingegen trugen Kniehosen. Mit einer Kokarde, einem Abzeichen in den Farben Blau-Weiss-Rot, zeigte man ab 1789 seine revolutionäre Gesinnung.

Konvent
Neuer Name der französischen Nationalversammlung seit September 1792. Der Konvent wirkte als gesetzgebende Versammlung bis 1795.

Direktorium
Regierung Frankreichs 1795–1799. Sie begünstigte das Besitzbürgertum und bekämpfte sowohl die Anhänger der alten Monarchie als auch die Jakobiner.

Aufgaben

1 Nenne die drei Krisen des Jahres 1793 (VT1).

2 Erkläre, wodurch sich das französische Heer von den Heeren der anderen europäischen Monarchen unterschied (VT1).

3 Nenne die Phasen der Revolution aus D1. Erkläre, wodurch sie sich unterscheiden.

4 Arbeite heraus, wer im Sommer 1794 in Frankreich als verdächtig gilt (VT4).

5 Verfasse einen Lexikonartikel zum Begriff «Sansculotten» (VT3, Q3).

6 Stelle dar, mit welchen Mitteln Robespierre seine Herrschaft sicherte (VT4, Q2).

7 Vergleiche die Kleidung von Robespierre in Q1 mit derjenigen des Sansculotten in Q3. Was fällt dir auf? Formuliere Vermutungen, die die Unterschiede erklären können.

KV 6
Arbeitsblatt

Methode

7 | Bilder zum Lernen nutzen

Jean-Paul Marat (1743–1793)
war Mitglied des Konvents und einer der radikalsten Führer der Jakobiner. Er war Arzt und im Volk sehr beliebt. Seit 1789 gab er eine eigene Zeitschrift heraus. 1793 forderte er darin, dass über 800 Galgen errichtet werden müssten, um die Verräter und Verschwörer zu vernichten. Sonst sei die Revolution nicht mehr zu retten.

Charlotte Corday (1768–1793),
eine französische Adlige, war eine Anhängerin der gemässigten Republikaner und verabscheute den jakobinischen Terror. Die extreme Position des Volkshelden Marat gefährdete in ihren Augen den Zusammenhalt des Landes und die Revolution.

Q1 Der Tod des Marat, Gemälde von Jacques-Louis David, 1793. «Ich habe einen Mann getötet, um hunderttausend zu retten.» Das soll Charlotte Corday, die Jean-Paul Marat getötet hat, vor Gericht ausgesagt haben. Wie kam sie zu dieser Aussage?

1789 bis 1900 | Die Schweiz im revolutionären Europa

Bilder aus der Zeit heraus verstehen

Bilder halten Momente fest. Sie zeigen uns oft etwas Wichtiges, das in der Vergangenheit stattgefunden hat. Bilder sind also wertvolle Quellen, wenn wir etwas über die Menschen aus früheren Zeiten erfahren möchten. Sie zu lesen und zu verstehen, ist aber nicht einfach. Maler und Zeichner hatten eine bestimmte Meinung von der Welt, in der sie lebten. Sie malten, um zu informieren, um andere zu beeinflussen, um sie zu überzeugen oder um auf eine Situation aufmerksam zu machen. Sie unterstützten eine Sache oder lehnten etwas ab. Ein einzelnes Bild zeigt also nicht unbedingt, wie es wirklich war, sondern wie die Menschen ihre Wirklichkeit sehen wollten.

Arbeitsschritte: Bilder zum Lernen nutzen

Wahrnehmen

1 Beschreibe deinen ersten Eindruck vom Bild.

2 Nenne Einzelheiten, die du auf dem Bild siehst.

Erschliessen

3 Finde heraus, welche Person, welches historische Ereignis, welche Gegenstände dargestellt werden. Hierfür benötigst du vielleicht Zusatzinformationen.

4 Arbeite heraus, wann das Bild gemalt wurde und von wem.

Orientieren

5 Erläutere Folgendes:
– Bildaufbau (Bildteile, Vorder-, Mittel-, Hintergrund, besondere Anordnung)
– Figurendarstellung (Körperhaltung, Blickrichtung, Darstellung des Gesichts und der Körperhaltung, Mimik, Gestik)
– Grössenverhältnisse
– Licht- und Farbwirkungen

6 Erkläre, was das Bild in der damaligen Zeit aussagen wollte.

13. Juli 1793	14. Juli 1793	17. Juli 1793
Charlotte Corday erstach Jean-Paul Marat in seinem Haus mit einem Küchenmesser. Zum Zeitpunkt des Mordes sass Marat in einer Badewanne und beantwortete Briefe. Wegen einer Hautkrankheit war er auf kühlende Bäder zur Linderung seines Leidens angewiesen.	Jacques-Louis David, ein Maler und Anhänger der Jakobiner, erhielt vom Konvent den Auftrag, ein Bild von Jean-Paul Marat zu malen.	Charlotte Corday wurde nach einem Prozess öffentlich unter der Guillotine hingerichtet. Sie bekannte sich ausdrücklich zu ihrer Tat.

D1 Wichtige Ereignisse

Aufgaben

1 Betrachte das Bild anhand der Arbeitsschritte 1 und 2. Notiere dir Stichwörter.

2 Untersuche Q1 genauer. Gehe nach den Arbeitsschritten 3 und 4 vor. Die Bildlegende, die Personeninformationen sowie D1 helfen dir.

3 Bearbeite nun Arbeitsschritt 5. Erstelle dazu eine Skizze des Gemäldes und beschrifte sie.

4 Versuche, das Bild nach Arbeitsschritt 6 zu deuten.

5 Erläutere, warum es nicht einfach ist, historische Bilder zu verstehen (VT1).

6 Wie könnte sich Charlotte Corday vor dem Revolutionsgericht verteidigt haben? Entwirf eine kurze Rede, die ihre Position zum Ausdruck bringt.

KV 7
Methode

8 | Die Helvetische Republik

Die Französische Revolution hatte auch grosse Auswirkungen auf die Schweiz. 1798 wurde die Alte Eidgenossenschaft radikal umgebaut: von einem lockeren Staatenbund zu einem zentralistischen Einheitsstaat. Wie kam es dazu?

Staatenbund
Zusammenschluss von selbstständigen Staaten (auch Kantonen). Die miteinander verbündeten Staaten bleiben grundsätzlich souverän. Beispiele: UNO (Vereinte Nationen), NATO (westliches Militärbündnis: Nordatlantikpakt).

Einheitsstaat
Ein Staat, in dem die Staatsgewalt über das gesamte Staatsgebiet zentral ausgeübt wird. In diesem Staat gibt es keine Gliedstaaten.

Die Alte Eidgenossenschaft fällt in sich zusammen

Die Alte Eidgenossenschaft war im 18. Jahrhundert noch kein einheitlicher Staat. 13 Kantone bildeten einen lockeren Staatenbund. Sie waren innenpolitisch zerstritten. Es gab viele Konflikte zwischen Katholiken und Reformierten, zwischen Stadt und Land sowie zwischen den Kantonen und ihren Untertanengebieten. Wenige Familien herrschten sowohl in den Städten als auch auf dem Land über die Bevölkerung. Am wenigsten Rechte hatten die Untertanen. Gerade hier wurde die Französische Revolution aufmerksam verfolgt. Die Aussicht auf Freiheit und Gleichheit war verlockend.

Der Druck von Frankreich steigt

Auch von aussen stieg der Druck auf die Alte Eidgenossenschaft. Die revolutionäre Regierung Frankreichs wollte das Gebiet der Schweiz in ihre Abhängigkeit bringen. Die strategische Verbindung zwischen Frankreich und Italien, aber auch die gefüllten Staatskassen der Schweizer Kantone waren ausschlaggebend. Trotz der immer bedrohlicheren Lage gelang es den Kantonen nicht, sich auf eine gemeinsame Verteidigung zu einigen. Die Franzosen marschierten ein. Solothurn und Freiburg kapitulierten, Bern wurde von den Franzosen erobert und der Rest der Kantone gab vorerst praktisch kampflos auf. Nun ging alles sehr schnell.

Ein Einheitsstaat entsteht: die Helvetische Republik

Unter französischer Aufsicht wurde am 12. April 1798 in Aarau die Helvetische Republik ausgerufen. Gleichzeitig leistete Nidwalden noch heftig Widerstand. Dieser wurde von den Franzosen brutal niedergeschlagen. Die neue helvetische Verfassung entsprach den Vorstellungen der französischen Regierung. Alle männlichen Bewohner der Schweiz wurden für frei und gleich erklärt. Damit waren die Untertanenverhältnisse abgeschafft. Individuelle Freiheitsrechte wie Religions-, Handels-, Niederlassungs- und Pressefreiheit wurden eingeführt. Eine neue, einheitliche Währung – der Schweizer Franken – sollte Handel und Warentransport vereinfachen. Alles musste einheitlich und zentral geregelt werden. So wurde die Schweiz auch in neue Kantone aufgeteilt, die alle ungefähr gleich gross waren. Die Schweiz wurde in kürzester Zeit radikal zu einem zentralistischen Einheitsstaat umgebaut. Die Bevölkerung akzeptierte diese neue Staatsform jedoch nicht. Bereits nach vier Jahren löste sich die Helvetische Republik in Bürgerkriegen auf.

Q1 Die Franzosen ziehen 1798 plündernd durch die Schweiz (Radierung 1798).

1789 bis 1900 | Die Schweiz im revolutionären Europa

Q2 Der französische General Brune leitete die Militäraktion gegen die Eidgenossenschaft. Im Februar 1798 richtete er sich an den Kanton Bern sowie die anderen eidgenössischen Orte und versuchte seine Pläne zu rechtfertigen:

Nein, die französische Republik will nichts von alledem sich aneignen, was zur helvetischen Eidgenossenschaft gehört. (…) Fern sei also von Euch jede Sorge über Eure persönliche Sicherheit, Euer Eigentum, Euren Gottesdienst, Eure politische Unabhängigkeit, über die Integrität [Unversehrtheit] Eures Gebietes. Die französische Regierung, deren Organ ich bin, verbürgt sich für Euch. Seid frei! Die französische Republik lädt Euch dazu ein; die Natur befiehlt es Euch; und um es zu sein, braucht Ihr nur zu wollen!

Q3 Der bekannte Zürcher Pfarrer Johann Kaspar Lavater schrieb der französischen Regierung einen offenen Brief (1798):

Freiheit, Gleichheit, Menschenrecht, Menschlichkeit sind die Aushängeschilder zu allen Dekreten [Befehlen] und Publikationen der Nation. Es wird also kein Verbrechen sein, mit Freiheit ein humanes Wort mit der gepriesenen Mutter der Freiheit zu sprechen. (…) Macht gibt kein Recht. Hunderttausende Bewaffnete sind nicht ein Grund für die Vernunft, dass etwas Ungerechtes gerecht sei. Frankreich hat kein Recht als das Tyrannenrecht des Stärkeren, in Helvetien einzudringen, um, wie es sagte, die Aristokratie zu stürzen. (…) Ihr Franken kamet als Räuber und Tyrannen in die Schweiz! Ihr führtet Krieg wider das Land, das euch nicht beleidigte.

Untertanen
Personen, die von einem Herrscher ganz abhängig sind. Sie sind zu Gehorsam verpflichtet und nicht persönlich frei.

Bürgerkrieg
Ein Krieg, der zwischen verschiedenen Gruppen innerhalb der eigenen Staatsgrenzen ausgetragen wird.

Q4 Eine 16-Franken-Münze der Helvetischen Republik, 1800

Q5 Eine 1-Franken-Münze, 2011

Aufgaben

1 Was stellt Q1 dar? Beschreibe.

2 Nenne verschiedene Gründe für das Interesse Frankreichs an der Eidgenossenschaft (VT2, Q1).

3 Vergleiche Q4 und Q5. Liste Gemeinsamkeiten und Unterschiede auf.

4 Arbeite Unterschiede zwischen dem Staatenbund der Alten Eidgenossenschaft und dem Einheitsstaat der Helvetik heraus (VT1, VT3).

5 Was könnte in Q1 die Schweizer Frau, die ein Kind an der Hand hält, zum französischen Soldaten sagen? Verfasse ein kurzes Gespräch zwischen den beiden.

6 Stelle die Hauptargumente von General Brune (Q2) und Pfarrer Lavater (Q3) in je einem Satz einander gegenüber. Wem stimmst du eher zu?

7 Vergleiche Q1 mit Q2. Was fällt dir auf? Nenne und begründe die Unterschiede.

KV 8–9 Karte

9 Napoleon wird Kaiser der Franzosen

Der italienische Vorname «Napoleone» war kaum bekannt, bevor der Korse Bonaparte als erster Nichtadliger Kaiser wurde und seinen Vornamen zu seinem Titel machte: Napoleon I.

Q1 Bonaparte als Oberbefehlshaber der Italienarmee 1796 während der Schlacht von Arcole. Das zeitgenössische Ölgemälde hält den Augenblick fest, als der junge General mit einer Fahne in der Hand seine Soldaten persönlich zum Sieg führt.

Konsulat
So bezeichnet man die Regierung des Generals Napoleon Bonaparte zwischen 1799 und 1804.

Kaiserreich
In Frankreich: die Herrschaft Napoleons zwischen 1804 und 1815. In Deutschland: die Zeit von 1871 bis 1918.

Offiziersschüler des Königs
Napoleon wird 1769 auf der Insel Korsika geboren. Weil er begabt ist, bekommt er mit neun Jahren einen Platz an einer der staatlichen Schulen, dann an einer Militärschule. Seine Lieblingsfächer sind Geschichte und Mathematik. 1785 wird er zum Leutnant der Artillerie befördert.

Hauptmann unter Robespierre
Im September 1793 macht Napoleon zum ersten Mal auf seine Fähigkeiten aufmerksam: Die Engländer haben die Hafenstadt Toulon am Mittelmeer besetzt. Ein junger Hauptmann der französischen Belagerungsarmee lenkt das Feuer seiner Kanonen geschickt auf die Stellungen der Engländer und zwingt sie zum Abzug. Der Offizier ist Napoleon. Man befördert ihn zum General. Doch nach dem Sturz Robespierres ist der junge General ohne Beschäftigung.

General des Direktoriums
Ein Jahr später lernt er Joséphine de Beauharnais (sprich: Boarnä) kennen, die mit einem Mitglied des Direktoriums befreundet ist. Napoleon heiratet sie und bekommt ein militärisches Kommando. 1795 schlägt er einen Aufstand der Königsanhänger in Paris brutal nieder. 1796 erhält er das Kommando über die Italienarmee, die gegen Österreich kämpft. 1798 schickt ihn das Direktorium mit einer Armee nach Ägypten. Dort soll er die Handelswege der Engländer nach Indien unterbrechen.

Erster Konsul
Der ehrgeizige General kehrt 1799 aus Ägypten zurück und nutzt seinen Ruhm, um die Regierung zu stürzen. Eine neue Verfassung macht ihn zum Staatschef. Nun treibt er energisch die Reform des Staates voran: Bonaparte zentralisiert die Verwaltung. Er sorgt für eine stabile Währung, vereinheitlicht Masse und Gewichte, gründet staatliche Gymnasien und Universitäten, um fähige junge Leute für Verwaltung und Militär heranzuziehen. Vor allem aber lässt er ein einheitliches bürgerliches Recht ausarbeiten, den Code civil. Arbeiter finden beim Bau neuer Strassen und Kanäle Beschäftigung, Unternehmer verdienen an Staatsaufträgen gut. Freiheit gewährt Bonaparte allerdings nicht: Zeitungen dürfen nicht frei berichten, und die Spitzel der Polizei überwachen das Volk.

Kaiser der Franzosen
Damit seine Herrschaft rechtmässig erscheint, lässt er das Volk von Zeit zu Zeit abstimmen: 1802 wird er so Konsul auf Lebenszeit, 1804 Kaiser der Franzosen. Napoleons wirkliche Macht ist das Militär, das er durch Siege über die Armeen Europas an sich bindet.

1789 bis 1900 | Die Schweiz im revolutionären Europa

Q2 Kaiserkrönung, 2. Dezember 1804
(Ausschnitt aus einem Gemälde von Jacques-Louis David, 1809). Napoleon krönt erst sich selbst, dann seine Frau Joséphine. Papst Pius VII. hat das Kaiserpaar zuvor mit «heiligem Öl» gesalbt. Er war eigentlich nach Paris gekommen, um die Krönung selbst vorzunehmen.

Q3 Aus dem Code civil von 1804:
Art. 213: Der Mann schuldet der Frau seinen Schutz, die Frau ihrem Manne Gehorsam.
Art. 371: Das Kind muss seinem Vater und seiner Mutter ein Leben lang Ehre erweisen.
Art. 372: Es bleibt unter ihrer elterlichen Gewalt bis zu seiner Volljährigkeit (mit 21 Jahren).
Art. 373: Allein der Vater übt diese elterliche Gewalt während der Ehe aus.
Art. 374: Das Kind darf das väterliche Haus ohne Erlaubnis des Vaters nicht verlassen, es sei denn, um sich nach Vollendung des 18. Lebensjahres in die Freiwilligenlisten (der Armee) einzuschreiben.
Art. 376: Bis zur Vollendung des 16. Lebensjahres darf der Vater es für einen Zeitraum von höchstens einem Monat einsperren lassen.
Art. 545: Niemand kann dazu gezwungen werden, sein Eigentum abzutreten, es sei denn, es geschieht zum öffentlichen Nutzen und dann gegen eine vorhersehbare und angemessene Entschädigung.

Code civil
Eine Sammlung von Gesetzen, welche die Rechte der Personen, der Güter und des Eigentums in Frankreich festlegte. Er wurde unter der Herrschaft von Napoleon erschaffen und war lange Zeit das fortschrittlichste Gesetzbuch überhaupt.

Aufgaben

1 Zeichne einen Zeitstrahl zu Napoleons Karriere (VT1–VT5). Trage auch das jeweilige Lebensalter Napoleons ein.

2 Finde in VT1–VT5 Eigenschaften und Fähigkeiten Napoleons. Überlege dir weitere, die zu ihm passen würden, z. B. mithilfe von Q1.

3 Beschreibe, wie Napoleon Frankreich zu einem modernen Staat machte (VT4).

4 Napoleon diente als General der republikanischen Regierung. Beurteile, ob er selbst ein Anhänger der Revolution war (VT3, VT4).

5 Begründe, warum man Napoleons Herrschaft auch als Militärdiktatur bezeichnet (VT4, VT5).

6 Beschreibe das Gemälde zur Kaiserkrönung (Q2). Achte besonders auf die Haltung des Papstes.

7 Bewerte die Bestimmungen des Code civil aus der Sicht des Jahres 1804 und aus heutiger Sicht (VT4, Q3, Lexikon).

8 Eine engagierte Frauenrechtlerin der Revolution schreibt einen Brief an Napoleon. Sie lehnt die Artikel 213 und 373 ab. Schreibe ihre Begründung (Q3 und S. 78: Q1).

9 Beurteile: Frankreich war 1789 eine Monarchie und ist 1804 wieder eine Monarchie. War die Revolution also umsonst?

KV 10 Arbeitsblatt

10 | Napoleon ordnet Europa neu

1801/02 schloss Napoleon mit Österreich, England und seinen übrigen Gegnern Frieden. Die Menschen in Europa atmeten auf. Endlich schienen die Kriege vorbei. Aber es kam anders.

Der Krieg geht weiter

Schon 1803 begann der Krieg zwischen England und Frankreich aufs Neue. England duldete Frankreichs Vorherrschaft auf dem europäischen Kontinent nicht. Russland und Österreich schlossen sich England an. Da die englische Flotte stärker war als die französische, konnte Napoleon England nicht direkt angreifen. So wandte er sich gegen Österreich und Russland. 1805 besiegte er beide und 1806 auch noch Preussen. Damit hatte er alle Grossmächte auf dem Kontinent besiegt. Als er 1808 auch Spanien unter seine Kontrolle gebracht hatte, reichte seine Macht von Gibraltar bis nach Russland. Gegen England verhängte er 1806 eine Kontinentalsperre: Kein Land unter seiner Herrschaft durfte mehr Handel mit England treiben. Damit wollte er die Engländer in die Knie zwingen.

Das neue Europa Napoleons

Durch eine neue Ordnung Europas wollte Napoleon die Vorherrschaft Frankreichs sichern. Sein Machtzentrum war das bis zum Rhein vergrösserte Kaiserreich Frankreich. Hier regierte er selbst. In einigen anderen Ländern – z. B. Spanien, Neapel, Westfalen – setzte er Verwandte als Herrscher ein. Die Fürsten in Süd- und Westdeutschland gründeten auf seinen Wunsch hin den Rheinbund. Sie erkannten Napoleon als ihren Schutzherrn an und mussten ihm im Kriegsfall Soldaten stellen. Auch die Grossmächte Russland, Österreich und Preussen machte Napoleon zu abhängigen Vasallen und zwang sie, die Kontinentalsperre zu befolgen. Aus Teilen ihrer Länder schuf er 1807 das polnische Grossherzogtum Warschau als seine verlässliche Stütze im Osten.

D1 Europa zur Zeit Napoleons

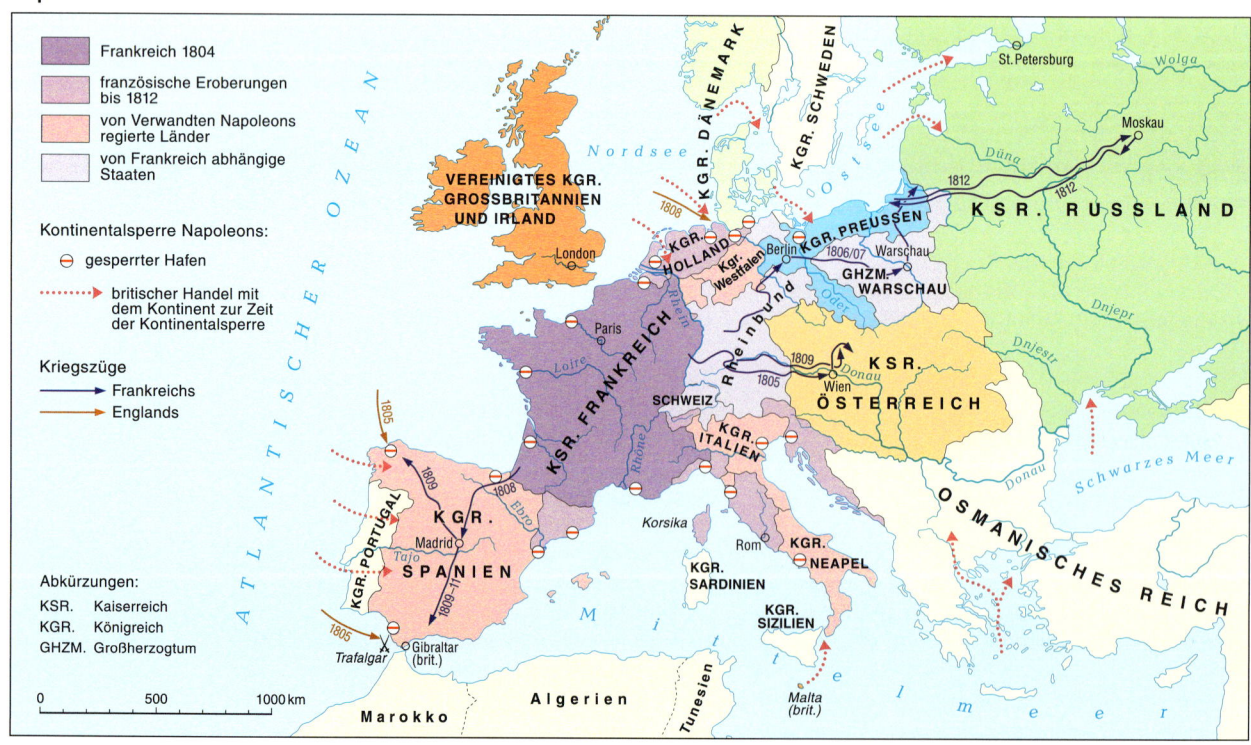

1789 bis 1900 | Die Schweiz im revolutionären Europa

Q1 Napoleon und sein Minister Talleyrand als Lebkuchenbäcker, englische Karikatur, 1806. Wie ein Bäcker mit Teigfiguren geht Napoleon ① mit den Herrschern Europas um. Er beseitigt unliebsame Herrscher ② und backt sich neue Vasallen ③, indem er ihnen nach Belieben Titel und Land gibt. Talleyrand ④ hilft ihm beim «politischen Durchkneten» Europas.

Q2 Napoleon auf einem Treffen mit den Fürsten Europas in Erfurt 1808, sein Minister Talleyrand berichtet darüber:

Eine unermessliche Menschenmenge füllte die Strassen (…). Jeder wollte den Mann sehen, (…) der Kronen und Throne verteilte und der die Geschicke Europas, Freude und Hoffnung, Not und Elend in seiner allmächtigen Hand hielt. Drei Menschen sind auf der Erde wohl am höchsten gefeiert worden: Augustus, Ludwig XIV. und Napoleon. (…) Die Huldigungen, die man ihm darbrachte, sowohl die aufrichtigen als auch die gezwungenen und erheuchelten, gingen – ich finde kein Wort dafür – ins Ungeheuerliche. (…) In Erfurt habe ich gesehen, dass nicht allein die blöde Menge dem Gewaltigen schmeichelte und vor ihm im Staube kroch, sondern dass auch die Fürsten, die noch auf ihrem Thron sassen, aber in steter Gefahr schwebten, durch ihren sogenannten Schutzherrn gestürzt zu werden, aus Angst sich zu der elendesten Schmeichelei und Augendienerei erniedrigten. Sie küssten die Hand, die sie heute oder morgen vernichten konnte.

Aufgaben

1 Liste auf, welche Feldzüge Napoleon 1805–1808 unternahm (D1, VT1).

2 Begründe, warum der Krieg nach dem Frieden von 1801/02 weiterging (VT1).

3 Erläutere, wie Napoleon die Vorherrschaft Frankreichs auf dem Kontinent sicherte (D1, VT2).

4 Erkläre, wie er England bezwingen wollte (D1, VT1).

5 Du willst die Karikatur Q1 jemandem erläutern. Schreibe einen Kommentar dazu.

6 Verfasse einen Zeitungsbericht unter der Überschrift «Viel Heuchelei in Erfurt» zu Q2.

7 Beurteile, ob die Machtstellung Napoleons in dem Augenzeugenbericht und in der Karikatur gleich oder verschieden dargestellt ist (Q1, Q2).

11 | Napoleon vermittelt in der Schweiz

Grosse Teile Europas standen unter der Herrschaft Napoleons. Auch die Helvetische Republik war abhängig von ihm. Wie ging es weiter? Konnte die Schweiz sich von der französischen Abhängigkeit lösen?

Föderalisten
Anhänger einer politischen Ordnung, die den Kantonen möglichst viel Selbstbestimmung ermöglicht. Sie werden auch Konservative genannt, da sie die alte Ordnung bewahren (lat. «conservare» = bewahren) möchten.

Zentralisten
Anhänger eines Einheitsstaates, der die Bürger gleichstellt, ihnen Freiheitsrechte gewährt und sich für eine Zentralisierung einsetzt. Als Vorbild wirken die Forderungen der Französischen Revolution. Sie werden auch Liberale (frz. «liberté» = Freiheit) genannt.

Staatsstreich
Mitglieder der bisherigen Regierung stürzen die neue Regierung und übernehmen selber gewaltsam die Macht.

Die Helvetische Republik scheitert

Es gab zahlreiche Gründe für das Scheitern der Helvetischen Republik. Überall hatten die Franzosen die Staatskassen geplündert. Das schweizerische Gebiet wurde zum Kriegsschauplatz. Die Schweiz musste der französischen Armee sogar Hilfstruppen zur Verfügung stellen. Das kostete viel Geld. Die neue helvetische Verfassung entsprach dem Willen der französischen Besatzungsmacht. Die Mehrheit der Schweizer Bevölkerung lehnte die Verfassung aber ab. Die Föderalisten wollten zum lockeren Staatenbund zurückkehren, während die Zentralisten den neuen Einheitsstaat befürworteten. Mehrere Staatsstreiche folgten aufeinander.

Die Rolle Napoleons

Wie reagierte Napoleon als französischer Machthaber darauf? 1802 zog er die französischen Truppen ab. Darauf brachen in der Schweiz verschiedene Aufstände aus. Ein Bürgerkrieg drohte die Schweiz lahmzulegen. Napoleon nahm dies als Anlass, um als Vermittler (Mediator) der Schweiz eine neue Verfassung zu diktieren: die Mediationsakte von 1803.

Mediationszeit 1803–1815

Die neue Verfassung gab den Zentralismus der Helvetischen Republik auf und schuf einen Staatenbund von wieder weitgehend selbstständigen Kantonen. Die meisten Freiheitsrechte wurden aufgehoben, die Untertanenverhältnisse blieben aber abgeschafft. Die Schweiz war weiterhin abhängig von Frankreich.

Das Ende Napoleons und der Bundesvertrag 1815

1812 marschierte Napoleon mit einer riesigen Armee, darunter auch 9000 Schweizer Soldaten, nach Russland. Seine Erwartungen schlugen fehl: Napoleon musste ohne Erfolg mit seinen Truppen umkehren. Der Rückzug wurde zur Katastrophe. Von 600 000 Soldaten überlebten nur rund 100 000, von den Schweizer Soldaten gerade 700. 1814 musste Napoleon seinen Kaisertitel abgeben. Als er 1815 noch einmal versuchte, an die Macht zu kommen, wurde er endgültig besiegt. Dies hatte für die Eidgenossenschaft direkte Folgen. Nun konnten sich die Föderalisten mit ihrer Forderung nach einer konservativen Ordnung durchsetzen. Die Mediationsakte wurde durch den Bundesvertrag von 1815 ersetzt. Die Schweiz blieb ein lockerer Staatenbund. Jedoch gelang es nicht, die Untertanenverhältnisse wieder einzuführen.

Q1 Während der Helvetischen Republik wurde die erste gesamtschweizerische Fahne geschaffen: nach dem französischen Muster als Trikolore in Grün-Rot-Gelb. Hier ein Nidwaldner Exemplar mit Wilhelm Tell und Sohn, 1798/99. (Die Farbe Rot ist verblichen.)

1789 bis 1900 | Die Schweiz im revolutionären Europa

Q2 Napoleon kommentiert 1802 in einem Flugblatt, was er von der Bevölkerung der Helvetischen Republik hält:

Bewohner Helvetiens!

Ihr bietet seit zwei Jahren ein betrübliches Schauspiel dar. Im Lauf des 10. Jahres [1802] wünschte Eure Regierung, dass man die
5 kleine Anzahl französischer Truppen zurückziehe, die in Helvetien war. Die französische Regierung ergriff diesen Anlass gerne, um Eure Unabhängigkeit zu ehren. Allein, bald nachher haben sich Eure Parteien mit neuer
10 Wut in Bewegung gesetzt; das Schweizerblut ist von Schweizerhänden vergossen worden.

Ihr habt Euch drei Jahre gezankt, ohne Euch zu verstehen. (…) Eure Geschichte beweist auch, dass Eure inneren Kriege nie anders
15 als durch die Dazwischenkunft Frankreichs enden konnten. Es ist wahr, ich hatte den Entschluss gefasst, mich nicht mehr in Eure Angelegenheiten zu mischen. (…) Ich komme auf meinen Entschluss zurück: Ich will der
20 Vermittler Eures Streites sein, und meine Vermittlung wird wirksam sein. Jeder vernünftige Mann muss überzeugt sein, dass die Vermittlung, welche ich auf mich nehme, für Helvetien eine Wohltat der Vorsehung ist.
25 Napoleon Bonaparte

Q3 «Heute mir, morgen dir» lautet der Titel der Karikatur von 1802. Verschiedene Beschriftungen helfen, die Karikatur zu verstehen. Zur ersten Szene heisst es: «Heute – 28. Okt. 1801.» Zur zweiten Szene: «Morgen – 17. April 1802.» Und zur letzten Szene steht: «Übermorgen. Der Tag, der uns erwartet, wenn wir nicht klug sind.» Dass die Karikatur in Deutsch und Französisch beschriftet ist, deutet auf die Abhängigkeit der Schweiz von Frankreich.

Aufgaben

1 Nenne verschiedene Gründe für das Scheitern der Helvetischen Republik (VT1).

2 Erläutere die Veränderungen, die die Mediationsverfassung zur Folge hatte (VT1–VT3).

3 Fasse die Hauptaussagen Napoleons in Q2 zusammen.

4 a) Welche politischen Gruppierungen und welche Person werden in der Karikatur Q3 dargestellt? Begründe deine Vermutungen.
b) Beschreibe die drei Szenen und gib ihnen je einen passenden Titel.
c) Überleg dir ein mögliches Gespräch zwischen den Personen. Spielt die Szenen nach.

5 a) Erkläre, weshalb die erste gemeinsame Schweizerfahne zur Helvetischen Republik passt (Q1).
b) Was muss in deinen Augen eine Landesfahne erfüllen? Nimm persönlich Stellung dazu.

KV 11
Karte

12 | Wien 1815 – die Fürsten ordnen Europa

Im September 1814 kamen in Wien Kaiser, Könige, Fürsten und Diplomaten aus den Staaten Europas zusammen. Ihr Ziel war es, Europa nach dem Sturz Napoleons neu zu ordnen.

Q1 Europas Herrscher auf dem Wiener Kongress, kolorierte Radierung, 1815. In der Mitte hinter dem Tisch in weisser Uniform der gastgebende Kaiser von Österreich, links neben ihm der König von Preussen und rechts der russische Zar. Vorne links steht der König von Württemberg.

Legitimität
(lat. «legitimus, legitima» = rechtmässig) Auf dem Wiener Kongress wurde die Herrschaft von Fürsten, deren Vorfahren schon regiert hatten, als legitim angesehen.

Der Wiener Kongress

Die Verhandlungen dauerten fast ein Jahr. Sie waren begleitet von einem grossen Unterhaltungsprogramm mit Bällen, Festen und Konzerten. «Der Kongress tanzt, aber schreitet nicht voran», hiess es bald spöttisch. Aber das stimmte nicht ganz. Besonders die Vertreter der grossen Staaten hatten sehr unterschiedliche Interessen. Zeitweise kam es zu gefährlichen Spannungen. Der österreichische Minister Metternich benutzte daher die Festlichkeiten geschickt dazu, die Kongressteilnehmer bei Laune zu halten und für seine Vorstellungen zu gewinnen.

Ein Bündnis gegen Veränderungen

Metternichs grosses Ziel war es, überall wieder die legitimen Herrscher in ihre alten Rechte einzusetzen. Veränderungen durch Diktatoren wie Napoleon oder durch Revolutionen sollten künftig verhindert werden. Dafür schlossen sich der Zar von Russland, der Kaiser von Österreich und der König von Preussen 1815 in der «Heiligen Allianz» zusammen. Sie versprachen einander, gegen jeden Störer der neu geschaffenen Ordnung vorzugehen. Diesem Bündnis traten bald fast alle Fürsten Europas bei.

Das europäische Gleichgewicht

Was passierte mit der Schweiz? Die Vertreter der grossen Staaten anerkannten 1815 die immerwährende Neutralität und die Unverletzbarkeit der Grenzen der Schweiz. Ein neutraler und souveräner Staat im Zentrum Europas sollte zu einem europäischen Gleichgewicht beitragen. Das entsprach den Zielen der «Heiligen Allianz». Ruhig blieb es aber im Innern der Schweiz nicht.

1789 bis 1900 | Die Schweiz im revolutionären Europa

Deutscher Bund
1815 als loser Zusammenschluss der 35 deutschen Fürstenstaaten und vier freien Städte gegründet. Die Grenzen entsprachen dem 1806 aufgelösten alten Deutschen Reich. Das Königreich Preussen und das Kaisertum Österreich waren Grossmächte im Vergleich zu den anderen Beteiligten. Zwischen den beiden entwickelte sich eine grosse Konkurrenz um die Vormachtstellung.

D1 Europa nach dem Wiener Kongress

Q2 Ein Teilnehmer des Wiener Kongresses urteilt so:

Man hat vergessen, dass diesen Krieg nicht die Herrscher, sondern die Nationen gemacht haben. Seit der Niederlage Napoleons hat man das Interesse der Nationen aus dem Auge verloren und sich nur mit den Interessen der Fürsten beschäftigt wie in den Kriegen von früher; und jetzt ist wieder alles in Verwirrung geraten, es ist zu Interessenkonflikten gekommen und es ist unmöglich geworden, alle Länder zufriedenzustellen. (…) Wenn man sich wenigstens als Grundlage die Gerechtigkeit genommen hätte, wären die Völker davon erbaut (…) und von ihrem schönen Zauber beruhigt worden; aber (…) jetzt (…) trennen sich (die Völker) immer mehr von den Herrschern.

Aufgaben

1 Beschreibe die Teilnehmer und das Geschehen auf dem Wiener Kongress (VT1, Q1).

2 Nenne Metternichs Ziele in Wien (VT2).

3 Begründe, welches Ziel ihm am wichtigsten war.

4 Nenne die Nachbarn der Schweiz in D1. Was fällt dir auf, wenn du mit einer heutigen Karte vergleichst?

5 Erkläre, inwiefern die Schweiz zum «europäischen Gleichgewicht» beitragen sollte (VT3).

6 Begründe, warum der Teilnehmer (Q2) den Kongress skeptisch beurteilt.

13 | Restauration und Regeneration

Auch nach dem Sturz von Napoleon blieb es im Innern der Schweiz unruhig. Konservative und Liberale hatten je ihre Vorstellungen, wie die Schweiz sich entwickeln müsste. Konnte sich eine Seite durchsetzen?

Q1 Diese Karikatur trägt den Titel «Aristokratenhosenlupf». Martin Disteli (1802–1844) hat sie gezeichnet. Er war Politiker und Zeichner. In seinen Karikaturen zeigt sich seine politische Position: Er war ein überzeugter Liberaler, der die Konservativen heftig kritisierte. Die Karikatur entstand 1839. (Aristokrat = Mann aus Oberschicht, Adel)

Restauration
(lat. «restaurare» = wiederherstellen) Die Konservativen versuchten nach 1815, die Zustände wieder so herzustellen, wie sie vor der Französischen Revolution gewesen waren.

Regeneration
(lat. «regenerare» = von Neuem hervorbringen) So bezeichnen die Liberalen die Phase von 1830 bis 1848, in der die Ideen der Aufklärung und der Helvetik «wiedererweckt» werden sollten.

Restauration (1815–1830)

Die Zeit nach dem Sturz von Napoleon wird in der europäischen Geschichte «Restauration» genannt. Die Anhänger der alten Ordnung versuchten überall in Europa ihre Herrschaft wiederherzustellen (lat. «restaurare» = wiederherstellen). So waren auch in der Schweiz in allen Kantonen konservative Regierungen an der Macht. Sie lehnten alle Vereinheitlichungen ab, versuchten die Landgebiete stärker unter ihre Kontrolle zu bringen und Modernisierungen zu verhindern. Auf dem Land entstanden nämlich erste Industriebetriebe entlang von Flussläufen. Vor allem Textilien, aber auch Maschinen wurden produziert. Viele Regelungen erschwerten die Produktion und den Verkauf der Waren. Den Besitzern gefiel dies nicht. Einige begannen sich für Veränderungen einzusetzen. Auch viele liberale Politiker, denen die Zeit der Helvetischen Republik und der Mediation gefallen hatte, wollten wieder mehr politische Mitbestimmung und individuelle Freiheiten.

Regeneration (1830–1848)

Nach 1830 gelang es den Liberalen, in elf Kantonen die konservativen Kantonsregierungen zu stürzen. Dies geschah meistens gewaltlos, indem die Bevölkerung eine Neuwahl der Regierungen forderte. Die neuen liberalen Kantonsregierungen führten das allgemeine Wahlrecht ein, sorgten für Rechtsgleichheit zwischen Stadt und Land und schränkten den Einfluss der Kirche ein. Auch die liberalen Grundrechte, z. B. Meinungs- und Pressefreiheit oder Handels- und Niederlassungsfreiheit, waren wieder garantiert. Damit gelang den Liberalen ein «Wiedererwecken» (= Regenerieren) der Ideen der Aufklärung und der Helvetik. Deshalb nannten sie diese Phase «Regeneration».

Auch neue, kantonsübergreifende Vereine haben zu dieser Entwicklung beigetragen: Im Schweizerischen Schützenverein oder im Eidgenössischen Turnverein konnten Bürger unterschiedlicher Kantone gleichberechtigt teilnehmen. Die regelmässigen Festanlässe waren sehr beliebt und zogen ein breites Publikum an. Neben dem geselligen Zusammensein wurde an diesen Anlässen auch sehr angeregt politisiert.

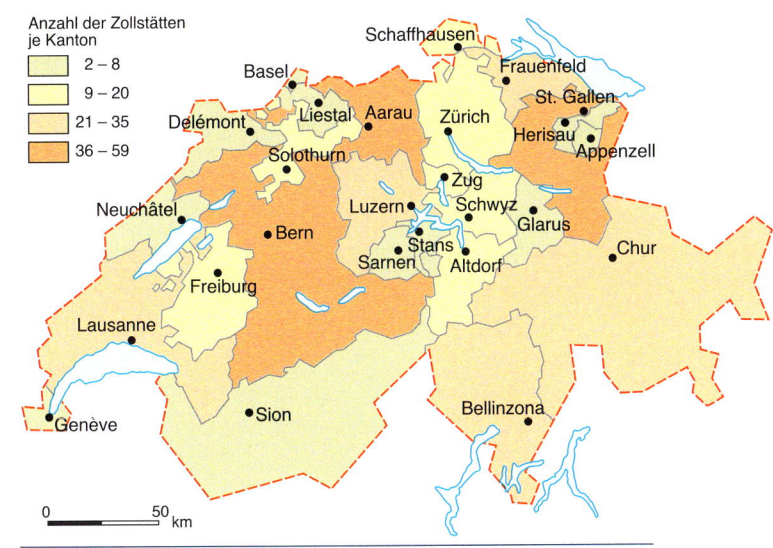

1789 bis 1900 | Die Schweiz im revolutionären Europa

D1 Zollstätten im Jahr 1825, eingezeichnet auf einer Karte mit den Kantonsgrenzen von heute

Anzahl der Zollstätten je Kanton:
- 2 – 8
- 9 – 20
- 21 – 35
- 36 – 59

1 Pfund wog in:

Aarau	477 g
Basel	493 g
Bern	520 g
Chur	463 g
Freiburg	524 g
Genf	551 g

1 Pfund wog in den Gemeinden des Kantons Aargau:

in Aarau	477 g
in Brugg	529 g
in Kaiserstuhl	574 g
in Rheinfelden	505 g
in Zofingen	482 g

D2 Gewichte

Q2 Eidgenössisches Schützenfest in Zürich 1834 (Bildausschnitt)

Aufgaben

1 Erkläre, warum die Bezeichnung «Restauration» für die Phase nach dem Ende Napoleons passt (VT1).

2 Zeige auf, wer mit der Restauration nicht zufrieden war (VT1).

3 Erkläre, warum der Begriff «Regeneration» zu der Zeit von 1830–1848 passt (VT2).

4 Fasse zusammen, welche Bedeutung die Vereine in der Phase der Regeneration hatten (VT2, Q2).

5 Erkläre, welche Zusammenhänge du zwischen D1 und D2 erkennst.

6 Erläutere, warum Martin Disteli seine Karikatur Q1 «Aristokratenhosenlupf» genannt hat. Begründe deine Vermutungen.

7 Was könnten die Figuren in Q1 zueinander sagen? Verfasse einen kurzen Dialog, in dem die politischen Positionen zum Ausdruck kommen.

KV 12 Karte

14 | Eine Schule für alle?

Dass alle Menschen in der Schweiz eine Schule besuchen können, ist für uns heute selbstverständlich. Im 19. Jahrhundert löste dieses Thema heftigen Streit aus. Schulpflicht für alle, warum?

Q1 Der Maler David Hess stellt 1835 in seiner Karikatur die «neue Schule» dar. Der Titel der Karikatur lautet: «Das neue Verhältnis des Herrn Schullehrer zum Pfarrer. Der Herr Schullehrer ist ein grosser Mann, Bey dem der Pfarrer selbst noch lernen kann!»

«Volksbildung ist Volksbefreiung»
Bildung war für die Liberalen ein sehr wichtiges Thema. Das Recht auf Bildung gehörte für sie zu den individuellen Grundrechten aller Menschen. Die Idee, dass sich alle Bürger an der Politik beteiligen, liess sich nur verwirklichen, wenn alle über eine elementare Schulbildung verfügten. Der Staat sollte für die Schulbildung verantwortlich sein, nicht mehr die Kirche. Alle sollten in die Schule gehen können, auch Kinder der städtischen oder ländlichen Unterschicht. So wurde nach dem liberalen Umschwung ab 1830 in verschiedenen Kantonen die obligatorische Volksschule eingeführt. Die Lehrer wurden in sogenannten Lehrerseminaren ausgebildet. Diese Reformen stiessen bei vielen Familien und Gemeinden auf Widerstand.

Widerstand gegen die «neuen Schulen»
Viele Familien waren auf die Arbeit ihrer Kinder angewiesen, ja hätten ohne sie nicht überleben können. Besonders im Sommer wurden auf dem Land alle Arbeitskräfte gebraucht. Aber auch in den Fabriken mussten die Kinder mitarbeiten.

Widerstand gegen die «neuen Schulen» kam auch von konservativen Politikern. Sie stellten sich die Schule ganz anders vor. Die Verantwortung für die Schulbildung sollte weiterhin bei der Kirche liegen. Bildung hatte die Menschen zu rechtgläubigen Christen zu erziehen.

Ein gescheiterter Anlauf in der Helvetik
Schon Jahrzehnte früher, in der Zeit der Helvetik (1798–1803), hatten sich die Konservativen vehement dagegen gewehrt, dass die Volksschulbildung obligatorisch wurde. Damals hatte sich Johann Heinrich Pestalozzi dafür eingesetzt. Er hatte nicht nur den «Kopf», sondern auch «Herz» und «Hand» der Kinder in einer Schule für alle fördern wollen. Pestalozzi wurde zwar ein berühmter Schweizer, aber seine Ideen setzten sich erst nach 1848 unter liberaler Herrschaft durch.

1789 bis 1900 | Die Schweiz im revolutionären Europa

Q2 1846 wurde in Birr anlässlich des 100. Geburtstages von Johann Heinrich Pestalozzi (1746–1827) ein neues Schulhaus gebaut. Dabei wurde die Nordfassade als Grab Pestalozzis errichtet. Das ganze Schulhaus dient damit als Denkmal für den berühmten Pädagogen. Er hatte in Birr eine Armenanstalt geführt und verbrachte seine letzten beiden Lebensjahre hier.

obligatorische Volksschule
Alle Kinder müssen ab dem 6. oder 7. Lebensjahr die Schule besuchen. Sie ist kostenlos und wird vom Staat organisiert. Vor über 150 Jahren, im Jahr 1874, wurde in der Bundesverfassung vorgeschrieben, dass die Schulpflicht in allen Kantonen obligatorisch ist.

Karikatur
ist eine bildliche Darstellung, bei der gesellschaftliche und politische Entwicklungen oder Ereignisse bewusst überzeichnet und bis zur Lächerlichkeit verzerrt werden. Der Kontrast zur Realität soll die Betrachter zum Nachdenken anregen.

Q3 Ignaz Thomas Scherr, Pionier des Zürcher Volksschulwesens, vergleicht eine Schule alten Stils und eine moderne Schule, 1840:

Tritt man aus einer Schule in die andere, die vielleicht keine halbe Stunde davon liegt, wahrhaftig, so glaubt man sich oft in eine Entfernung von hundert Stunden oder Jahren
5 versetzt! Während dort weinende Kinder zur Schule getrieben werden müssen, daselbst unter Langeweile zum fehlervollen, sinnlosen Kopieren einiger Vorschriften, zum singenden, abhaspelnden Ablesen des Testaments
10 (…) hineingezwungen werden, während der Lehrer (…) bei jeder Frage eines irgendwie aufgeweckten Kindes am Berge steht und in ertötender Langeweile seine Zwangsstunden aushält (…), so blitzen uns hier von allen
15 Seiten in gespannter Aufmerksamkeit leuchtende Augen entgegen (…), verständiges Lesen und Erklärung des Vorgetragenen (…), selbstverfertigte Aufsätze, (…) eine genaue geografische Kenntnis des Vaterlandes, das
20 Lieblingsfach der Kinder, und eine ziemlich ordentliche Schweizer Geschichte; der Lehrer selbst mit Lust und Geschick einzig in seinem wichtigen Beruf lebend, von den Kindern innig geliebt (…).

Aufgaben

1 Nenne aus Q3 je Merkmale der «alten» und der «neuen» Schule.

2 Recherchiere nach Angaben zu Johann Heinrich Pestalozzis Lebenslauf. Verfasse einen Steckbrief mit seinen wichtigsten Etappen.

3 a) Erläutere, warum wir heute in der Gemeinde Birr ein Pestalozzi-Denkmal finden (VT3, Q2).
b) Nach welchem Menschen würdest du deine Schule benennen? Begründe deine Wahl.

4 a) Erkläre die Aussage «Volksbildung ist Volksbefreiung» (VT1).
b) Gilt diese Aussage heute immer noch? Suche nach Beispielen und nimm Stellung.

5 a) Beschreibe die beiden Hauptfiguren in Q1. Sieh dir dabei auch das Schulzimmer genau an.
b) Was hat David Hess mit dieser Karikatur kritisiert? Formuliere mögliche Aussagen (Q1).
c) Hätte dem Verfasser von Q3 die Karikatur Q1 gefallen? Begründe deine Vermutungen.

KV 13
Arbeitsblatt

15 | Mit Krieg zur Bundesverfassung von 1848

Ein friedliches Zusammenleben schien in der Eidgenossenschaft immer weniger möglich. Die Konflikte zwischen Liberalen und Konservativen spitzten sich so sehr zu, dass ein Bürgerkrieg ausbrach. Wie konnte es so weit kommen?

Sonderbund
Die katholischen Zentralschweizer Kantone sowie Freiburg und Wallis schlossen sich 1847 zu einer Schutzvereinigung zusammen. Sie wollten sich gegen gewalttätige Übergriffe der Liberalen verteidigen. Die Liberalen verlangten eine Auflösung der Vereinigung, die sie als «Sonderbund» bezeichneten.

Die Konflikte spitzen sich zu

Die Regeneration schuf einen Graben quer durch die Schweiz: Auf der einen Seite davon befanden sich die Liberalen, die sich für einen einheitlichen Staat einsetzten, auf der anderen Seite die Konservativen, die an der Selbstständigkeit der Kantone festhielten. Beide Seiten provozierten einander, sodass das Zusammenleben immer schwieriger wurde. So versuchten junge Liberale mit Plünderungszügen die konservative Kantonsregierung von Luzern zu stürzen. Jetzt wurde sogar gewalttätig vorgegangen. Die sogenannten «Freischarenzüge» scheiterten aber am katholischen Widerstand.

Sonderbundskrieg 1847

Die katholischen Kantonsregierungen schlossen sich daraufhin zu einer Schutzvereinigung, dem «Sonderbund», zusammen. Die liberale Mehrheit der Kantone verlangte, dass dieser sofort aufgelöst würde. Als sich die konservativen Kantone weigerten, kam es zum Bürgerkrieg, dem «Sonderbundskrieg» von 1847. Die liberalen Kantone setzten Henri Dufour als General ein. Sie verfügten über zahlenmässig und technisch überlegene Truppen. Die katholischen Sonderbundskantone versuchten ausländische Verbündete zu gewinnen. Der Versuch scheiterte. Nach nur einem Monat Krieg wurden die Sonderbundskantone zur Kapitulation gezwungen. Der Bürgerkrieg forderte etwa 130 Tote und 400 Verwundete. Dank der Aufforderung von Dufour, keine unnötige Gewalt anzuwenden, war der Feldzug vergleichsweise unblutig. Bis heute war dies die letzte militärische Auseinandersetzung zwischen Schweizern.

Bundesverfassung von 1848

Die Sieger des Sonderbundskrieges, die Liberalen, begannen sofort mit der Ausarbeitung einer neuen Bundesverfassung. Bereits im September 1848 wurde sie in Kraft gesetzt, gegen den Widerstand der Konservativen. Aus dem lockeren Staatenbund wurde ein Bundesstaat geschaffen. Ein halbes Jahrhundert hatten sich die Liberalen dafür eingesetzt, jetzt endlich mit Erfolg! Aber es sollte noch viele Jahrzehnte dauern, bis auch die Konservativen zu diesem Staat und dieser Verfassung standen. Viele politische Auseinandersetzungen waren noch nötig. Diese Verfassung gilt im Prinzip bis heute.

D1 Nach dem raschen Sieg über die Sonderbundstruppen wurde Henri Dufour über Nacht zum Helden. Zahlreiche Bilder und Figuren, wie auch dieses Kartenspiel, entstanden.

1789 bis 1900 | Die Schweiz im revolutionären Europa

Q1 Tagesbefehl des Generals Dufour bei der Eröffnung des Feldzuges vom 5. November 1847:

Soldaten, Ihr müsst aus diesem Kampf nicht nur siegreich, sondern auch vorwurfsfrei hervorgehen, man muss von Euch sagen können: Sie haben tapfer gekämpft, wo es Not tat, aber sie haben sich menschlich und grossmütig gezeigt.

Ich stelle also unter Euren Schutz die Kinder, die Frauen, die Greise und die Diener der Religion. Wer die Hand an eine wehrlose Person legt, entehrt sich und schändet die Fahne. Die Gefangenen und besonders die Verwundeten verdienen umso mehr Eure Berücksichtigung und Euer Mitleid (…).

(Doch) wenn alles so geht, wie ich es hoffe, so wird der Feldzug nicht lange dauern, und Ihr werdet an Euren heimatlichen Herd mit der Genugtuung zurückkehren, eine grosse Aufgabe erfüllt und dem Vaterlande einen wichtigen Dienst geleistet zu haben, indem Ihr dasselbe in den Stand gesetzt, im Notfalle seiner Unabhängigkeit und Neutralität Achtung zu verschaffen.

Q2 «Alle unter Einem Hut» heisst der Titel der Karikatur, die 1849 in der Zeitschrift «Postheiri» veröffentlicht wurde. Die Kantonswappen sind als Gesichter dargestellt, die nicht alle fröhlich gestimmt sind. Der Text lautet: «Eine neue Periode hat begonnen, die letzte Spur jenes beschränkten, eigennützigen Kantönligeistes ist verschwunden – kein Zwiespalt mehr zwischen Wälsch und Deutsch, zwischen Ost und West, kein Bern, kein Zürich mehr, sondern eine freie, starke, einige Schweiz.»

Staatenbund
Zusammenschluss von selbstständigen Staaten (auch Kantonen). Die miteinander verbündeten Staaten bleiben grundsätzlich souverän. Beispiele: UNO (Vereinte Nationen), NATO (westliches Militärbündnis: Nordatlantikpakt).

Bundesstaat
Zusammenschluss von Gliedstaaten (in der Schweiz «Kantone»), die nach aussen einen Gesamtstaat bilden. Beispiele: Schweiz, Deutschland, Österreich, USA.

Aufgaben

1 Weshalb spitzten sich die Konflikte zu? Erkläre mithilfe von VT1.

2 Fasse die Hauptaussagen von Q1 zusammen.

3 Ein Tourist fragt dich, was «Sonderbundskrieg» bedeutet. Erkläre ihm, worum es geht und welche Folgen er hatte (VT2, VT3, Q1).

4 Warum wurde Henri Dufour in der Nachfolgezeit als «Held» verehrt? Begründe deine Vermutungen (VT2, D1).

5 a) Schau dir die Karikatur Q2 und die Bildlegende genau an. Stelle drei Fragen an die Karikatur Q2.
b) Auf welchen «Hut» spricht die Karikatur Q2 an? Was kritisiert die Karikatur? Erkläre auch, warum der Titel zu dieser Karikatur passt (VT2, VT3, Q2).

KV 14
Arbeitsblatt

16 | Revolutionen in Europa

Februar 1848: In Paris stürzen Bürger, Studenten und Arbeiter den König und rufen die Republik aus. Wie eine Welle schwappt die Revolution über halb Europa. Die Zeit absoluter Fürstenherrschaft scheint abgelaufen.

Q1 Aufständische Bürger, Arbeiter und Soldaten verbrennen 1848 vereint den Königsthron in Paris, zeitgenössische Darstellung. Die Einigkeit hielt nicht an. Die Besitzenden fürchteten bald die radikalen Forderungen der Arbeiter. Mit ihren Stimmen wurde 1852 der Neffe Napoleons, Louis Napoleon, der den Schutz der bestehenden Ordnung versprach, zum Kaiser gewählt und Frankreich wieder ein Kaiserreich.

Eine Welle von Revolutionen

Es begann Ende Februar 1848 in Paris: Bürger und Arbeiter gingen für das allgemeine Wahlrecht auf die Strasse. Doch der König antwortete mit Verboten und setzte Soldaten gegen die Demonstranten ein. Es kam zu blutigen Strassenkämpfen, in denen sich nach vier Tagen die Demonstranten durchsetzten: Der König floh, die Republik wurde ausgerufen.

Die Nachrichten vom Sieg der Revolutionäre verbreiteten sich wie ein Lauffeuer in Europa. Alle, die unzufrieden mit den bestehenden Verhältnissen waren, schöpften Mut. In Italien, Böhmen, Ungarn demonstrierten einheimische Nationalisten gegen die österreichische Fremdherrschaft. In Deutschland griff die revolutionäre Stimmung zuerst auf Staaten nahe der französischen Grenze über. Fast überall verliefen die Ereignisse nach gleichem Muster: Liberale Bürger hielten Versammlungen ab. Sie verfassten Bittschriften an die Regierungen, forderten freie Wahlen, Presse- und Versammlungsfreiheit. Arbeiter unterstützten die Bürger in der Hoffnung, dass sich auch ihre Lage verbessern würde. Fast überall scheuten die Regierungen harten militärischen Widerstand. Sie waren sich nämlich nicht sicher, ob ihre Militärs zu ihnen stehen würden. Um ihre Krone zu retten, gaben die Herrscher nach, setzten liberale Minister ein und liessen freiheitliche Reformen zu.

Strassenkämpfe in Wien und Berlin

Entscheidend aber war, was in den beiden Grossmächten Österreich und Preussen passieren würde. In Wien kam es am 13. März zu schweren Strassenkämpfen zwischen Soldaten und Aufständischen. Schon nach dem ersten Blutvergiessen lenkte der Kaiser ein: Er führte die Pressefreiheit ein und entliess den verhassten Kanzler Metternich.

In Berlin hatte der preussische König, um das Volk zu beruhigen, Pressefreiheit und eine Verfassung versprochen. Als sich das Volk dafür am 18. März in einer friedlichen Demonstration vor seinem Schloss bedanken wollte, fielen plötzlich Schüsse. Die Menge glaubte, der König lasse auf sie schiessen. Schnell errichtete sie Barrikaden. Ein blutiger Kampf zwischen Bürgern, Arbeitern und Soldaten begann. Über 230 Aufständische starben. Erschüttert zog der König die Soldaten zurück. Um das Volk zu versöhnen, ritt er am 21. März unter schwarz-rot-goldenen Fahnen durch Berlin. Er versprach, sich fortan für Einheit und Freiheit in Deutschland einzusetzen. Es schien so, als hätte die Revolution in Deutschland gesiegt.

Q2 Forderungen der Kölner Arbeiter an ihren Landesherrn, den preussischen König, 1848:

1. Gesetzgebung und Verwaltung durch das Volk, da ein freies Volk (…) sich nicht mehr im Interesse Einzelner ausbeuten lassen will (…), allgemeines Wahlrecht und allgemeine Wählbarkeit.
2. Unbedingte Freiheit der Rede und Presse. (…)
4. Freies Vereinigungsrecht.
5. Schutz der Arbeit und Sicherstellung der menschlichen Bedürfnisse für alle. (…) Es ist Sache des Staates, die Produktion dem Interesse der Einzelnen zu entreissen und sie im Interesse aller zu leiten. Jeder Mensch hat ein Recht auf Arbeit sowie auf einen seinen Bedürfnissen angemessenen Lohn.
6. Vollständige Erziehung aller Kinder auf öffentliche Kosten.

Q3 Aufruf des preussischen Königs vom 21. März 1848:

An mein Volk und an die deutsche Nation!

(…) Deutschland ist von innerer Gärung ergriffen (…). Rettung aus dieser (…) Gefahr kann nur aus der innigsten Vereinigung der deutschen Fürsten und Völker unter einer Leitung hervorgehen. Ich übernehme heute diese Leitung (…). Ich beabsichtige (…) den Fürsten und Ständen Deutschlands die Gelegenheit zu eröffnen, (…) zu einer gemeinschaftlichen Versammlung zusammenzutreten. (…) (Diese Versammlung wird) über die Wiedergeburt und Gründung eines neuen Deutschlands beraten, eines einigen, nicht einförmigen Deutschlands, (…) einer Einheit mit Freiheit. Allgemeine Einführung wahrer (…) Verfassungen, (…) gleiche politische und bürgerliche Rechte für alle religiösen Glaubensbekenntnisse (…) werden allein solche höhere und innere Einheit zu bewirken (…) im Stande sein.

Q4 **Barrikadenkämpfe in Berlin am 18. März 1848,** kolorierter Stich aus der «Illustrierten Zeitung» vom 15. April 1848

Aufgaben

1 Beschreibe die Ereignisse in Paris im Februar 1848 (VT1, Q1).

2 Finde heraus, warum die Ereignisse in Paris auch in Deutschland eine Revolution auslösten (VT1, VT2).

3 Zähle auf, was die Herrscher den Bürgern versprachen (VT1, VT2).

4 Beurteile die Motive, aus denen heraus die Herrscher Europas ihre Versprechungen machten.

5 Finde heraus, welche Forderungen eher Bürgern und welche eher Arbeitern wichtig waren (Q2).

6 Befrage einige Personen auf Q4 zu ihren Zielen und Forderungen. Schreibe ihre Antworten in einem Interview auf (VT2, Q2, Q4).

7 Erläutere, was der König in seinem Aufruf als nächsten Schritt vorschlägt (Q3).

8 Beurteile, welche Absichten der König mit diesem Aufruf verfolgte.

17 | Die Schweiz: Eine Republik inmitten von Monarchien

Während im Jahr 1848 rund um die Schweiz Revolutionen ausbrachen, die blutig niedergeschlagen wurden, erarbeiteten liberale Politiker die neue Verfassung der Schweiz.

Monarchie
(griech. «monos, mone» = allein; griech. «archein» = herrschen) heisst Alleinherrschaft. An der Spitze des Staates steht ein König.

Zweikammersystem
Das gesetzgebende Organ, das Parlament, besteht aus zwei Teilen, sogenannten «Kammern». In der Schweiz sind dies der National- und der Ständerat. Das Parlament wird auch Legislative genannt.

Der Bundesstaat wird organisiert

Die neue Bundesverfassung wurde von liberalen Politikern ausgearbeitet. Als Vorbild dienten ihnen beim Aufbau der Bundesbehörden nicht mehr Frankreich, sondern die USA. Insbesondere das Zweikammersystem wurde für die Gestaltung der gesetzgebenden Gewalt übernommen, indem ein Ständerat und ein Nationalrat geschaffen wurden. Der Ständerat bestand aus je zwei Vertretern pro Kanton. Damit sollten vor allem die Interessen der kleinen, auf Selbstständigkeit ausgerichteten Kantone berücksichtigt werden. Im Nationalrat entsprach die Zahl der Vertreter der Bevölkerungsstärke. Damit wurden die Interessen der bevölkerungsreichen Kantone berücksichtigt.

Die stimmberechtigten Männer konnten über Verfassungsänderungen abstimmen und durften wählen. Alle politischen Rechte waren den Männern vorbehalten. Frauen wurden in der Bundesverfassung nicht berücksichtigt.

Im Vergleich zu den USA wurde die exekutive Gewalt nicht dem Präsidenten und den Ministern, sondern dem siebenköpfigen Bundesrat übertragen. Die Bundesräte wurden von der Vereinigten Bundesversammlung, dem National- und Ständerat, für eine feste Amtsdauer gewählt. Das Bundesgericht übernahm die richterliche Gewalt. Auch dieses wurde von der Vereinigten Bundesversammlung gewählt. Die Aussenpolitik, das Postwesen, die Bestimmung von Mass und Gewicht, das Zollwesen und die Oberaufsicht über das Militärwesen wurden auf der Ebene des Bundes organisiert. Bei den Kantonen verblieben hingegen unter anderem das Erziehungswesen, die Armenfürsorge, das Polizeiwesen und der Strassenbau.

1848 – ein Revolutionsjahr

Die Revolutionswelle über Europa schien anfangs erfolgreich.

Doch die konservativen Herrscherhäuser schlugen die Aufstände mit Truppen nieder und kehrten zur früheren Ordnung zurück. Die Freiheitsrechte hoben sie wieder auf. Nur in Piemont, in den Niederlanden, in Dänemark und in der Schweiz führte die liberale Bewegung zu entsprechenden Verfassungen. Damit war die Schweiz eine Republik in einem mehrheitlich monarchischen Europa geworden.

D1 Organisation des Bundesstaates: Wer wählt wen?

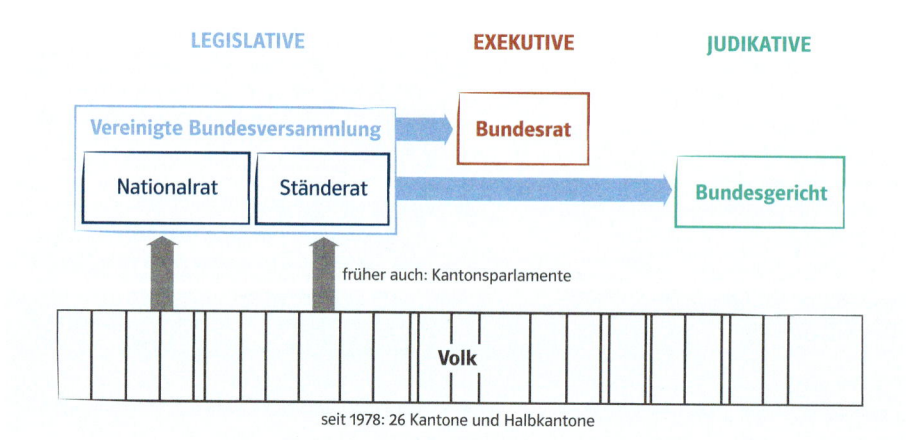

LEGISLATIVE — EXEKUTIVE — JUDIKATIVE

Vereinigte Bundesversammlung → Bundesrat
Nationalrat | Ständerat → Bundesgericht

früher auch: Kantonsparlamente

Volk

seit 1978: 26 Kantone und Halbkantone

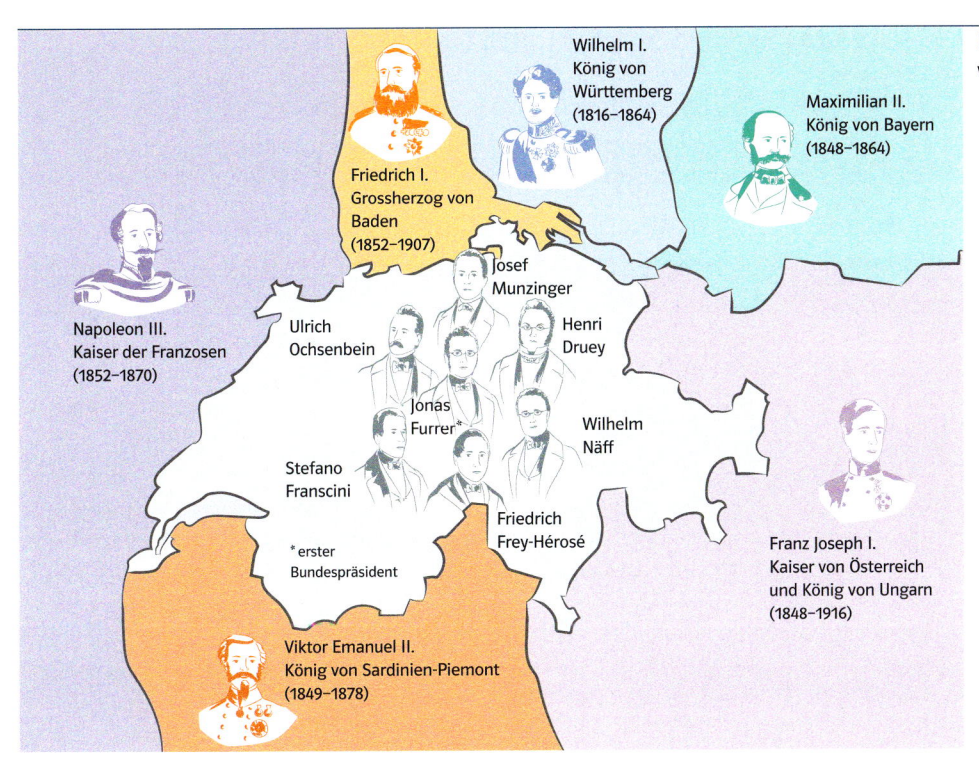

1789 bis 1900 | Die Schweiz im revolutionären Europa

D2 Eine Republik inmitten von Monarchien – 1848

(Karte der Schweiz mit umliegenden Monarchen und den ersten Bundesräten)

- Napoleon III. Kaiser der Franzosen (1852–1870)
- Friedrich I. Grossherzog von Baden (1852–1907)
- Wilhelm I. König von Württemberg (1816–1864)
- Maximilian II. König von Bayern (1848–1864)
- Franz Joseph I. Kaiser von Österreich und König von Ungarn (1848–1916)
- Viktor Emanuel II. König von Sardinien-Piemont (1849–1878)

Bundesräte: Josef Munzinger, Ulrich Ochsenbein, Henri Druey, Jonas Furrer*, Wilhelm Näff, Stefano Franscini, Friedrich Frey-Hérosé

* erster Bundespräsident

Q1 Einer der ersten Bundesräte, Jonas Furrer, schreibt im Jahr 1848 über die neue Bundesverfassung:

Diese Bundesverfassung ist unter den manchen, die unser Vaterland seit 50 Jahren besass, die erste, welche frei von jedem fremden Einfluss [ist]. (…) Wir sind das einzige
5 Volk in Europa, welches in dieser sturmbewegten Zeit in Ruhe und Frieden und auf dem gesetzlichen Weg das schwierige Werk seiner politischen Umgestaltung durchgeführt hat.

Q2 Die Historikerin Regina Wecker beurteilt das Jahr der Bundesverfassung, 1848, folgendermassen (2014):

Unstrittig ist, dass am Jahr 1848 der Beginn eines Zeitraums festgemacht werden kann, der als prägend für die Entwicklung der modernen Schweiz gilt.

Aufgaben

1 Erkläre, was der Begriff «Vereinigte Bundesversammlung» bezeichnet (VT1).

2 Jonas Furrer hebt in Q1 die Besonderheit der schweizerischen Entwicklung hervor. Erläutere, worauf er sich bezieht (D2, VT2).

3 Vergleiche die Einschätzung der Bundesverfassung von 1848 durch Jonas Furrer (Q1) mit derjenigen von Regina Wecker (Q2).

4 Wähle einen der Monarchen aus (D2). Recherchiere Informationen zu ihm und porträtiere ihn.

5 Als ausführende Gewalt wurde in der Schweiz der Bundesrat eingesetzt. Was könnten Gründe sein, dass er aus 7 Mitgliedern besteht und nicht nur aus einem Präsidenten? Formuliere Vermutungen (VT1).

6 Verfasse aus der Perspektive eines liberalen Politikers einen kurzen Zeitungsartikel, in dem er die neue Verfassung der Schweiz kommentiert.

KV 15 Karte

18 | Gründung des Deutschen Reichs

Auch in Deutschland blieben die Revolutionäre ohne dauerhaften Erfolg. Der preussische König und die Fürsten behielten vorerst ihre Macht. 1871 wurde in Paris sogar der erste deutsche Kaiser ausgerufen: Wilhelm I.

Q1 Der Tod bedankt sich für die reiche Ernte. Französische Karikatur von 1870. Dargestellt wird ein Alptraum Bismarcks anlässlich des Deutsch-Französischen Krieges 1870/71.

Deutschland ohne Österreich

Der preussische König strebte die Gründung eines deutschen Reichs ohne die andere deutsche Grossmacht Österreich an. Er versuchte mit Verhandlungen, die Fürsten der deutschen Klein- und Mittelstaaten für seinen Plan zu gewinnen. Für Österreich war das ein Affront: Es fürchtete um die eigene Vormachtstellung in Deutschland. Schon drohte Krieg zwischen Preussen und Österreich. Schliesslich einigte man sich 1851, den Deutschen Bund unter österreichischem Vorsitz fortzusetzen.

1862 wurde Graf Otto von Bismarck preussischer Ministerpräsident. Sein Ziel war ein Deutschland unter Preussens Führung. Dafür sah er einen Krieg mit Österreich als unausweichlich an. Zunächst aber besiegten Preussen und Österreich gemeinsam den Dänenkönig, um ihn aus Schleswig-Holstein zu verdrängen. Die gemeinsame Verwaltung von Schleswig-Holstein nutzte Bismarck, um Spannungen zu erzeugen, die 1866 zum erwünschten Krieg gegen Österreich führten. Preussen siegte. Österreich musste anerkennen, dass es fortan Deutschland nicht mehr angehörte. Der Deutsche Bund löste sich auf. Stattdessen wurde unter Preussens Führung der Norddeutsche Bund gegründet. Ihm gehörten alle Staaten nördlich des Flusses Main an.

Vom Deutsch-Französischen Krieg zum Deutschen Kaiserreich

Der französische Kaiser Napoleon III. war im Krieg von 1866 neutral geblieben. Er erwartete, dass Deutschland ihm zum Dank linksrheinische Gebiete in Süddeutschland abtreten werde. Doch Bismarck lehnte ab. Weil sich die süddeutschen Staaten in dieser Situation von Frankreich bedroht fühlten, schloss Bismarck «Schutz- und Trutz-Bündnisse» mit ihnen ab. Das war ein geschickter Schachzug.

Denn als es 1870 zu einem Konflikt zwischen Preussen und Frankreich kam, konnte Bismarck auf die neuen Verbündeten bauen. Er verschärfte den Konflikt so sehr, dass Napoleon III. den Krieg erklärte. Jetzt mussten mit Bismarcks Norddeutschem Bund auch die süddeutschen Staaten in den Krieg gegen Frankreich ziehen. Frankreich wurde besiegt, musste eine hohe Kriegsentschädigung zahlen und Elsass-Lothringen abtreten.

Die deutschen Fürsten versammelten sich im Hauptquartier in Versailles und bejubelten den gemeinsamen Sieg. Bismarck nutzte die gute Stimmung, um sie für sein grosses Ziel zu gewinnen: die Einigung Deutschlands unter Preussens Führung. Am 18. Januar 1871 riefen die deutschen Fürsten in Versailles den preussischen König zum Kaiser des neuen Deutschen Reichs aus.

1789 bis 1900 | Die Schweiz im revolutionären Europa

Q2 Bismarck erklärt den preussischen Abgeordneten als neuer Ministerpräsident sein politisches Programm (1862):

Nicht auf Preussens Liberalismus sieht Deutschland, sondern auf seine Macht (…). Preussen muss seine Kraft zusammenfassen und zusammenhalten auf den günstigen Augenblick, der schon einige Male verpasst ist. Preussens Grenzen nach den Wiener Verträgen sind zu einem gesunden Staatsleben nicht günstig. Nicht durch Reden und Mehrheitsbeschlüsse werden die grossen Fragen der Zeit entschieden – das ist der grosse Fehler von 1848 und 1849 gewesen –, sondern durch Eisen und Blut.

Q3 Erklärung des preussischen Königs an das deutsche Volk, von Bismarck bei der Kaiserproklamation in Versailles (vgl. Q4) verlesen:

Wir, Wilhelm, von Gottes Gnaden König von Preussen, nachdem die deutschen Fürsten und freien Städte den einmütigen Ruf an Uns gerichtet haben, mit Herstellung des Deutschen Reiches die seit mehr denn sechzig Jahren ruhende deutsche Kaiserwürde zu erneuern (…), bekunden hiermit, dass Wir es als eine Pflicht gegen das gemeinsame Vaterland betrachtet haben, diesem Rufe der verbündeten Fürsten und Städte Folge zu leisten und die deutsche Kaiserwürde anzunehmen. Demgemäss werden Wir und Unsere Nachfolger an der Krone Preussens fortan den kaiserlichen Titel in allen Unseren Beziehungen und Angelegenheiten des Deutschen Reiches führen (…). Wir übernehmen die kaiserliche Würde in dem Bewusstsein der Pflicht, in deutscher Treue die Rechte des Reichs und seiner Glieder zu schützen, den Frieden zu wahren, die Unabhängigkeit Deutschlands, gestützt auf die geeinte Kraft seines Volkes, zu verteidigen.

Q4 Ausrufung des preussischen Königs (vorne auf dem Podest) zum «Deutschen Kaiser Wilhelm I.» durch die deutschen Fürsten am 18. Januar 1871 im Schloss von Versailles; Bildmitte in weisser Uniform: Bismarck. Gemälde von Anton von Werner (Ausschnitt), 1885

Aufgaben

1 Fasse zusammen, wie Preussen bis 1866 zur Vormacht in Deutschland wurde (VT1).

2 Arbeite heraus, was Bismarck bei der Verwirklichung eines einheitlichen deutschen Reichs besonders wichtig war (VT1).

3 Erläutere, wie Bismarck den preussisch-französischen Konflikt zur Reichsgründung unter preussischer Führung nutzte (VT2).

4 Begründe, warum der preussische König 1871 die Krone annimmt (Q3, Q4).

5 Erläutere, was in Q2 eine Reichsgründung «durch Eisen und Blut» meint.

6 Beurteile, ob Bismarcks Politik (VT1, VT2) seinen Grundsätzen (Q2) entsprach.

107

nah dran

19 | Bourbaki-Panorama

Q1 Frauen pflegen und versorgen verwundete Soldaten. Die Figuren im Vordergrund sind nicht Teil des Bildes. Sie befinden sich auf einem schmalen Raum zwischen Besucherplattform und Rundbild.

Q2 Neben den Ambulanzwagen mit den Verwundeten schreitet der Maler Edouard Castres als Sanitäter mit weisser Armbinde – er setzt sich selber ins Bild.

Die Schweiz hilft

Gegen Ende des Deutsch-Französischen Kriegs muss sich der junge Bundesstaat entscheiden: Will er eine völlig erschöpfte französische Armee in die Schweiz einlassen? Diese bittet nämlich an der Neuenburger Grenze um Aufnahme. Wie reagiert die Schweiz? Sie erklärte sich bereit, zu helfen und die Soldaten aufzunehmen. Im Februar 1871 überschritten 87 000 ausgehungerte, teilweise verwundete und kranke französische Soldaten die Grenze. Sie mussten ihre Waffen abgeben und wurden auf die Kantone verteilt. Die Internierung stellte das Land vor eine gewaltige Herausforderung. Doch die Schweizer Bevölkerung zeigte sich hilfsbereit.

Der Bourbaki-Grenzübertritt als Panorama

1881 wurde der Beginn des Grenzübertritts unter der Leitung des Malers Edouard Castres auf 112 × 14 m in einem Rundgemälde dargestellt. In der Form eines Panoramas verschafft das Gemälde dem Betrachter die Illusion, direkt dabei zu sein. Am Boden davor befindet sich ein Gelände mit Figuren. Es verstärkt den dreidimensionalen Effekt. Solche Panoramen gehörten zu den grössten Attraktionen der damaligen Zeit – einer Zeit vor der Erfindung des Films. Es herrschte ein eigentlicher Panorama-Boom. Heute existieren nur noch 15 Panoramen aus dem 19. Jahrhundert. Das Bourbaki-Panorama ist eines davon. Für Genf gebaut, wurde es 1889 nach Luzern versetzt. Noch heute kann es dort besucht werden.

1789 bis 1900 | Die Schweiz im revolutionären Europa

Q3 Waffenabgabe

D1 Das Bourbaki-Panorama in Luzern, benannt nach der Bourbaki-Armee respektive dem französischen General Denis Bourbaki

Aufgaben

1. Wähle aus Q1–Q3 zwei Abbildungen aus. Beschreibe die Ausschnitte genau und gib ihnen passende Titel.

2. Recherchiere nach Informationen zum Maler Edouard Castres und verfasse einen Steckbrief über ihn.

3. «Das Bourbaki-Panorama ist ein Zeuge der Sehlust der Menschen des 19. Jahrhunderts.» Erkläre diese Aussage (VT2).

4. Gibt es heute noch immer eine «Sehlust» der Menschen? Belege deine Vermutungen mit Beispielen.

5. Der Grenzübertritt der vielen Bourbaki-Soldaten war «eine grosse Herausforderung für die Schweiz». Was könnte damit gemeint sein? Formuliere deine Vermutungen.

6. Noch immer schauen sich viele Menschen das Bourbaki-Panorama in Luzern an. Erläutere, warum dieses heute immer noch fasziniert (VT2).

KV 16
Arbeitsblatt

20 | Die Schweiz – ein Bundesstaat

Die Bundesverfassung von 1848 hatte die liberalen Ideen weitgehend umgesetzt. War damit ein Staat entstanden, mit dem alle Schweizerinnen und Schweizer zufrieden waren?

Neutralität
(lat. «neuter, neutra» = keine/keiner von beiden) Ein Staat verpflichtet sich, sich nicht in militärische Konflikte von anderen Staaten einzumischen.

Entwicklungen nach 1848

Noch lange wirkte die Spaltung in «Sieger» und «Verlierer» in der Schweiz nach. Zufrieden mit dem neuen Staat waren längst nicht alle. Die Katholisch-Konservativen, Angehörige der ehemaligen Sonderbundskantone, wollten weiterhin möglichst selbstständige Kantone, in denen der katholische Glauben eine zentrale Rolle einnahm. Aber auch nicht alle Liberalen waren mit dem neuen Staat zufrieden. Eine Gruppe der Radikalen wollte nicht nur wählen, sondern auch abstimmen können. Mit einer Revision der Bundesverfassung versuchten sie dies zu erreichen. Die ersten Versuche scheiterten am katholisch-konservativen Widerstand. Erst 1874 wurde eine neue, revidierte Verfassung gutgeheissen. Eine wichtige Neuerung war die Einführung des fakultativen Referendums: 30 000 Stimmberechtigte konnten eine Volksabstimmung über neue Bundesgesetze veranlassen. Die Volksrechte wurden also erheblich ausgeweitet. Und der Volksschulunterricht wurde in der ganzen Schweiz obligatorisch.

Die Schweiz als Vermittlerin

Am Wiener Kongress von 1815 war die Neutralität der Eidgenossenschaft festgelegt worden. Nicht nur passiv, sondern auch aktiv wollte der junge Bundesstaat seine Neutralität nutzen. Bei Konflikten der europäischen Staaten bot sich die neutrale Schweiz als Vermittlerin und als Ort für Friedensverhandlungen an. Es ist auch heute eine der Stärken der Schweiz, zwischen Konfliktparteien zu vermitteln und einen neutralen Ort für Verhandlungen anzubieten.

Henry Dunant und das Rote Kreuz

Einen wichtigen Beitrag für eine aktive schweizerische Neutralitätspolitik leistete der Genfer Henry Dunant. Die schreckliche Lage der Verwundeten in einer Schlacht, die er selbst erlebt hatte, brachte ihn auf eine Idee. 1863 regte er die Gründung des Internationalen Komitees der Hilfsgesellschaften, das spätere IKRK, an. Die Pflege von Kriegsverwundeten sollte unabhängig von den Kriegsparteien organisiert werden. Die Genfer Konvention, die 1864 von 15 europäischen Staaten und den USA unterzeichnet wurde, verschaffte dieser Organisation eine überstaatliche Stellung. Kurz darauf entstanden in der Schweiz und in andern Ländern nationale Rotkreuz-Gesellschaften. Im Deutsch-Französischen Krieg 1870/71 konnte das Rote Kreuz erstmals wichtige Dienste leisten, wie z. B. bei dem Grenzübertritt der Bourbaki-Armee.

Q1 Das «Bundeshaus-Rathaus» im Jahr 1857, das heutige Bundeshaus West. Am 28. November 1848 entschied die Bundesversammlung, dass Bern Bundesstadt und somit Sitz der Bundesbehörden werden sollte. Von 1852 bis 1857 wurde das Bundeshaus-Rathaus erbaut. Das Gebäude vereinte Bundesverwaltung, Regierung und Parlament unter einem Dach. Bald gab es Platzprobleme, sodass von 1884 bis 1892 das Bundeshaus Ost entstand. Zwischen 1894 und 1902 wurde schliesslich das heutige Parlamentsgebäude errichtet.

Q2 Philipp Anton von Segesser, ein konservativer Luzerner Nationalrat, klagt über die Verhältnisse im Nationalrat von 1848:

Die Opposition im Nationalrat bestand in den ersten Jahren aus wenigen Vertretern der alten Sonderbundskantone. Man behandelte uns mit grosser Geringschätzung. (…) Wir waren unser sieben oder acht in einer Versammlung von 111 Mitgliedern. Wir hatten wie unsere Wähler die Bundesverfassung verworfen und standen daher in prinzipieller Opposition (…). Wenn auch von einer Rückkehr auf die Rechtszustände vor 1847 nicht mehr die Rede sein konnte, so war doch der Gegensatz noch sehr lebendig. Die neuen Bundesbehörden erschienen dem Volk [in den ehemaligen Sonderbundskantonen] fortwährend als Eroberer und Unterdrücker. (…)

Die Sprache, welche in der ersten Bundesversammlung geführt wurde, und die Behandlung, welche die Oppositionsdeputierten erfuhren, waren auch wenig geeignet, diesen Eindruck zu mildern. Ein Vorsitzender des Nationalrates entblödete sich nicht, vom Präsidentenstuhle herab in der Schlussrede einer Session uns als «eingefleischte Feinde des Vaterlandes» zu bezeichnen und uns dem Hasse unserer Kollegen mit den Worten zu empfehlen: «Sie sind Eure Feinde, und Ihr werdet Euch stets erinnern, dass sie Eure Feinde sind.»

Q3 **Das Internationale Komitee vom Roten Kreuz (IKRK) spielt heute in vielen Kriegen und innerstaatlichen Konflikten eine zentrale Rolle.** Angehörige des IKRK gehören keiner Konfliktpartei an und kümmern sich um den Schutz von Opfern. Das IKRK war 2012 in 80 Ländern hilfreich, 12 500 Delegierte waren im Einsatz, die Jahresausgaben beliefen sich auf 875 Millionen Euro.

IKRK
Das Internationale Komitee vom Roten Kreuz ist eine neutrale und unabhängige Organisation, die die Opfer von bewaffneten Konflikten betreut. Henry Dunant hat 1863 in Genf die Gründung veranlasst. Seit 1875 trägt die Organisation den Namen IKRK. Noch heute ist der Hauptsitz Genf.

Rotes Kreuz
Kurzbezeichnung für die verschiedenen lokalen, nationalen und internationalen Organisationen, die weltweit unabhängig und neutral Hilfe in Krisengebieten und Entwicklungsländern leisten.

Aufgaben

1 Wer war mit der Bundesverfassung von 1848 nicht zufrieden? Erläutere (VT1).

2 Nenne zwei Veränderungen, die mit der Revision der Bundesverfassung von 1874 erreicht worden sind (VT1).

3 Fasse die Grundidee des Roten Kreuzes zusammen (VT3).

4 Was versteht man unter «einer aktiven Neutralitätspolitik»? Erkläre anhand eines Beispiels (VT2, VT3).

5 Worüber beklagt sich in Q2 Philipp Anton von Segesser? Begründe seine Position.

6 Recherchiere nach Informationen zu heutigen Einsätzen des IKRK. Wähle einen aktuellen Einsatz aus und dokumentiere diesen möglichst anschaulich (Q3).

7 Beschaffe dir mit Text und Bild Informationen über das heutige Bundeshaus.

21 | Die Schweiz sucht eine gemeinsame Geschichte

Die Bundesverfassung von 1848 hat aus einem lockeren Staatenbund einen einzigen Staat, den Bundesstaat, geschaffen. Was hielt die Schweiz zusammen? Wie entstand ein schweizerisches Zusammengehörigkeitsgefühl?

Q1 Der Basler Bürgerturnverein stellte Ende des 19. Jahrhunderts den Rütlischwur in einem «lebenden Bild» dar. Die Turner posierten während einigen Minuten zu einem Bild. Szenen aus der Schweizer Geschichte so darzustellen, war an Festanlässen sehr beliebt. Solche Bilder stärkten die nationale Identität, sie «verkörperten» die Nation.

Eidgenossenschaften
Mit dem Schwören eines Eides haben sich gleichberechtigte Partner (Genossen) zu gegenseitiger Unterstützung und Hilfe verpflichtet. Vor allem im Mittelalter gab es viele solche Beispiele: in der Zentralschweiz, in der Ostschweiz, aber auch im Burgund, in Oberschwaben oder in Norddeutschland. Im offiziellen deutschen Namen der Schweiz (Schweizerische Eidgenossenschaft) ist dieser Begriff erhalten geblieben.

Unterschiede und Gegensätze

Die Bundesverfassung von 1848 war die erste Verfassung, die sich die Schweizer Bevölkerung selbst gab. Ein Zusammengehörigkeitsgefühl konnte damit aber nicht von selbst entstehen. Vier verschiedene Sprachen mit jeweils unterschiedlichen Dialekten wurden gesprochen. Verschiedene Konfessionen hatten unterschiedliche Feiertage und Regeln für den Alltag. Das Leben in einem Dorf sah ganz anders aus als das Leben in einer Stadt wie Basel, Zürich oder Genf. Was hielt die Schweiz zusammen? Wie wurde aus diesem Land eine Gemeinschaft, die zusammengehören wollte?

Eine gemeinsame Geschichte verbindet

Viele Menschen hofften, diese Verbindung in der Vergangenheit zu finden. Eine gemeinsame Geschichte kann das Gefühl einer gemeinsamen Identität entstehen lassen. In der zweiten Hälfte des 19. Jahrhunderts erlebte der junge Bundesstaat einen regelrechten Geschichtsboom. In der ganzen Schweiz erinnerten Festspiele, Theaterstücke, Lieder, Kalender, Postkarten, Briefmarken oder Bilder an die gewonnenen Schlachten und Schweizer Helden der Vergangenheit. Die Errichtung von Denkmälern nahm dabei eine zentrale Bedeutung ein. Besonders in der Zentralschweiz entstanden zahlreiche Denkmäler. Die Schweiz glich einer Theaterbühne. Sie inszenierte ihre gemeinsame Geschichte. Aus dem losen Bundesstaat entstand allmählich eine Nation, die über eine gemeinsame Identität verfügte.

Die Schweiz feiert Geburtstag – der 1. August wird festgelegt

Der Höhepunkt dieser Entwicklung war die Festlegung des Nationalfeiertags. Rund um die Schweiz feierten alle Nationen ihre Geburtstage. Wann sollte die Schweiz ihren Geburtstag feiern? Der Bundesrat legte den 1. August 1291 als Gründungsdatum der Schweiz fest. Deshalb wurde der Geburtstag 1891 zum ersten Mal in Schwyz gefeiert. Den Beweis für den Geburtstag sollte eine alte Urkunde aus dem Jahr 1291 liefern. Sie galt von nun an als «die Gründungsurkunde der Schweiz». In diesem Mythos fand die Schweiz ein Zusammengehörigkeitsgefühl.

1789 bis 1900 | Die Schweiz im revolutionären Europa

D1 Ein deutsches Theaterstück erklärt den Ursprung der Schweiz:

Die gemeinsame Vergangenheit der Eidgenossen enthielt packende Geschichten von mutigen Helden. Sie haben sich gegen ungerechte Herrscher gewehrt und sich für Unab-
5 hängigkeit und Freiheit eingesetzt. Wilhelm Tell und Winkelried waren die berühmtesten Helden, die sich durch grossen Mut und Geschick auszeichneten. Mit diesen Geschichten erklärten sich die Eidgenossen ihren
10 Ursprung. Der deutsche Schriftsteller Friedrich Schiller war von diesen eidgenössischen Ursprungsmythen fasziniert. Er erzählte die Geschichte von Wilhelm Tell und dem Rütlischwur in Form eines Theaterstücks. 1804
15 wurde es zum ersten Mal in Deutschland aufgeführt. Dieses Theaterstück hatte in ganz Europa riesigen Erfolg. Die Figuren wie Tell wurden schnell berühmt. Aber auch bei den Schweizerinnen und Schweizern hat das
20 Theaterstück zu einem stärkeren Zusammengehörigkeitsgefühl beigetragen. Zahlreiche Bilder und Denkmäler zur Figur Tell entstanden und sollten möglichst lebendig an die Ursprungsmythen erinnern.

Nationalgefühl
Menschen, die sich aufgrund gemeinsamer Geschichte, Kultur und Volkszugehörigkeit als zusammengehörig fühlen. Eine Nation kann in einem Staat leben (Nationalstaat), aber auch in mehreren Staaten verteilt.

Mythos
Ein Mythos ist eine Erzählung, mit der Menschen ihre Ursprünge erklären. Mit den schweizerischen Ursprungsmythen von Wilhelm Tell oder Winkelried wird der Ursprung der Schweiz erzählt. Dabei geht es nicht um historische Fakten.

Urkunde
ist ein Schriftstück, das eine rechtliche Tatsache beweist. Alte Urkunden zeichnen sich meist durch ein oder mehrere Siegel aus.

Q2 Einladung zur «ersten Geburtstagsfeier der Schweiz»: Eidgenössische Bundesfeier vom 1. und 2. August in Schwyz

Q3 «Der Rütlischwur». Im Jahr 1891, als die Schweiz ihr Gründungsdatum auf 1291 festlegte, malte Jean Renggli dieses Gemälde. Es ist eine der berühmtesten Darstellungen dieser Szene geworden.

Q4 Das Tell-Denkmal in Altdorf. Es ist eines der zahlreichen neuen Denkmäler in der Zentralschweiz und wurde 1895 eingeweiht.

Aufgaben

1 Was ist auf Q1 dargestellt? Beschreibe.

2 a) Weshalb wohl waren im 19. Jahrhundert «lebende Bilder» mit Szenen aus der Schweizer Geschichte besonders beliebt? Verfasse einen kurzen Text, der dies erklärt (Q1, VT2).
b) Könnten solche «lebenden Bilder» auch heute noch erfolgreich sein? Nimm dazu persönlich Stellung.

3 «Einen Staat haben wir, jetzt brauchen wir noch Schweizerinnen und Schweizer.» Erkläre diese Aussage (VT1–VT3, D1, Q1–Q4).

4 Braucht die Schweiz heute noch einen Nationalfeiertag? Erläutere deine persönliche Meinung dazu.

5 Welche Bedeutung hat der 1. August für dich? Halte deine persönliche Meinung fest.

KV 17
Arbeitsblatt

Abschluss

22 | Die Schweiz im revolutionären Europa

1 Zu diesen Themen kann ich eine geschichtliche Frage stellen.
a) Französische Revolution
b) Bundesverfassung 1848

2 Diese Fragen kann ich beantworten.
a) Warum berief Ludwig XVI. die Generalstände ein?
b) Welche zentralen Veränderungen charakterisieren die Helvetische Republik?
c) Wie sollte ein Staat im Sinne der Liberalen aussehen?

3 Diese Begriffe kann ich erklären.
a) Ständegesellschaft
b) Französische Revolution
c) Bundesstaat
d) Monarchie
e) Rotes Kreuz
f) Neutralität

4 Die Daten auf dem Zeitstrahl kann ich erklären.

5 Zu diesen Fragen habe ich eine Meinung und kann sie begründen.
a) Verlor Ludwig XVI. seine absolute Macht zu Recht?
b) Ist Terror zur Durchsetzung politischer Ziele gerechtfertigt?
c) «Die heutige Schweiz entstand 1848» – ist diese Aussage richtig?

6 Diese Methode kann ich anwenden.
Schriftliche Quellen auswerten:
a) Ich lese den Text genau durch. Ich nenne den Verfasser, die Verfasserin.
b) Ich untersuche den Text abschnittsweise.
c) Ich ordne den Text in den grösseren geschichtlichen Zusammenhang ein und beurteile die Absicht des Verfassers, der Verfasserin.

7 Ich kann Geschichte für meine Gegenwart nutzen.
a) «Mir bedeutet unser Nationalfeiertag viel!» – «Für mich braucht es keinen Nationalfeiertag!» – Was meinst du? Nimm persönlich Stellung.
b) «Volksbildung ist Volksbefreiung» – stimmt das?
c) «Henry Dunant ist der bedeutendste Schweizer überhaupt» – würdest du dem zustimmen?

1789 | 1798 | 1815 | 1848 | 1891

1789 bis 1900 | Die Schweiz im revolutionären Europa

Q1 Der Ballhausschwur. Zeit der Französischen Revolution: Im Juni 1789 erklärten sich in Paris die Abgeordneten des Dritten Standes (Bauern und Bürger) zur Nationalversammlung. Die Begründung war einfach: Sie vertraten 98 Prozent aller Franzosen, also beinahe die gesamte Nation. Als der König den Tagungsraum schliessen liess, zogen die Abgeordneten in ein leer stehendes Ballhaus, das von der Hofgesellschaft sonst zum Ballspiel benutzt wurde. Die Abgeordneten schworen, sich nicht zu trennen, bis sie dem Königreich eine Verfassung gegeben hatten. Der Hofmaler Jacques-Louis David erhielt 1790 von der Nationalversammlung den Auftrag, den «Ballhausschwur» in einem Gemälde darzustellen. Er fertigte dazu 1791 eine Federzeichnung an, das Gemälde wurde nicht fertiggestellt.

Aufgaben

1 Betrachte die Zeichnung und beschreibe deinen ersten Eindruck.

2 Suche drei Einzelheiten, die dir speziell auffallen, und notiere sie.

3 Nenne zur dargestellten Szene den Ort, die Zeit, das Ereignis und den Maler. Finde heraus, womit der Maler einen Hinweis auf den Zweck des Gebäudes gibt (siehe unten links im Bild).

4 Bestimme, worin der Mittelpunkt des Bildes besteht. Achte dazu auf Linien und Diagonalen. Begründe, warum David diesen Mittelpunkt gewählt hat.

5 Erläutere deiner Tischnachbarin oder deinem Tischnachbarn, warum der Maler den «Ballhausschwur» bewusst inszeniert haben muss. Beachte z. B. Standort und Blickrichtung der zentralen Figur, Haltung, Mimik der Personen, Platzierung der Personen.

6 Verfasse ein Auftragsschreiben an David, aus dem deutlich wird, wie das Bild zum Ballhausschwur aussehen und was es ausdrücken soll.

KV 18
Repetition

4 heute

Zusammenleben in der Schweiz

Müssen wir zur Schule gehen?

Was lernen wir in der Schule?

Wer leitet die Schule?

In der Schweiz leben über acht Millionen Menschen beiderlei Geschlechts, jeden Alters, verschiedenster Herkunft und mit unterschiedlichen Lebensvorstellungen. Da stellt sich die Frage: Wie gelingt uns ein gutes Zusammenleben? Konkrete Antworten darauf gibt z. B. die Politik.
Für dich wird Politik fassbar in der Schule. Warum musst du zur Schule gehen? Warum musst du gerade diese Fächer belegen und nicht andere? Warum musst du dich ein- und unterordnen? Auch: Wer bezahlt die Schule? Gibt es andere Schulen und anderen Unterricht? Und wozu gehst du zur Schule, was machst du danach?

Solche Fragen versucht im Film «Der Club der toten Dichter» (1989) ein Lehrer seinen Schülern nahezubringen. Diese Schüler, verwöhnte Knaben in einem teuren Internat, stellen sich ein Leben ohne eigene Entscheidungen vor. Der Lehrer ermutigt sie jedoch, sich selbst zu erkennen und ihre Träume ernst zu nehmen.

KV 1
Portfolio

Wie ist Schule anderswo?

Wozu gehen wir zur Schule?

Wer bezahlt die Schule?

Q1 «**Wozu bin ich da? Was nützt dieses Leben?**» Der Englischlehrer John Keating kauert sich zwischen die Schulbänke. Er verrate ihnen ein Geheimnis, sagt er und trägt ein Gedicht vor. Es dreht sich um solche Fragen: Wofür lebt man, wozu bildet man sich aus und wie kann man sich in die Gesellschaft einbringen? – Eine Szene aus dem Film «Dead Poets Society» (Der Club der toten Dichter).

1 | Müssen wir zur Schule gehen?

Müssen oder dürfen wir zur Schule gehen? Klar, wir müssen, wirst du sagen. Aber so einfach ist die Antwort gar nicht. Denn diese wird sowohl durch die Vergangenheit, die Geschichte, als auch durch die Gegenwart, die Politik, bestimmt.

Legislative
Als Legislative bezeichnet man die Behörde (meist ein Parlament), welche die Gesetze verabschiedet.

Exekutive
Die Exekutive ist die Regierung, welche zusammen mit der Verwaltung die Gesetze ausführt.

Judikative
Die Judikative untersucht, ob Gesetze eingehalten werden.

Gewaltenteilung
Trennung der Staatsgewalt in gesetzgebende Gewalt (Legislative), vollziehende Gewalt (Exekutive) und Rechtsprechung (Judikative). Dadurch wird eine Diktatur verhindert.

Legislative – Exekutive – Judikative

Die Schulpflicht ist so wichtig, dass sie im obersten Gesetz der Schweiz, in der Bundesverfassung, festgelegt ist. Dort steht zudem, dass die Kantone die Details der Schulpflicht regeln.

Gesetze auszuhandeln, ist Sache von Politikerinnen und Politikern, die vom Volk dazu gewählt werden. Sie bilden die gesetzgebende Behörde, die Legislative. Das Volk, die Schweizer Bürgerinnen und Bürger ab 18 Jahren, kann Gesetze anregen oder es stimmt darüber ab.

Ein Gesetz an sich ist nur ein Text. Dieser muss in die Wirklichkeit umgesetzt werden. Damit die Schulpflicht erfüllt werden kann, müssen Schulhäuser gebaut, Lehrpersonen angestellt und Lehrpläne verfasst werden. Politikerinnen und Politiker, die den Gesetzen Wirkung verleihen, bilden die ausführende Behörde, die Exekutive.

Werden die Gesetze von der Exekutive richtig angewendet und von den Menschen befolgt? Darüber urteilen Richterinnen und Richter. Diese richterliche Behörde wird Judikative genannt.

Gewaltenteilung und Rechtsstaat

In der Schweiz besteht seit der ersten Bundesverfassung von 1848 die Legislative aus dem National- und dem Ständerat. Bei wichtigen Geschäften versammeln sich beide Räte zur Vereinigten Bundesversammlung. Der siebenköpfige Bundesrat bildet die Exekutive und das Bundesgericht die Judikative. Dieses besteht aus verschiedenen Gerichten in Lausanne, Luzern, Bellinzona und St. Gallen.

Legislative, Exekutive und Judikative stellen die drei Gewalten eines Staates dar. Wer über alle drei Gewalten verfügen würde, wäre ein Diktator. Um eine Diktatur zu vermeiden, darf prinzipiell niemand in mehr als einer Gewalt tätig sein. Und überhaupt, jede Person muss ihre Handlungen am Gesetz messen lassen. Das macht Staaten wie die Schweiz zu Rechtsstaaten.

Menschenrechte

Nun könnte ja das Volk die Bundesverfassung abändern und die Schulpflicht aufheben. Das wäre rechtlich möglich. Aber damit würde ein Menschenrecht verletzt. Denn das Recht auf Bildung haben die meisten Staaten 1948 in der UNO-Menschenrechtserklärung beschlossen, auch die Schweiz. Sie haben sich damit verpflichtet, ihren Kindern und Jugendlichen Schulbildung zu ermöglichen. Die Menschenrechte stehen über den Gesetzen eines einzelnen Staates.

Du musst also nicht nur zur Schule gehen – du darfst es auch!

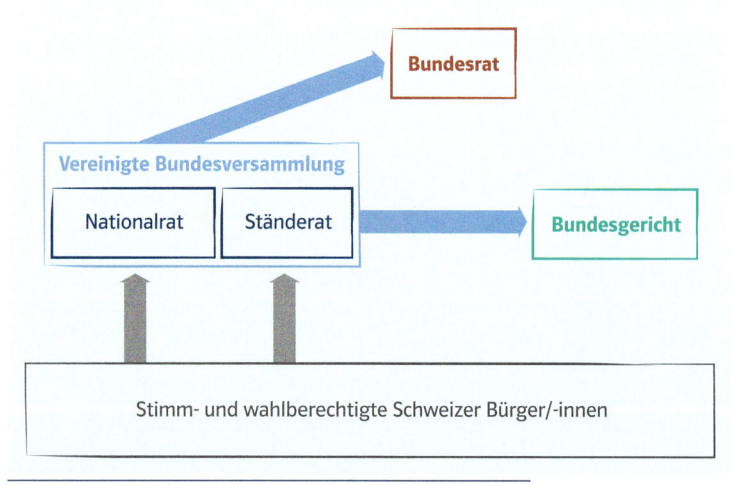

D1 Legislative, Exekutive und Judikative in der Schweiz

heute | Zusammenleben in der Schweiz

Q1 Nationalrat während einer Session

Q2 Eine Vorschrift:

Sie (die Kantone) sorgen für einen ausreichenden Grundschulunterricht, der allen Kindern offensteht. Der Grundschulunterricht ist obligatorisch und untersteht staatlicher Leitung oder Aufsicht. An öffentlichen Schulen ist er unentgeltlich.

Q3 Aus einem Urteil des Bundesgerichts:

Die Eltern zweier Mädchen stellten ein Gesuch um Befreiung vom Unterricht, damit sie vor den Sommerferien ein Space-Camp in den USA besuchen könnten. Die Schulleitung wies das Gesuch ab. Die Eltern meldeten nun die Kinder rund eine Woche vor Ende des Schuljahres ab – sie würden zeitlich begrenzt privat unterrichtet.

Die kantonale Bildungsdirektion teilte den Eltern mit, es sei rechtsmissbräuchlich, den Ablehnungsentscheid mit Privatunterricht zu umgehen. Das Obergericht des Kantons Zürich verurteilte sie zu einer Busse von 1600 Franken.

Das Bundesgericht schützt diesen Entscheid: Der Rechtsmissbrauch sei offensichtlich. Das Geltendmachen der persönlichen Freiheit und Bewegungsfreiheit vermöge daran nichts zu ändern, da diese Grundrechte zur Sicherung der obligatorischen Schulpflicht eingeschränkt werden können.
(Bundesgerichtsentscheid 2014)

Q4 Menschenrechtserklärung, Artikel 26:

Jeder hat das Recht auf Bildung. Die Bildung ist unentgeltlich, zum mindesten der Grundschulunterricht und die grundlegende Bildung. Der Grundschulunterricht ist obligatorisch.

Rechtsstaat
In einem Rechtsstaat basieren alle Entscheidungen und Handlungen auf einer gesetzlichen Grundlage.

Diktatur
(lat. «dictare» = diktieren, befehlen) Uneingeschränkte Herrschaft durch eine Person oder Personengruppe.

Behörde
Eine Gruppe von Menschen, die einen öffentlichen Auftrag und die dafür nötigen Kompetenzen haben.

Verfassung
Die Verfassung enthält die grundlegenden Regeln eines Staates sowie Angaben über dessen Gliederung und Regierung. Die Bundesverfassung der Schweiz entstand 1848 anlässlich der Gründung des Bundesstaates. 1874 und 1999 wurde sie neu formuliert. Ihre Änderung muss von der Mehrheit des Volkes und der Kantone gutgeheissen werden.

Aufgaben

1 Formuliere aus der Grafik D1, welche Behörde von wem gewählt wird. Leite daraus ab, welche der drei Behörden die einflussreichste ist.

2 Vermute, aus welchem Dokument die Vorschrift in Q2 stammt (VT1*, Glossar).

3 Definiere mit eigenen Worten in einem ganzen Satz, was ein Rechtsstaat ist (VT2, Glossar).

4 Ermittle aus dem Text Q3 die Behörden, die sich mit der Reise der Mädchen befasst haben (VT1). Welche Gewalten vertreten sie?

5 Entscheide, ob die Vorschrift in Q2 der Menschenrechtserklärung (Q4) entspricht.

6 Ihr habt schon einige Jahre Erfahrung mit dem Schulsystem. Diskutiert, was ihr daran gut, was schlecht findet.

KV 2 Arbeitsblatt

* VT1 bedeutet: Die Aufgabe bezieht sich auf den ersten Abschnitt des Verfassertextes (VT). Die Abschnitte ergeben sich durch die blauen Zwischenüberschriften.

2 | Was lernen wir in der Schule?

Möchtest du in deinem Stundenplan «Sciencefiction», «Glück» oder ein anderes Fach haben? Und wie viele Lektionen soll das neue Fach pro Woche zählen?

Bund
Unter «Bund» verstehen wir die ganze Schweiz, auch Schweizerische Eidgenossenschaft genannt. Weil die Regierung in Bern tätig ist, spricht man auch von «Bern».

Volksinitiative
Bürgerinnen und Bürger verlangen eine Verfassungsänderung.

Referendum
(lat. «referre» = zurücktragen) Die Regierung unterbreitet den Bürgerinnen und Bürgern eine Verfassungsänderung zur Abstimmung.

Bund – Kanton – Gemeinde

Die Schweiz als Ganzes besteht aus 26 Kantonen und rund 2300 Gemeinden. Die oberste Ebene wird als «Bund» bezeichnet. Der Bund schreibt den Kantonen vor, den obligatorischen Volksschulunterricht zu organisieren. Sie müssen einen einheitlichen Aufbau der Schulstufen anstreben, sich auf einen gemeinsamen Lehrplan einigen und sich über die Schulinhalte miteinander absprechen. Nicht alles legen die Kantone fest. Vor allem bei den Primarschulen beschliesst die Gemeinde (oder auch mehrere Gemeinden zusammen), wo ein Schulhaus gebaut werden soll, wie es gestaltet und ausgestattet wird. Auch Angebote wie Aufgabenhilfe, Verkehrsregelung oder Mittagstisch fallen häufig in die Kompetenz der Gemeinde.

Drei Ebenen – drei Gewalten

Wie auf der Bundes- gibt es auch auf Kantons- und Gemeindeebene eine Teilung in Legislative, Exekutive und Judikative. Dies wird in D1 dargestellt. Vor allem in kleineren Gemeinden ist die Versammlung der Bürgerinnen und Bürger, die Gemeindeversammlung, die Legislative. Auf dieser Ebene fehlt zudem bisweilen die Judikative.

Regeln verändern

Zwar musst du die Gesetze befolgen. Aber in einer Demokratie wie der Schweiz kannst du sie ändern, wenn die Mehrheit der Bürgerinnen und Bürger deiner Meinung ist.

Als Schweizer Bürger oder Bürgerin kannst du, sobald du 18 Jahre alt bist, selbst aktiv werden und eine Volksinitiative starten. Wenn du mit andern zusammen auf Bundesebene 100 000 Unterschriften zusammenbringst, kannst du erreichen, dass das ganze Volk über eine Verfassungsänderung abstimmt; auch in Kantonen und Gemeinden besteht diese Möglichkeit.

Du kannst aber auch darüber abstimmen, ob du mit Verfassungsartikeln einverstanden bist, die das Parlament ändern oder neu erlassen will. Diese Möglichkeit heisst Referendum.

D1 Drei Gewalten auf drei Ebenen

heute | Zusammenleben in der Schweiz

Zahl der Lektionen pro Woche in der 8. Klasse	
Religion	2
Allgemeinwissen	3
Schreiben	4
Latein	8
Deutsch	5
Französisch	3
Mathematik	3
Physik	0.3
Geschichte	2
Geografie	2
Gesang/Musik	1

D2 Stundentafel am Basler Gymnasium im Jahr 1817, 6.–11. Klasse, damals nur für Knaben

Q1 Selbstporträt einer Privatschule, der Rudolf-Steiner-Schule in Kreuzlingen-Konstanz

Q2 «Homeschooling»:

Die Villigers sind keine Durchschnittsfamilie. Vater Villiger ist Lehrer an einer öffentlichen Schule auf Sekundarstufe und sorgt für das Familieneinkommen. Die Mutter kümmert
5 sich um die Kinder. So weit, so unspektakulär. Aber die Villigers haben zehn Kinder, die alle nicht zur Schule gehen oder gingen. Sie werden zu Hause unterrichtet. Mutter Villiger kümmert sich um die Primarstufe, die Älteren
10 arbeiten bereits weitgehend selbstständig. Der Lehrplan richtet sich nach den staatlichen Vorgaben. «Eigentlich ist der Ablauf bei uns gleich wie an der Schule», sagt Willi Villiger. (NZZ 22.10.2012)

Aufgaben

1 Übernimm die Übersicht aus D1. Recherchiere, wie die entsprechenden Behörden in deinem Kanton und in deiner Gemeinde heissen, und trage diese Bezeichnungen ein.

2 Vergleiche die Stundenzahlen deines Stundenplans mit denjenigen aus dem Jahr 1817: Welche Fächer sind neu dazugekommen, welche verschwunden? Interpretiere die damalige Stundenzahl der Fächer (D2).

3 Nimm Stellung zur Frage, ob «Homeschooling» rechtlich zulässig ist. Welche Bedingung muss dabei wohl erfüllt sein (Q2, VT1, VT3)?

4 Privatschulen (Q1) werden von den Eltern finanziert. Beurteile: Dürfen sie ihren Lehrplan frei bestimmen?

5 Vergleiche Volksinitiative und Referendum: Was ist gemeinsam, was verschieden (VT3)?

6 Wie hat die in Q1 abgebildete Schule es geschafft, das Gebäude und alle Kinder abzubilden? Erläutere, wie du sie anordnen würdest.

KV 3
Arbeitsblatt

121

Methode

3 | Ein Organigramm zeichnen

Hierarchie
Eine Hierarchie ist die Ordnung einer Gesellschaft oder einer Menschengruppe nach Kompetenzen.

Organigramm
Es veranschaulicht eine Hierarchie.

Macht
Die Fähigkeit, über andere Menschen zu herrschen.

Wer leitet die Schule?

Wenn du zur Schule kommst, ist dir vieles vorgeschrieben: Der Stundenplan sagt dir, welche Lektionen du zu besuchen hast, die Hausordnung, wie du dich zu verhalten hast, und deine Lehrpersonen, was du zu arbeiten hast. Ihnen wiederum erteilt die Schulleitung Aufträge, etwa welche Klassen sie zu unterrichten haben. Die Schulleitung ihrerseits muss Weisungen der kantonalen Exekutive (etwa der Erziehungsdirektion) ausführen. Und die Erziehungsdirektion untersteht dem Parlament. Die Parlamentarier schliesslich sind davon abhängig, dass das Volk sie wählt.

Hierarchie in der Gesellschaft

Nicht nur in der Schule, sondern in der Politik generell, im Beruf und in der Freizeit gibt es Oben und Unten, Befehlende und Ausführende. Macht unter Menschen ist seit ihrer Entstehung unterschiedlich verteilt. Frühe Kulturen glaubten, die Machtverteilung sei gottgegeben. Sie prägten dafür das Wort «Hierarchie», «heilige Ordnung».

Vor 250 Jahren, in der europäischen Aufklärung, bestritten Philosophen, dass Macht von Gott gegeben sei. Sie gingen davon aus, dass alle Menschen ursprünglich gleich viel Macht besitzen; sie treten diese nur vorübergehend einzelnen Menschen ab, um unter deren Führung ein gemeinsames Ziel besser erreichen zu können; jeder Mensch hat die gleichen Rechte, nur unterschiedlich viele Kompetenzen. Die Demokratie verkörpert diese Überzeugung von der Gleichheit der Menschen. Hier können sie ihre Regierung wählen und absetzen.

Es ist also nicht mehr so klar, wer oben und wer unten in der Gesellschaft steht. Das siehst du am Beispiel der Schule: Du stehst zwar unten in der Hierarchie und kannst deine Lehrerinnen und Lehrer nicht einmal wählen. Aber eigentlich ist deine Ausbildung das Ziel, dem sich alle unterordnen.

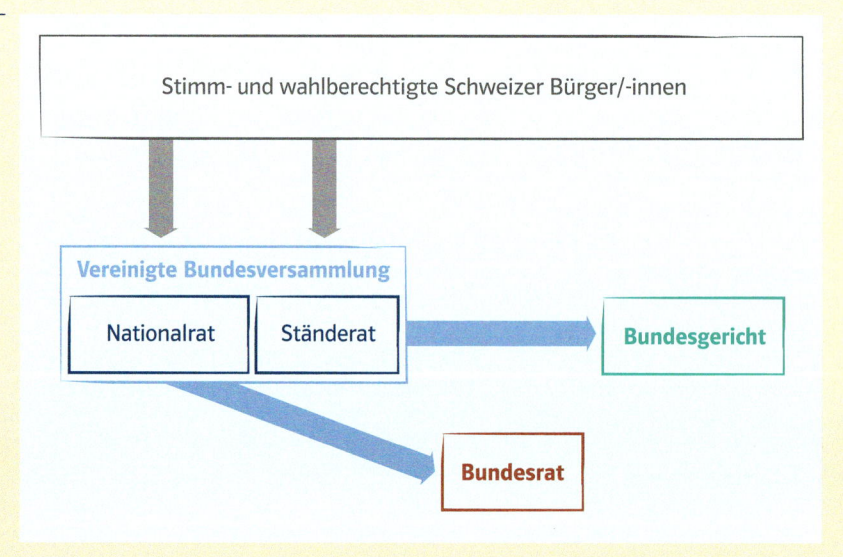

Q1 Organigramm einer Jugendriege (Ausschnitt, nachgezeichnet)

- Jugendriegen-Chef
  - J&S-Coach
  - Meitliriegen-Chefin
    - Dienstags-Chefin
    - Donnerstags-Chefin
  - Bueberiegen-Chef
    - Dienstags-Chef
    - Freitags-Chef
  - Geräteturnen-Chef
    - Dienstags-Chef
    - Freitags-Chefin

D1 «Auf den Kopf gestellte» Darstellung der Machtverhältnisse in der Schweiz

- Stimm- und wahlberechtigte Schweizer Bürger/-innen
  - Vereinigte Bundesversammlung
    - Nationalrat
    - Ständerat
  - Bundesgericht
  - Bundesrat

heute | Zusammenleben in der Schweiz

Q2 Karikatur «Hierarchie»

Arbeitsschritte: Ein Organigramm zeichnen

Wahrnehmen

1 Suche Unterlagen zu einer Organisation, zu der du ein Organigramm zeichnen willst.

2 Zähle auf, wer in der gewählten Organisation eine Aufgabe hat.

3 Schreibe jede Aufgabe auf ein Kärtchen. Vielleicht kannst du auf die Rückseite die Namen von Menschen schreiben, die diese Aufgaben übernehmen.

Erschliessen

4 Finde nun heraus, wer wem etwas «befehlen» kann. Wer hat welche Macht? Wer wird von wem gewählt? Zeichne je einen Pfeil auf ein Kärtchen und lege die Kärtchen zwischen die Aufgaben oder Menschen.

Orientieren

5 Wenn du alle Kärtchen gelegt hast, überprüfst du das Dargestellte. Beschreibe in Worten, was du siehst. Benutze Wörter wie «leiten» oder «wählen».

Handeln

6 Zum Schluss gestaltest du einen A3-Bogen, auf dem du alles mit Farbe schön darstellst. Gib dem Organigramm einen Titel.

Organigramm

Wenn man Machtverhältnisse unter Menschen darstellen will, wählt man dafür die Form des Organigramms: Diejenigen mit den meisten Kompetenzen stehen darin üblicherweise oben, diejenigen mit den wenigsten unten. Mit Linien von oben nach unten wird dargestellt, wer wem etwas befehlen darf. Aber alle Menschen haben die gleichen Rechte. In einem Organigramm zur Politik kann die wählende und abstimmende Bevölkerung deshalb ganz unten eingesetzt werden – oder auch zuoberst.

Aufgaben

1 Lies das Organigramm Q1, verwende dabei die Verben «leiten» und «gehorchen».

2 Erstelle ein Organigramm der Hierarchie in deiner Schule (Methodenkasten, VT1).

3 Vielleicht bist du in einem Verein oder lernst ein Musikinstrument in der Musikschule. Zeichne das Organigramm (Methodenkasten).

4 Eine Karikatur ist eine kritische Bildaussage. Beschreibe die Karikatur in Q2 und interpretiere ihre Aussage.

5 Erläutere, was die Aufklärung an der gesellschaftlichen Ordnung geändert hat (VT2).

6 Es gibt auch Organigramme der Regierung in der Schweiz, bei denen das Volk zuoberst steht (D1). Welche Überlegung steht dahinter? – Diskutiert (VT2)!

KV 4
Arbeitsblatt

4 | Wer bezahlt die Schule?

Wenn du ein Eintrittsbillett für die Schule lösen müsstest, hättest du dafür Tag für Tag 100 Franken zu zahlen. In 40 Schulwochen, d.h. in einem Schuljahr, kostet dein Unterricht nämlich 20 000 Franken. Wer soll das bezahlen?

direkte Steuern
muss man direkt dem Staat bezahlen. Ihre Höhe wird nach Einkommen und Vermögen berechnet.

indirekte Steuern
bezahlt man auf eine Ware oder Dienstleistung. Sie werden vom Anbieter bezahlt, aber auf den Käufer übertragen. Der Käufer bezahlt also die Steuern indirekt, z.B. in Form von Mehrwertsteuern.

Unentgeltlicher Unterricht

Alle Menschen in der Schweiz haben ein Anrecht auf unentgeltlichen Unterricht. Aber Schule ist natürlich nicht gratis zu haben: Die Lehrerlöhne, die Schulleitung, das Schulmaterial, die Hauswartung, der Unterhalt der Schulhäuser und erst recht deren Bau kosten Millionen.

Es widerspräche der Bundesverfassung und der Menschenrechtskonvention, wenn deine Eltern die Kosten für die Schule direkt bezahlen müssten. Denn deine gute Ausbildung kommt später auch der Allgemeinheit zugute, indem du z.B. Steuern zahlst. Dank deinen Steuern können nämlich andere Kinder ebenfalls die Schule besuchen.

Steuern

Die ältesten Steuern erhoben die Könige schon in der Antike. Zuerst war es eine Kopfsteuer: Jede Person (Kopf) bezahlte gleich viel. Aber nicht jeder war gleich reich. So war die Steuer ungerecht. Deshalb registrierten sie Einkommen und Vermögen der Untertanen und verlangten einen bestimmten Teil davon: die Vermögens- und die Einkommenssteuer.

Neben diesen direkten Steuern erhoben die Herrschenden auch indirekte Steuern, etwa auf das Salz oder heute auf fast alle Produkte und Dienstleistungen (Mehrwertsteuer). Indirekte Steuern hängen nicht mit dem Einkommen oder Vermögen, sondern mit dem Verbrauch zusammen. Indirekte Steuern werden auch eingesetzt, um diesen Verbrauch zu beeinflussen: Die hohe Steuer auf Zigaretten beispielsweise kann die Menschen davon abhalten zu rauchen.

Dreifache Steuern

In der Schweiz sind die Staatsaufgaben auf den Bund, die Kantone und die Gemeinden verteilt. Deshalb ziehen alle drei Ebenen Steuern ein. Die Kantone erheben vor allem direkte Steuern, und die Gemeinden zweigen meist einen Anteil davon für sich ab. Der Bund lebt vor allem von indirekten Steuern: Mehrwertsteuer, Mineralöl-, Tabak-, Alkoholsteuer usw.

D1 Die sechs grössten Staatsaufgaben

heute | Zusammenleben in der Schweiz

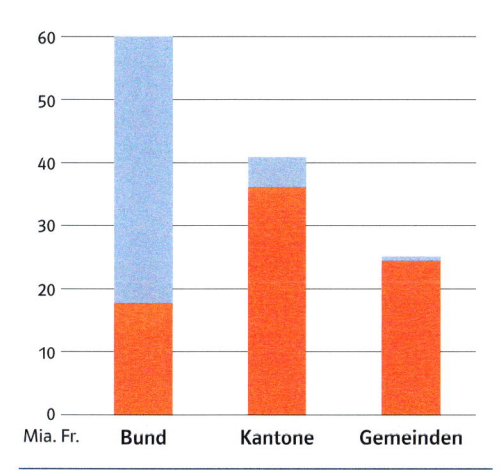

D2 **Steuereinnahmen** für Bund, Kantone, Gemeinden in Mia. Franken (2011): rot die direkten, blau die indirekten Steuern (Säulendiagramm)

Einkommen	Bundessteuer darauf
30 000 Fr.	0 Fr.
50 000 Fr.	0 Fr.
70 000 Fr.	0 Fr.
100 000 Fr.	87 Fr.
150 000 Fr.	1954 Fr.
500 000 Fr.	40 792 Fr.
1 000 000 Fr.	99 368 Fr.

D3 **Höhe der direkten Bundessteuer.** Betrag der Bundessteuer für eine verheiratete Person mit zwei Kindern (2012) nach der Höhe des steuerbaren Einkommens

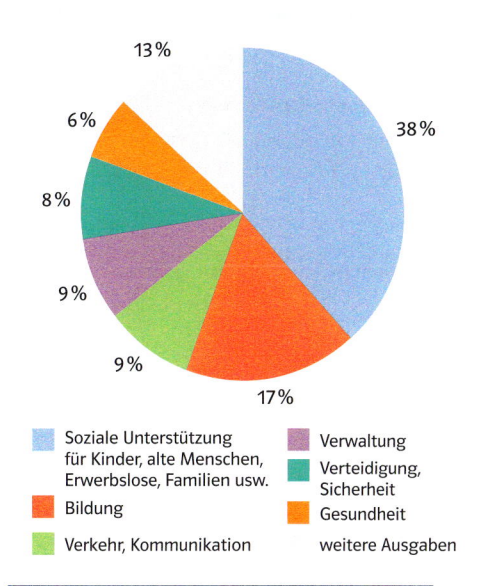

Soziale Unterstützung für Kinder, alte Menschen, Erwerbslose, Familien usw.
Bildung
Verkehr, Kommunikation
Verwaltung
Verteidigung, Sicherheit
Gesundheit
weitere Ausgaben

D4 **Gesamte Ausgaben des Staates in %.** Ausgaben von Bund, Kantonen und Gemeinden nach Aufgaben (2011, Kreisdiagramm)

Klassen (Kl.)	1.–9. Kl.	10.–13. Kl.
Bund	0 %	1 %
Kantone	44 %	96 %
Gemeinden	56 %	3 %
Total der Kosten	100 %	100 %

D5 **Ausgaben für die Schulen in %** (2012)

Aufgaben

1 Berechne, was deine Klasse pro Jahr den Staat kostet. Finde heraus, wer die Summe bezahlt (Vorspann, VT1, D5).

2 Finde heraus, wofür die Schweiz noch mehr Geld ausgibt als für die Bildung. Und welches sind die nächsten grossen Ausgabenposten (D1, D4)?

3 Wenn du «König» oder «Königin» der Schweiz wärst: Erläutere, wie du die Ausgaben verteilen würdest (D4).

4 Hundesteuer, Billettsteuer, Kurtaxe: Entscheide, ob es sich dabei um direkte oder indirekte Steuern handelt. Wer erhebt sie wohl: Bund, Kantone oder Gemeinden (VT2, VT3)?

5 Erkläre, wie sich direkte und indirekte Steuern unterscheiden (VT2, D2).

6 Finde heraus, nach welcher Berechnung die direkte Bundessteuer erhoben wird (D3).

7 Immer wieder wird über eine schweizerische Ökosteuer gesprochen: eine Steuer auf alle umweltbelastenden Handlungen und Stoffe. Ihr Ertrag flösse nicht dem Staat zu, sondern würde unter den Menschen wieder verteilt. Vermute, was das für eine Steuer wäre (VT3).

KV 5
Arbeitsblatt

125

5 | Wozu gehen wir zur Schule?

«Nicht für das Leben, sondern für die Schule lernen wir» («Non vitae, sed scholae discimus»), tadelte der römische Philosoph Seneca den Schulunterricht. Siehst du das auch so?

duale Ausbildung
(griech., dann lat. «duo, duae» = zwei) Eine Kombination von theoretischer und praktischer Ausbildung. Beispiel: die Berufslehre.

Arbeitgeber
Eine Person oder ein Unternehmen bietet Arbeitsstellen an.

Arbeitnehmer
Eine Person, welche eine Arbeitsstelle annimmt.

Nach der Schule – wieder Schule

Auch wenn du gern zur Schule gehst – einmal wird der Schulbesuch zu Ende gehen. Die Schule soll dich auf das weitere Leben, unter anderem auch auf eine Berufsausbildung, vorbereiten. Diese besteht in der Regel aus einem theoretischen Teil (wiederum in einer Schule oder Hochschule) und einer praktischen Tätigkeit. Beides machst du entweder neben- oder nacheinander. Diese Ausbildung in Theorie und Praxis wird als «duale Berufsbildung» bezeichnet. Sie hat den Vorteil, dass man mit einem Berufsdiplom eine interessante Arbeitsstelle findet.

Gesetzliche Vorschriften regeln in jeder Ausbildung, welche Bedingungen man erfüllen, welche Leistungen man erbringen und welche Berufsprüfung man am Schluss bestehen muss.

Berufswahl bedeutet Politik

Die Regierung hat über 700 Berufe mit gesetzlichen Vorschriften geregelt – so breit ist also die Auswahl. Mit der Berufswahl triffst du eine persönliche Entscheidung. Du erwartest, dass die Arbeit dir Freude macht. Doch die Berufswahl hat auch Bedeutung für die Politik: In einigen Berufen gibt es zu viele, in anderen zu wenig Berufsleute. Die Regierung versucht, Mangel und Überangebot an Berufsleuten auszugleichen. Die Unternehmen locken mit attraktiven Arbeitsbedingungen die Menschen in bestimmte Berufe.

Deine Berufswahl hat noch eine weitere Bedeutung: Dein Eintritt in einen Beruf, dein späterer Lohn und deine Steuerzahlungen erlauben der Gemeinschaft wieder, Schulen zu führen und weiteren Kindern zu einem Beruf zu verhelfen. Für das Zusammenleben in der Schweiz spielen deshalb Schule und Berufsausbildung eine Schlüsselrolle.

Beruf

Politik und Wirtschaft regeln auch die Berufstätigkeit: Die Regierung schützt die Berufsleute mit dem Arbeitsgesetz und anderen Vorschriften vor zu langer Arbeitszeit, ungesunden Arbeitsbedingungen und vielem anderen. Sie legt für Arbeitsverträge zwischen Unternehmen (Arbeitgebern) und Arbeitnehmern das Obligationenrecht (ein Gesetz über Verträge) zugrunde.

Für die Aushandlung der Arbeitsverträge schliessen sich die Unternehmen in Verbänden und die Arbeitnehmer in Gewerkschaften zusammen. Beide handeln Verträge aus, welche für eine ganze Reihe von Betrieben gelten, sogenannte Gesamtarbeitsverträge (GAV). Die Regierung kann verfügen, dass diese wie gesetzliche Vorschriften für alle Betriebe einer Branche gelten.

Die Gesamtarbeitsverträge sind ein Grund dafür, dass in der Schweiz viel verhandelt und wenig gestreikt wird.

Q1 Lehrling bei der Arbeit im Serverraum

heute | Zusammenleben in der Schweiz

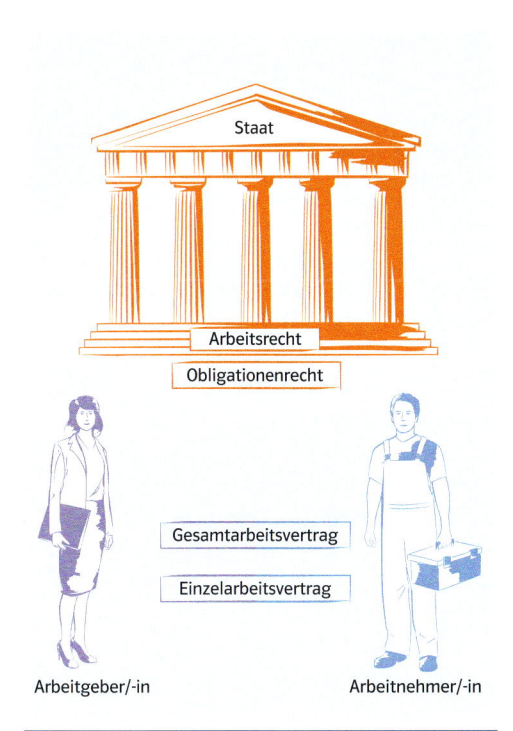

D1 Arbeitsrecht zwischen Staat, Arbeitgeber und Arbeitnehmer

Q2 Arbeitsgesetz, Artikel 18.1:
In der Zeit zwischen Samstag 23 Uhr und Sonntag 23 Uhr ist die Beschäftigung von Arbeitnehmern untersagt. Vorbehalten bleibt Artikel 19.

Q3 Gesamtarbeitsvertrag für das Gastgewerbe, Artikel 9.3:
Der Einbezug freiwilliger Kundenleistungen (z. B. Trinkgelder) ins Lohnsystem ist unzulässig.

Q4 Obligationenrecht, Artikel 319.1:
Durch den Einzelarbeitsvertrag verpflichtet sich der Arbeitnehmer auf bestimmte oder unbestimmte Zeit zur Leistung von Arbeit im Dienst des Arbeitgebers und dieser zur Entrichtung eines Lohnes, der nach Zeitabschnitten (Zeitlohn) oder nach der geleisteten Arbeit (Akkordlohn) bemessen wird.

Q5 Im Jahr 1804 drehte der deutsche Schriftsteller, Pädagoge und Verleger Joachim Heinrich Campe Senecas Satz um – die Schule müsse auf das Leben, insbesondere den Beruf, vorbereiten:
Der Mensch kann nicht ganz frei arbeiten; sondern er muss arbeiten, wie es der Staat, der ihm ein Amt oder Geschäft aufträgt, oder die einzelnen Menschen fordern, die ihm Arbeiten auftragen. Da nun alle Menschen gezwungenermassen arbeiten müssen, so ist es einer der ersten Zwecke der Erziehung und Bildung des Menschen für diese Welt, dass er das lerne: non scholae, sed vitae discendum est! Das Kind kann also nicht zu früh an festgesetzte, nach Tagen und Stunden eingeteilte Arbeit gewöhnt werden.

Gewerkschaft
Zusammenschluss von Arbeitnehmern zur Vertretung ihrer Interessen.

Verband
Zusammenschluss mit einem wirtschaftlichen Ziel; ein Unternehmerverband ist ein Zusammenschluss von Arbeitgebern.

Gesamtarbeitsvertrag
Vertrag zwischen Unternehmerverband und Gewerkschaft(en).

Aufgaben

1. Massnahme A: Die Regierung erlaubt den Zuzug ausländischer Berufsleute.
Massnahme B: Die Regierung sorgt für die Umschulung von Arbeitslosen.
Finde heraus, welche der beiden Massnahmen dem Überfluss, welche dem Mangel an Berufsleuten abhelfen soll (VT2).

2. Fasse den Inhalt von Q2 in einem Wort zusammen. Vermute, welche Arbeiten wohl nicht darunterfallen (VT2, Q2).

3. Erläutere, was für das Trinkgeld des Servicepersonals in Restaurants gilt (Q3).

4. Arbeite heraus, was einen Gesamt- von einem Einzelarbeitsvertrag unterscheidet (VT3, D1, Q4).

5. Begründe, warum Seneca im Jahr 1804 so zitiert wurde (Q5): «Nicht für die Schule, sondern für das Leben müssen wir lernen.» Bist du auch dieser Meinung? Nimm Stellung dazu.

Rundblick

6 | Wie ist Schule anderswo?

Auf der Welt leben rund 600 000 000 Jugendliche in deiner Altersgruppe; davon können 170 000 000 oder 28 Prozent keine Schule besuchen. Und für die andern sieht der Schulalltag je nach Weltgegend ganz verschieden aus. Hier drei Beispiele:

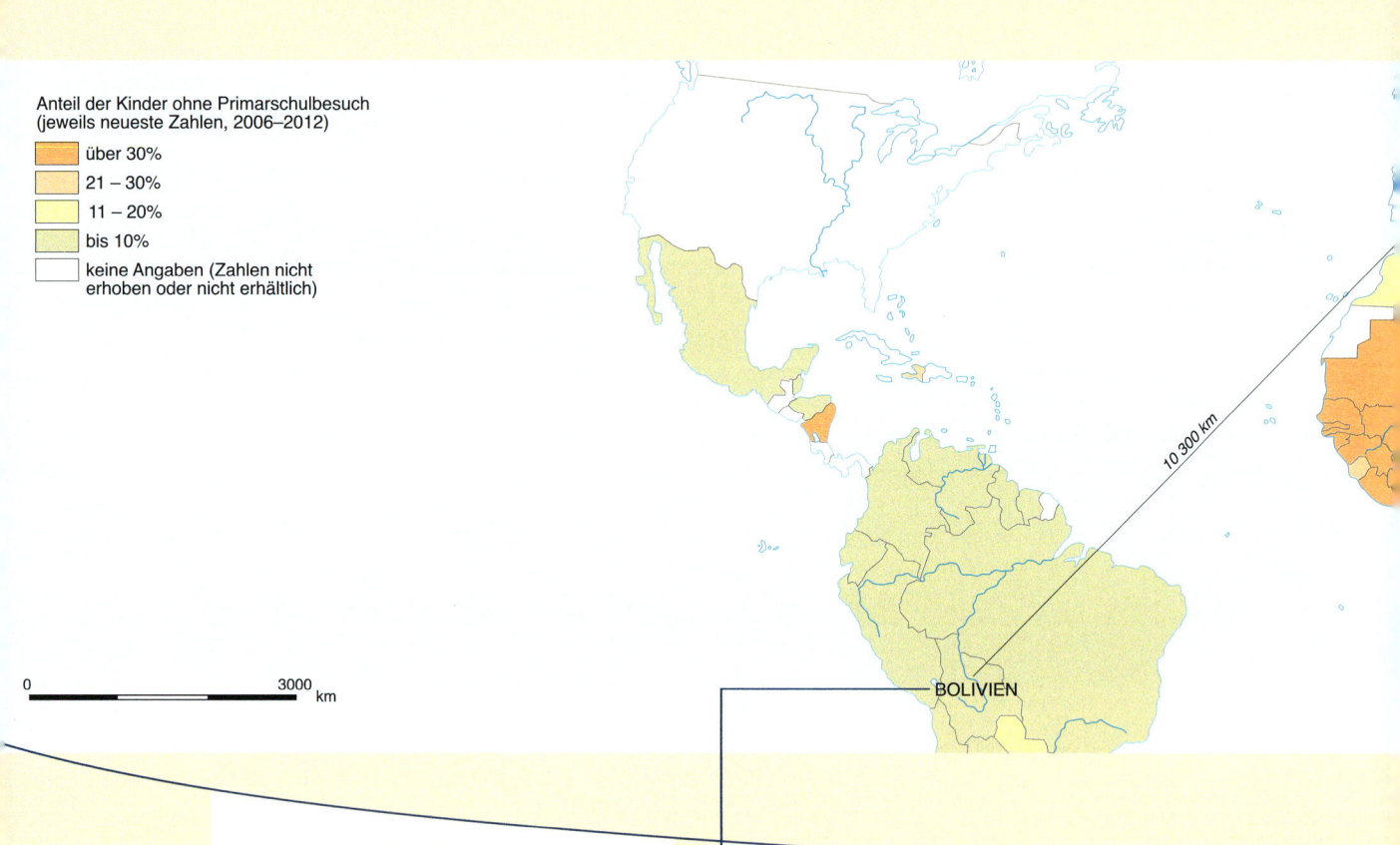

Anteil der Kinder ohne Primarschulbesuch (jeweils neueste Zahlen, 2006–2012)
- über 30%
- 21 – 30%
- 11 – 20%
- bis 10%
- keine Angaben (Zahlen nicht erhoben oder nicht erhältlich)

BOLIVIEN

Unterschiedliche Schulen, unterschiedliche Herausforderungen

Die drei Beispiele rechts zeigen andere Schulen als die schweizerischen oder mitteleuropäischen. Doch auch sie setzen sich mit ähnlichen Fragen auseinander wie wir:
- Was soll man in der Schule lernen?
- Wie ist das Verhältnis zwischen Lehrern und Schülern?
- Welche Bedeutung hat die Ausstattung einer Schule?
- Welche Rolle spielt die Schule in der Gesellschaft?

Q1 Eine fünfte Klasse in Puka Puka, Bolivien. Aus dem abgelegenen Dorf mussten die Kinder nach der dritten Klasse ins nächstgelegene zur Schule gehen, durften ihre traditionelle Kleidung nicht mehr tragen und wurden als Quechua-Angehörige wegen ihres Bahai-Glaubens diskriminiert. Die Bahai-Gemeinde finanzierte deshalb eine private Schule, um die Kinder weiterhin im Dorf unterrichten zu können. Dazu verzichtet sie unter anderem auf Alkoholgenuss.

heute | Zusammenleben in der Schweiz

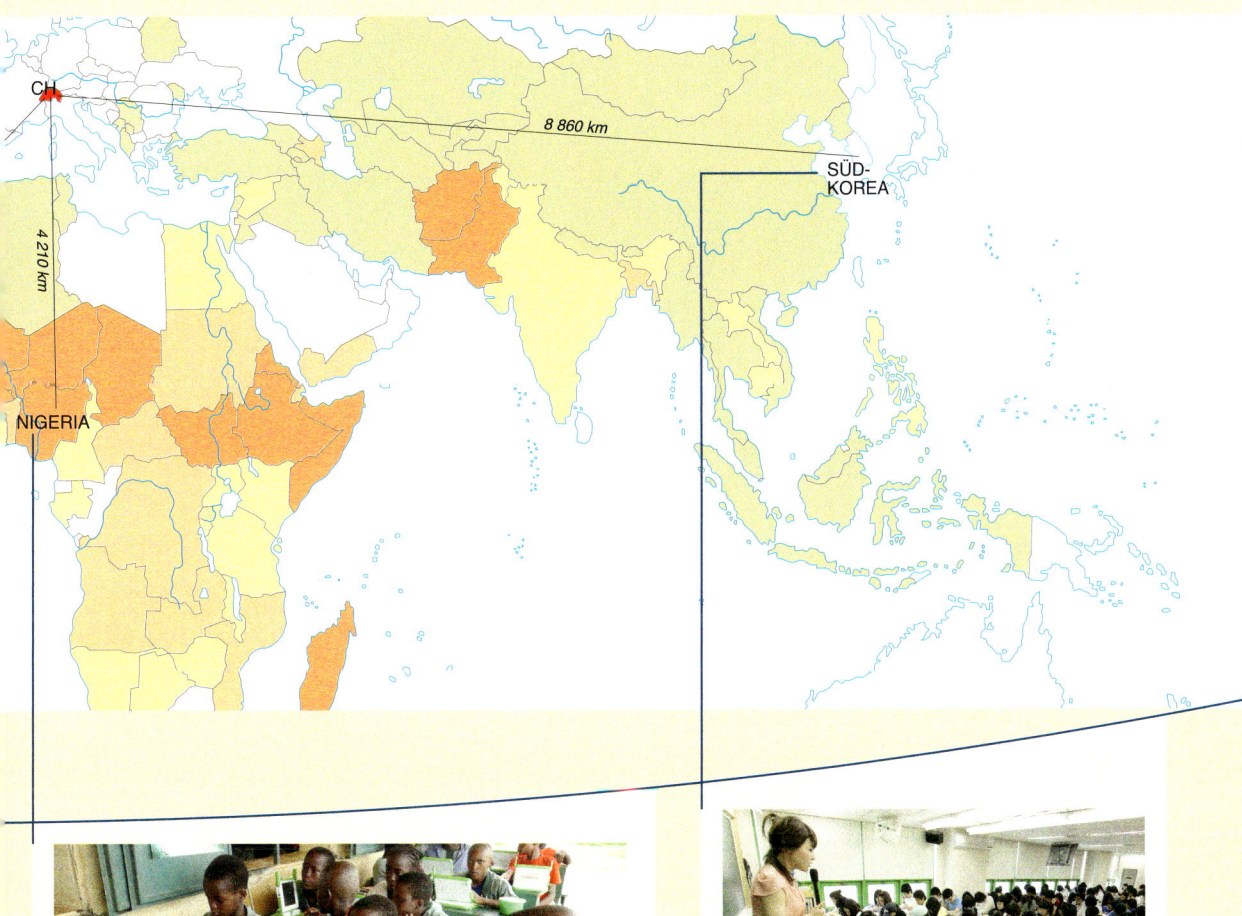

Q2 Laptop Klasse in Galadima, Nigeria. Die Stiftung «One Laptop per Child» rüstete im April 2007 die Schülerinnen und Schüler der 4. bis 6. Klasse mit Laptops aus. Die Schule verfügt weder über Wasser- noch über Elektrizitätsanschluss. Die Laptops kosten 200 Dollar, verbinden sich untereinander mit den typischen «Ohren»-Antennen, verzichten auf die stossempfindliche Festplatte und funktionieren mit Open-Source-Programmen. Bis 2012 wurden 2,5 Millionen Geräte ausgeliefert. Während die Schüler früher aus Mangel an Lehrmitteln nur repetieren und auswendig lernen konnten, werden sie nun zum selbstständigen Lernen ermutigt.

Q3 Englisch-Lektion von Lee Rose in Seoul, Südkorea. «Cram Schools» (engl. «to cram» = vollstopfen, pauken) dienen in Südkorea und anderen asiatischen Staaten dazu, den Schulstoff zu vertiefen, zu ergänzen und vor allem auswendig zu lernen. Die Schülerinnen und Schüler besuchen sie nach dem normalen Unterricht und bereiten sich so auf die Aufnahmeexamen weiterführender Schulen und Universitäten vor. Unterrichtet werden Sprachfächer und Mathematik; daneben werden auch kreative Kurse angeboten.

KV 6
Arbeitsblatt

129

Abschluss

7 | Zusammenleben in der Schweiz

1 Zu diesen Themen kann ich eine geschichtliche Frage stellen.
a) Gleichberechtigung der Menschen und Hierarchie
b) Schule früher und heute

2 Diese Fragen kann ich beantworten.
a) Wie ist die Schweiz politisch gegliedert?
b) Was bedeutet Gewaltenteilung?

3 Diese Begriffe kann ich erklären.
a) Verfassung
b) Legislative
c) Exekutive
d) Judikative
e) Volksinitiative
f) Referendum
g) Hierarchie
h) Organigramm
i) Arbeitnehmer – Arbeitgeber
j) Verband

4 Die Daten auf dem Zeitstrahl kann ich erklären.

5 Zu diesen Fragen habe ich eine Meinung und kann sie begründen.
a) Ist das Obligatorium des Schulbesuchs angemessen?
b) Welche Bedeutung hat die Berufsausbildung?
c) Welches sind die Stärken und Schwächen einer Hierarchie?

6 Diese Methode kann ich anwenden.
Ein Organigramm zeichnen:
a) Ich kann eine Hierarchie aufzeichnen.

Bilder zum historischen Lernen nutzen:
a) Ich kann eine historische Fotografie mit der Gegenwart in Verbindung bringen.

7 Ich kann Geschichte für meine Gegenwart nutzen.
a) Ich kann ein Organigramm entschlüsseln.
b) Ich kenne das Prinzip der dualen Berufsbildung.
c) Ich weiss, wie sich die Bundesverfassung verändern lässt.

Aufklärung | 1848 | 1874 | 1948 | 1999

heute | Zusammenleben in der Schweiz

Q1 Schulklasse in Binningen, um 1935

Q2 Lehrerkollegium in Binningen. Die Lehrerinnen durften nur an der Unterstufe unterrichten und verloren ihre Stelle, wenn sie heirateten. Zwei Lehrer unterrichteten an der Sekundarschule.

Aufgaben

1 Vergleiche das Bild Q1 mit dem Bild Q2 auf S. 17.

2 Fotografiert euch als Klasse so, wie ihr im Unterricht arbeitet. Vergleicht dann die Fotografie mit Q1.

3 Bittet euer Lehrerkollegium zu einer Fotosession. Vergleicht das Bild mit Q2.

4 Diskutiert: Wie beurteilt ihr die Veränderungen in der Schule?

KV 7
Repetition

Hinweise für das Lösen der Aufgaben

Vergangenheit und Geschichte wahrnehmen

Suche: Du machst dich gezielt auf den Weg, um etwas zu finden oder herauszufinden. Du arbeitest beim Suchen in Bibliotheken, im Internet, in Archiven und evtl. draussen.

Vermute: Formuliere, was dir wahrscheinlich erscheint: Was könnten die Ursachen für ein bestimmtes Ereignis sein? Was könnte passieren, wenn dies oder jenes geschieht?

Stelle Fragen: Du legst fest, was du wissen willst.

Nenne: Du entnimmst vorgegebenen Texten und Materialien einzelne Begriffe und Informationen.

Betrachte: Du beobachtest Phänomene und versuchst sie präzise zu erfassen.

Beschreibe: Du gibst wieder, was du auf einem Bild, in einem Text oder einem anderen Material zu einem Thema erkennen kannst. Du reduzierst das Wahrgenommene auf das Wesentliche.

Skizziere: Stelle etwas in groben Zügen dar und beschränke dich dabei auf das Wesentliche. Versuche das Wichtigste wahrzunehmen.

Gib wieder: Du suchst in einem oder mehreren Texten nach wichtigen Aussagen/Informationen und wiederholst diese.

Zähle auf: Du entnimmst einem Text oder einem anderen Material einzelne Aussagen und ordnest sie sinnvoll.

Liste auf: Du schreibst Informationen in Kurzform auf: z. B. in kurzen Sätzen, nach Oberbegriffen geordnet, in Stichworten oder in einer Tabelle.

Vergangenheit und Geschichte erschliessen

Untersuche: Arbeite anhand von Fragen. Beantworte die gestellten Fragen kurz und prägnant.

Erkunde: Du versuchst, etwas vor Ort in Erfahrung zu bringen, um den Gegenstand, das Denkmal, den Dorfplatz usw. genauer beschreiben oder charakterisieren zu können.

Recherchiere: Du suchst nach bestimmten Informationen oder Materialien, trägst sie zusammen und hältst fest, wo du sie gefunden hast. Mach dir zum Recherchieren Stichworte. Zudem beschreibst du deinen Such-Weg, damit auch andere die von dir recherchierten Informationen selber finden können.

Finde heraus: Du suchst nach Lösungen für bestimmte Probleme und formulierst diese mit eigenen Worten.

Beantworte: Du suchst in verschiedenen Texten und Materialien nach Antworten. Du äusserst dich präzis zu einer Frage.

Prüfe: Du vergleichst Informationen aus den Materialien mit vorhandenen Kenntnissen und stellst fest, ob beides übereinstimmt oder sich widerspricht.

Dokumentiere: Halte die Informationen, die dir wichtig erscheinen, in geeigneter Form fest, z. B. in einer Skizze, Tabelle oder Grafik.

Arbeite heraus: Du liest einen Text oder schaust anderes Material unter einem bestimmten Gesichtspunkt an. Die wichtigsten Gedanken dazu gibst du mit eigenen Worten wieder.

Fasse zusammen: Du liest einen oder mehrere längere Texte und gibst den Inhalt in verkürzter Form wieder.

Sich in Vergangenheit und Gegenwart orientieren

Erzähle: Du berichtest zusammenhängend über etwas und achtest darauf, was vorher war und was nachher kommt. Du nennst Menschen, die gehandelt haben oder durch Ereignisse betroffen waren. Nenne zudem die genauen Zeitpunkte der Geschehnisse.

Erkläre: Du äusserst dich ausführlich zu Abläufen, Ereignissen, Zuständen oder Handlungen und machst dabei Gründe, Folgen und Zusammenhänge deutlich.

Erläutere: Du stellst Sachverhalte oder Handlungen ausführlich dar. Dabei entscheidest du selbst, was du für besonders wichtig hältst und demzufolge sehr genau darlegst, was du nur kurz erwähnst oder was du weglassen willst.

Ordne ein: Du stellst Sachverhalte oder Positionen in einen Zusammenhang. Dabei kann es hilfreich sein, die Informationen unter bestimmten Überschriften oder Oberbegriffen zu sortieren.

Vergleiche: Du stellst unterschiedliche Aussagen/Informationen gegenüber und findest heraus, worin sie sich gleichen, ähnlich sind oder sich völlig unterscheiden.

Beurteile/Nimm Stellung: Du vergleichst eine Aussage oder eine Behauptung zu einem historischen Sachverhalt mit dem, was du darüber weisst. Du entscheidest, ob die Aussage oder die Behauptung zutrifft oder nicht. Du äusserst dich auch dazu, wie du zu einem Sachverhalt bzw. zum Handeln von Menschen in einer bestimmten Situation stehst. (Beispiel: Etwas ist richtig oder falsch, gerecht oder ungerecht, gut oder schlecht usw.) Du begründest, warum du zu diesem Urteil gelangt bist.

Interpretiere/Deute: Du erklärst einen bestimmten Sachverhalt und beurteilst ihn.

Begründe: Du suchst in Texten und Materialien nach Ursachen, warum sich Ereignisse in einer bestimmten Form zugetragen haben, und nach Gründen, warum Menschen in einer bestimmten Art und Weise gehandelt haben. Anschliessend gibst du die Zusammenhänge ausführlich mit eigenen Worten wieder. (Beispiel: Die Reformation breitete sich auch in der Schweiz aus, weil …)

In Gegenwart und Zukunft handeln

Diskutiert: Du tauschst mit Gesprächspartnern Meinungen zu einer Frage oder einem Problem aus. Dabei wägt ihr ab, was für einen bestimmten Standpunkt spricht und was dagegen.

Schreibe einen Text: Überlege dir, um welche Textsorte es sich handelt und wer der Adressat deines Textes ist: In einem Tagebucheintrag kannst du deine ganz persönliche Sicht und deine Gefühle zum Ausdruck bringen. Mit einem Zeitungsartikel schreibst du für ein grosses Publikum. Um die Leser zu überzeugen, brauchst du gute Argumente. Bei einem Interneteintrag setzt du z. B. Links oder veröffentlichst in einem Wiki ein Bild. Hier ist besonders wichtig abzuklären, ob du das Bild veröffentlichen darfst.

Halte eine Rede: Mit einer Rede möchtest du viele Leute von deiner Meinung überzeugen. Du musst alles auf den Punkt bringen und wirkungsvoll begründen. Wenn du deine Rede vorträgst, achte darauf, dass du gut ankommst. Versuche, nicht nur auf dein Redeblatt zu schauen. Blicke deine Zuhörer an und sprich laut, deutlich und nicht zu schnell. So wirst du alle überzeugen.

Gestalte ein Flugblatt/ein Plakat: Du musst deine Botschaften mit wenigen Schlagwörtern zusammenfassen. Bilder oder Symbole müssen auf den ersten Blick verstanden werden. Plakate müssen auch gross genug sein, um von Weitem erkannt zu werden.

Führe ein Interview: Du bereitest Fragen und Antworten vor. Bedenke dabei genau, was du herausbekommen möchtest und was die Menschen, die du fragst, überhaupt wissen können.

Fertige an: Erstelle das Produkt, das von dir verlangt ist, also z. B. eine Tabelle, eine Zeichnung, einen Zeitstrahl, eine Dokumentation.

Wende an: Nutze dein Wissen und Können, das du im Umgang mit bestimmten Materialien aus der Vergangenheit erworben hast, auch bei neuen, dir noch unbekannten Materialien. Nutze Geschichte für deine Gegenwart!

Methodenglossar

Arbeitsschritte: Einen Zeitstrahl erstellen

1. Überlege dir, welche Zeitspanne dein Zeitstrahl umfassen soll.
2. Lege fest, wie viel Platz du für ein Jahr, ein Jahrzehnt, ein Jahrhundert brauchst.
3. Errechne, wie lange dein Zeitstrahl wird. Vielleicht musst du den Massstab teilweise stauchen, wenn der Zeitstrahl zu lang wird.
4. Beschaffe dir ein genügend breites Blatt Papier oder klebe mehrere aneinander. Du kannst das Papierband in der Art einer Handharmonika falten.
5. Zeichne den Zeitstrahl ein.
6. Trage nun die Zeitabschnitte resp. Epochen auf dem Zeitstrahl ein.
7. Trage dann die Ereignisse auf diesem Zeitstrahl ein. Überlege auch, wie du die gewählten Ereignisse veranschaulichen kannst. Der Zeitstrahl wird übersichtlicher, wenn du Bilder gebrauchst.

Arbeitsschritte: Ein Porträt entschlüsseln

Wahrnehmen

1. Betrachte das Bild und notiere dir Stichworte zu deinem ersten Eindruck.
2. Finde aus der Bildlegende oder dem Text wichtige Angaben heraus: zur abgebildeten Person, zum Auftraggeber des Bildes, zum Maler, zur Zeit.
3. Beschreibe Haltung, Blickrichtung, Haartracht, Kleidung, den Raum um die Person herum und den Rahmen des Bildes.

Erschliessen

4. Liste Symbole auf, die der Person zugeordnet werden.
5. Finde heraus, mit welchen Mitteln der Maler arbeitet, z. B. durch den Einsatz von Licht und Schatten, die Richtung des Lichteinfalls, die Anordnung von Personen und Dingen.

Orientieren

6. Überlege, zu welchem Zweck das Bild gemalt wurde und welche Wirkung der Auftraggeber damit erzielen wollte.
7. Ordne das Bild in die Zeit ein und beurteile, wie das Bild wohl auf den Betrachter damals gewirkt hat.

Arbeitsschritte: Schriftliche Quellen auswerten

🔍 Wahrnehmen

1. Lies den Text mindestens zweimal durch und mache dir klar, um welches Thema es geht.

🗝 Erschliessen

2. Gliedere den Inhalt in Sinnabschnitte und formuliere für jeden neuen Gedanken eine Überschrift.
3. Stelle fest, wer den Text geschrieben hat.
4. Kläre unbekannte Begriffe mithilfe eines Lexikons.

🧭 Orientieren

5. Ordne den Text in den grösseren geschichtlichen Zusammenhang ein.
6. Mit welcher Absicht könnte der Verfasser oder die Verfasserin den Text geschrieben haben?
7. Beurteile, ob der Verfasser oder die Verfasserin dir glaubwürdig erscheint.

Arbeitsschritte: Bilder zum Lernen nutzen

🔍 Wahrnehmen

1. Beschreibe deinen ersten Eindruck vom Bild.
2. Nenne Einzelheiten, die du auf dem Bild siehst.

🗝 Erschliessen

3. Finde heraus, welche Person, welches historische Ereignis, welche Gegenstände dargestellt werden. Hierfür benötigst du vielleicht Zusatzinformationen.
4. Arbeite heraus, wann das Bild gemalt wurde und von wem.

🧭 Orientieren

5. Erläutere Folgendes:
   - Bildaufbau (Bildteile, Vorder-, Mittel-, Hintergrund, besondere Anordnung)
   - Figurendarstellung (Körperhaltung, Blickrichtung, Darstellung des Gesichts und der Körperhaltung, Mimik, Gestik)
   - Grössenverhältnisse
   - Licht- und Farbwirkungen
6. Erkläre, was das Bild in der damaligen Zeit aussagen wollte.

Methodenglossar und Begriffsglossar

Arbeitsschritte: Ein Organigramm zeichnen

Wahrnehmen

1. Suche Unterlagen zu einer Organisation, zu der du ein Organigramm zeichnen willst.

2. Zähle auf, wer in der gewählten Organisation eine Aufgabe hat.

3. Schreibe jede Aufgabe auf ein Kärtchen. Vielleicht kannst du auf die Rückseite die Namen von Menschen schreiben, die diese Aufgaben übernehmen.

Erschliessen

4. Finde nun heraus, wer wem etwas «befehlen» kann. Wer hat welche Macht? Wer wird von wem gewählt? Zeichne je einen Pfeil auf ein Kärtchen und lege die Kärtchen zwischen die Aufgaben oder Menschen.

Orientieren

5. Wenn du alle Kärtchen gelegt hast, überprüfst du das Dargestellte. Beschreibe in Worten, was du siehst. Benutze Wörter wie «leiten» oder «wählen».

Handeln

6. Zum Schluss gestaltest du einen A3-Bogen, auf dem du alles mit Farbe schön darstellst. Gib dem Organigramm einen Titel.

==Gelb markiert== sind Begriffe, die im Lehrplan 21 verbindliche Inhalte kennzeichnen.

Abendmahl/Kommunion
Die Kirche erinnert daran, wie Jesus mit seinen Anhängern am Abend vor seinem Tod eine letzte Mahlzeit eingenommen hat. Wird bei Abendmahl und Kommunion nur an Christus erinnert oder ist er tatsächlich anwesend – wenn ja, in welcher Form? Nicht nur Katholiken und Reformierte sehen dies verschieden, sondern auch die Reformierten untereinander. Das war der Grund dafür, dass eine evangelisch-lutherische und eine evangelisch-reformierte Kirche entstanden.

Ablass
Ab dem 12. Jahrhundert bot die Kirche Schriftstücke an, in denen stand, welche Sündenstrafen man durch eine bestimmte gute Tat erlassen bekommen konnte. Diese Schriftstücke wurden Ablassbriefe genannt.

==Absolutismus==
Bezeichnung für eine Staatsform mit einem starken König an der Spitze, der eine möglichst uneingeschränkte Herrschaft anstrebt. Im 17. und 18. Jahrhundert war sie in Europa weit verbreitet und wurde Monarchie genannt. Vorbild war Ludwig XIV., der König von Frankreich.

Arbeitgeber
Eine Person oder ein Unternehmen bietet Arbeitsstellen an.

Arbeitnehmer
Eine Person, welche eine Arbeitsstelle annimmt.

Astronom
(griech. «astron» = Stern) Ein Wissenschaftler, der sich mit den Sternen und dem Himmel befasst.

==Aufklärung==
Der Begriff bezeichnet eine neue Denkweise im 18. Jahrhundert, die darauf abzielte, alle Gebiete des Lebens durch die Vernunft zu erklären und Erkenntnisse kritisch zu überprüfen. Die Aufklärer forderten von Staat und Kirche die Freiheit der Meinung.

Behörde
Eine Gruppe von Menschen, die einen öffentlichen Auftrag und die dafür nötigen Kompetenzen haben.

Bund
Unter «Bund» verstehen wir die ganze Schweiz, auch Schweizerische Eidgenossenschaft genannt. Weil die Regierung in Bern tätig ist, spricht man auch von «Bern».

==Bundesstaat==
Zusammenschluss von Gliedstaaten (in der Schweiz «Kantone»), die nach aussen einen Gesamtstaat bilden. Beispiele: Schweiz, Deutschland, Österreich, USA.

==Bürgerkrieg==
Ein Krieg, der zwischen verschiedenen Gruppen innerhalb der eigenen Staatsgrenzen ausgetragen wird.

Chronologie
(griech. «chronos» = Zeit) Die Chronologie (Zeitrechnung) ordnet die Vergangenheit durch eine Jahreszählung. Die meisten Zeitrechnungen zählen die Jahre von einem bestimmten Ereignis aus vor und zurück. Chronos war in der Antike der Gott der Zeit.

Code civil
Eine Sammlung von Gesetzen, welche die Rechte der Personen, der Güter und des Eigentums in Frankreich festlegte. Er wurde unter der Herrschaft von Napoleon erschaffen und war lange Zeit das fortschrittlichste Gesetzbuch überhaupt.

==Darstellung==
Das, was man über die Vergangenheit herausgefunden hat, kann auf verschiedene Art und Weise dargestellt werden: in Büchern, Zeitungsartikeln, Karten, Filmen, Schaubildern oder Tabellen. Solche Darstellungen erkennst du in diesem Buch an einem «D».

==Denkmal==
Ein öffentliches Kunstwerk, das die Erinnerung an eine Person oder ein Ereignis wachruft.

Deutscher Bund
1815 als loser Zusammenschluss der 35 deutschen Fürstenstaaten und vier freien Städte gegründet. Die Grenzen entsprachen dem 1806 aufgelösten alten Deutschen Reich. Das Königreich Preussen und das Kaisertum Österreich waren Grossmächte im Vergleich zu den anderen Beteiligten. Zwischen den beiden entwickelte sich eine grosse Konkurrenz um die Vormachtstellung.

Diktatur
Uneingeschränkte Herrschaft durch eine Person oder Personengruppe.

direkte Steuern
muss man direkt dem Staat bezahlen. Ihre Höhe wird nach Einkommen und Vermögen berechnet.

Direktorium
Regierung Frankreichs 1795–1799. Sie begünstigte das Besitzbürgertum und bekämpfte sowohl die Anhänger der alten Monarchie als auch die Jakobiner.

duale Ausbildung
(griech., dann lat. «duo, duae» = zwei) Eine Kombination von theoretischer und praktischer Ausbildung. Beispiel: die Berufslehre.

Begriffsglossar

Eidgenossenschaften
Mit dem Schwören eines Eides haben sich gleichberechtigte Partner (Genossen) zu gegenseitiger Unterstützung und Hilfe verpflichtet. Vor allem im Mittelalter gab es viele solche Beispiele: in der Zentralschweiz, in der Ostschweiz, aber auch im Burgund, in Oberschwaben oder in Norddeutschland. Im offiziellen deutschen Namen der Schweiz (Schweizerische Eidgenossenschaft) ist dieser Begriff erhalten geblieben.

Einheitsstaat
Ein Staat, in dem die Staatsgewalt über das gesamte Staatsgebiet zentral ausgeübt wird. In diesem Staat gibt es keine Gliedstaaten.

Epoche
Das griechische Wort bezeichnet einen langen Zeitabschnitt, der von wichtigen Ereignissen geprägt ist.

europäische Expansion
Ausbreitung der europäischen Herrschaft auf andere Kontinente wie Amerika, Asien und Afrika in der Neuzeit.

evangelisch
Von Luther vorgeschlagene Bezeichnung für seine Lehre, die sich hauptsächlich auf die Evangelien in der Bibel stützte. Später bezeichnete man alle Kirchen, die aus der Reformation hervorgegangen sind, als evangelisch.

Exekutive
Die Exekutive ist die Regierung, welche zusammen mit der Verwaltung die Gesetze ausführt.

Export/Import
Export ist die Ausfuhr von Waren in ein anderes Land. Das Gegenteil ist der Import, also die Einfuhr von Waren.

Föderalisten
Anhänger einer politischen Ordnung, die den Kantonen möglichst viel Selbstbestimmung ermöglicht. Sie werden auch Konservative genannt, da sie die alte Ordnung bewahren (lat. «conservare» = bewahren) möchten.

Freiheit
ist ein Begriff, der in der Aufklärung eine grosse Bedeutung bekam und zu den Grundforderungen der Französischen Revolution gehörte. Jeder Mensch sollte die Garantie haben, ohne Zwang zwischen allen Möglichkeiten auswählen zu können.

Gegenwart
Kürzerer oder längerer Zeitabschnitt, dessen Ereignisse nicht abgeschlossen sind.

Generalstände
Das war in Frankreich die Versammlung der drei Stände: Adel, Klerus, Bürgertum/Bauernschaft. Die Versammlung hatte das Recht, Steuern zu beschliessen.

geozentrisches Weltbild
(griech. «ge» = Erde) Die Erde ist das Zentrum dieses Weltbildes.

Gesamtarbeitsvertrag
Vertrag zwischen Unternehmerverband und Gewerkschaft(en).

Gewaltenteilung
Trennung der Staatsgewalt in gesetzgebende Gewalt (Legislative), vollziehende Gewalt (Exekutive) und Rechtsprechung (Judikative). Dadurch wird eine Diktatur verhindert.

Gewerkschaft
Zusammenschluss von Arbeitnehmern zur Vertretung ihrer Interessen.

Gleichheit
Die Aufklärer hatten vor allem die politische und rechtliche Gleichheit aller Menschen im Sinn. Während der Französischen Revolution wandelte sich der Inhalt des Begriffs. Unter «Gleichheit» verstanden jetzt die ärmeren Schichten vor allem wirtschaftliche Gleichheit. Sie wollten die Eigentumsunterschiede verringern.

Gottesgnadentum
Wie Ludwig XIV. glaubten viele Könige von sich, sie seien Herrscher «von Gottes Gnaden», handelten also direkt im Auftrag von Gott. Auch die Kirche lehrte dies.

Guillotine
So heisst das Fallbeil zur Enthauptung von Menschen, das der Arzt Guillotin erfunden hat, um Hinrichtungen zu beschleunigen.

heliozentrisches Weltbild
(griech. «helios» = der Sonnengott) Die Sonne bildet den Mittelpunkt dieses Weltbildes. Die Erde und die anderen Planeten kreisen um die Sonne.

Helvetik
Als Helvetik wird die Phase der Schweizer Geschichte von 1798 bis 1803 bezeichnet. In dieser Zeit wurde die Alte Eidgenossenschaft unter französischem Einfluss radikal umgebaut. Es entstand ein Einheitsstaat mit dem Namen Helvetische Republik.

Hierarchie
Eine Hierarchie ist die Ordnung einer Gesellschaft oder einer Menschengruppe nach Kompetenzen.

Historiker/-in
Das Wort «historia» stammt aus der lateinischen Sprache und bedeutet so viel wie Geschichte. Historikerinnen und Historiker sind also Wissenschaftler, die sich mit Geschichte befassen.

Humanismus
(lat. «humanus» = menschlich) Eine Gruppe von Denkern, Künstlern und Wissenschaftlern, die den Menschen in den Mittelpunkt ihres Interesses stellte. Ihr Vorbild war die Antike. Der Humanismus breitete sich von Italien nach ganz Europa aus.

IKRK
Das Internationale Komitee vom Roten Kreuz ist eine neutrale und unabhängige Organisation, die die Opfer von bewaffneten Konflikten betreut. Henry Dunant hat 1863 in Genf die Gründung veranlasst. Seit 1875 trägt die Organisation den Namen IKRK. Noch heute ist der Hauptsitz Genf.

indigene Völker
(lat. «indigena» = eingeboren) Die ersten Bewohner eines Gebiets. Sie wurden oft von den Eroberern unterdrückt, mit der Absicht, ihnen die eigene Kultur aufzuzwingen.

indirekte Steuern
bezahlt man auf eine Ware oder Dienstleistung. Sie werden vom Anbieter bezahlt, aber auf den Käufer übertragen. Der Käufer bezahlt also die Steuern indirekt, z. B. in Form von Mehrwertsteuern.

Jakobiner
So nannte sich eine radikale politische Gruppe, die zu ihren Sitzungen in einem ehemaligen Sankt-Jakobs-Kloster zusammenkam.

Judikative
Die Judikative untersucht, ob Gesetze eingehalten werden.

Kaiserreich
In Frankreich: die Herrschaft Napoleons zwischen 1804 und 1815. In Deutschland: die Zeit von 1871 bis 1918.

Karikatur
ist eine bildliche Darstellung, bei der gesellschaftliche und politische Entwicklungen oder Ereignisse bewusst überzeichnet und bis zur Lächerlichkeit verzerrt werden. Der Kontrast zur Realität soll die Betrachter zum Nachdenken anregen.

Kirchenzehnter
So nannte man die Steuer für die Kirche, bei der die Bauern den zehnten Teil ihrer Ernte abgeben mussten.

Klerus
Bezeichnung für den geistlichen Stand. Dazu gehören Bischöfe, Priester, Äbte, Mönche und Nonnen.

Kolonie
Land, das Europäer in Amerika und Ostasien ab Ende des 15. Jahrhunderts unter ihre Herrschaft stellten und besiedelten.

Konfession
bedeutet Bekenntnis. Unter den Christen gibt es unterschiedliche Bekenntnisse, z. B. römisch-katholisch, evangelisch-lutherisch oder evangelisch-reformiert.

konfessionelle Spaltung
Spaltung der christlichen Religion in mehrere Konfessionen, die sich voneinander unterscheiden.

konstitutionelle Monarchie
Der König ist als Staatsoberhaupt an eine Verfassung (Konstitution) gebunden. Seine Macht wird durch eine Volksvertretung (Parlament) eingeschränkt.

Konsulat
So bezeichnet man die Regierung des Generals Napoleon Bonaparte zwischen 1799 und 1804.

Konvent
Neuer Name der französischen Nationalversammlung seit September 1792. Der Konvent wirkte als gesetzgebende Versammlung bis 1795.

Kulturbegegnungen
Zusammentreffen und Austausch von verschiedenen Kulturen, wie z. B. der europäischen und der aztekischen. Beide Kulturen übernehmen Elemente der anderen Kultur und verändern sich.

Legislative
Als Legislative bezeichnet man die Behörde (meist ein Parlament), welche die Gesetze verabschiedet.

Legitimität
(lat. «legitimus, legitima» = rechtmässig) Auf dem Wiener Kongress wurde die Herrschaft von Fürsten, deren Vorfahren schon regiert hatten, als legitim angesehen.

Macht
Die Fähigkeit, über andere Menschen zu herrschen.

Manufaktur
(lat. «manu facere» = mit der Hand herstellen) In den Manufakturen wurden Waren arbeitsteilig in grosser Zahl von spezialisierten Handwerkern hergestellt. Im Gegensatz zur späteren Fabrik gab es kaum Maschinen.

Menschenrechte
Darunter versteht man Rechte, die allen Menschen ohne Ausnahme zustehen.

Merkantilismus
So heisst die Wirtschaftsform des Absolutismus. Nach französischem Vorbild förderten die Herrscher vor allem die Produktion von Luxusgütern und die Ausfuhr von Fertigwaren, um möglichst viel Geld in die Staatskasse zu bekommen.

Begriffsglossar

Meutern/Meuterei
Von einer Meuterei spricht man, wenn die Mannschaft eines Schiffes sich gegen den Kapitän auflehnt.

Monarchie
(griech. «monos, mone» = allein; griech. «archein» = herrschen) heisst Alleinherrschaft. An der Spitze des Staates steht ein König.

Mythos
Ein Mythos ist eine Erzählung, mit der Menschen ihre Ursprünge erklären. Mit den schweizerischen Ursprungsmythen von Wilhelm Tell oder Winkelried wird der Ursprung der Schweiz erzählt. Dabei geht es nicht um historische Fakten.

Nation
(lat. «natio» = Stamm, Volk) Heute fasst man darunter Menschen gleicher Sprache oder Staatsangehörigkeit zusammen.

Nationalgefühl
Menschen, die sich aufgrund gemeinsamer Geschichte, Kultur und Volkszugehörigkeit als zusammengehörig fühlen. Eine Nation kann in einem Staat leben (Nationalstaat), aber auch in mehreren Staaten verteilt.

Nationalversammlung
Das ist eine Versammlung von gewählten Vertretern des Volkes, die eine Verfassung oder Gesetze erarbeiten sollen.

Neutralität
(lat. «neuter, neutra» = keine/keiner von beiden) Ein Staat verpflichtet sich, sich nicht in militärische Konflikte von anderen Staaten einzumischen.

obligatorische Volksschule
Alle Kinder müssen ab dem 6. oder 7. Lebensjahr die Schule besuchen. Sie ist kostenlos und wird vom Staat organisiert. Vor über 150 Jahren, im Jahr 1874, wurde in der Bundesverfassung vorgeschrieben, dass die Schulpflicht in allen Kantonen obligatorisch ist.

Organigramm
Es veranschaulicht eine Hierarchie.

Ort
meint in der Alten Eidgenossenschaft dasselbe wie der Begriff «Kanton».

Pantheon
Seit der Französischen Revolution die Grabstätte berühmter französischer Persönlichkeiten in Paris. Es wird auch als «nationale Ruhmeshalle Frankreichs» bezeichnet.

Porträt
Bildliche Darstellung eines menschlichen Gesichtes bis zur Brust (Brustbild). Es gibt die besonderen persönlichen Eigenschaften wieder.

Privilegien
Sonderrechte für einzelne Personen oder Personengruppen im Staat.

Protestanten
(lat. «protestari» = öffentlich bezeugen) Auf dem Reichstag in Speyer (D) 1529 protestierte die evangelische Minderheit gegen den Beschluss, Luthers Lehre zu verbieten. Seitdem werden die Anhänger der Reformation auch Protestanten genannt.

Quelle
So werden alle Texte, Bilder und Gegenstände genannt, die aus vergangenen Zeiten übrig geblieben oder überliefert sind. Wir unterscheiden mündliche und schriftliche Quellen, Bild-, Ton- und Sachquellen. Quellen, die in diesem Buch abgedruckt sind, sind mit einem «Q» gekennzeichnet.

Quellenkritik
Eine Methode, die versucht die Zuverlässigkeit von Quellen, v.a. von Textquellen, zu beurteilen. Dabei sind zentrale Punkte die Untersuchung, wer genau die Quelle verfasst hat, mit welcher Motivation und an wen sie gerichtet war.

Rechtsstaat
In einem Rechtsstaat basieren alle Entscheidungen und Handlungen auf einer gesetzlichen Grundlage.

Referendum
(lat. «referre» = zurücktragen) Die Regierung unterbreitet den Bürgerinnen und Bürgern eine Verfassungsänderung zur Abstimmung.

Reformation
Bewegung zur Erneuerung der Kirche. Sie wurde von Martin Luther ausgelöst und führte schliesslich zur Spaltung der Kirche.

Regeneration
(lat. «regenerare» = von Neuem hervorbringen) So bezeichnen die Liberalen die Phase von 1830 bis 1848, in der die Ideen der Aufklärung und der Helvetik «wiedererweckt» werden sollten.

Regiment
Eine militärische Einheit von mehreren Truppen der gleichen Waffengattung.

Renaissance
(frz. = Wiedergeburt) Bezeichnet die Zeit von ca. 1350 bis 1550. Künstler und Wissenschaftler entdeckten das Wissen der Antike wieder. Vorstellungen aus der Antike wurden «wiedergeboren».

Republik
(lat. «res publica» = die öffentliche bzw. gemeinsame Sache) Bei dieser Staatsform wird das Volk als höchste Gewalt angesehen. Regierung und Parlament werden nur auf Zeit gewählt.

Restauration
(lat. «restaurare» = wiederherstellen)
Die Konservativen versuchten nach 1815, die Zustände wieder so herzustellen, wie sie vor der Französischen Revolution gewesen waren.

Revolution
Darunter versteht man einen zumeist gewaltsamen Umsturz der staatlichen und gesellschaftlichen Ordnung.

Rotes Kreuz
Kurzbezeichnung für die verschiedenen lokalen, nationalen und internationalen Organisationen, die weltweit unabhängig und neutral Hilfe in Krisengebieten und Entwicklungsländern leisten.

Schulgeschichte
Erschliessen und Erzählen der Vergangenheit einer einzelnen Schule oder auch des Schulsystems.

Söldner
(lat. «solidus» = feste Goldmünze)
Jemand, der gegen Bezahlung (Sold) einem beliebigen Feldherrn Kriegsdienste leistet. Vom 16. bis 18. Jahrhundert war es üblich, Truppen gegen Besoldung anzuwerben.

Sonderbund
Die katholischen Zentralschweizer Kantone sowie Freiburg und Wallis schlossen sich 1847 zu einer Schutzvereinigung zusammen. Sie wollten sich gegen gewalttätige Übergriffe der Liberalen verteidigen. Die Liberalen verlangten eine Auflösung der Vereinigung, die sie als «Sonderbund» bezeichneten.

Staatenbund
Zusammenschluss von selbstständigen Staaten (auch Kantonen). Die miteinander verbündeten Staaten bleiben grundsätzlich souverän. Beispiele: UNO (Vereinte Nationen), NATO (westliches Militärbündnis: Nordatlantikpakt).

Staatsstreich
Mitglieder der bisherigen Regierung stürzen die neue Regierung und übernehmen selber gewaltsam die Macht.

Stadtorte – Landorte
In der Alten Eidgenossenschaft wurden jene Kantone, in denen die politische Macht vor allem von der Stadt ausging, als Stadtorte bezeichnet. Ging die politische Macht von einer Landsgemeinde aus, nannte man diese Kantone Landorte. Die Unterschiede waren im politischen, wirtschaftlichen und kulturellen Bereich gross.

Ständegesellschaft
Darunter versteht man die Einteilung der Gesellschaft in Adel, Klerus und Bauernschaft/Bürgertum. Die Zugehörigkeit zu einem Stand war in der Regel durch die Geburt vorgegeben.

Sünden
Handlungen eines Menschen, mit denen er gegen göttliche Gebote verstösst.

Untertanen
Personen, die von einem Herrscher ganz abhängig sind. Sie sind zu Gehorsam verpflichtet und nicht persönlich frei.

Urkunde
ist ein Schriftstück, das eine rechtliche Tatsache beweist. Alte Urkunden zeichnen sich meist durch ein oder mehrere Siegel aus.

Verband
Zusammenschluss mit einem wirtschaftlichen Ziel; ein Unternehmerverband ist ein Zusammenschluss von Arbeitgebern.

Verfassung
Die Verfassung enthält die grundlegenden Regeln eines Staates sowie Angaben über dessen Gliederung und Regierung. Die Bundesverfassung der Schweiz entstand 1848 anlässlich der Gründung des Bundesstaates. 1874 und 1999 wurde sie neu formuliert. Ihre Änderung muss von der Mehrheit des Volkes und der Kantone gutgeheissen werden.

Vergangenheit
Zeitabschnitt, dessen Ereignisse abgeschlossen sind.

Volksinitiative
Bürgerinnen und Bürger verlangen eine Verfassungsänderung.

Zentralisten
Anhänger eines Einheitsstaates, der die Bürger gleichstellt, ihnen Freiheitsrechte gewährt und sich für eine Zentralisierung einsetzt. Als Vorbild wirken die Forderungen der Französischen Revolution. Sie werden auch Liberale (frz. «liberté» = Freiheit) genannt.

Zukunft
Zeitabschnitt, dessen Ereignisse noch nicht eingetreten sind.

Zweikammersystem
Das gesetzgebende Organ, das Parlament, besteht aus zwei Teilen, sogenannten «Kammern». In der Schweiz sind dies der National- und der Ständerat. Das Parlament wird auch Legislative genannt.

Register

Verwendete Abkürzungen:
chin.: chinesisch
dt.: deutsch
frz.: französisch
engl.: englisch
griech.: griechisch
it.: italienisch
jüd.: jüdisch
österr.: österreichisch
port.: portugiesisch
preuss.: preussisch
schweiz.: schweizerisch
span.: spanisch

Hinweise:
→ Verweis auf ein Stichwort

Halbfett gesetzt sind Begriffe, die in den Lexikon-Artikeln des Buches erläutert werden und im Begriffsglossar stehen. Gelb markiert sind Begriffe, die im Lehrplan 21 verbindliche Inhalte kennzeichnen.
Bei Herrschern und kirchlichen Amtsträgern werden die Regierungsdaten, bei allen anderen Personen die Lebensdaten angegeben. Ländernamen beinhalten auch die entsprechenden Adjektive (Frankreich: französisch) und Einwohner/-innen (Franzosen).

1. August 71, 112, 113

Aarau 86, 97
Abendmahl 48, **50,** 51
Ablass 44
Absolutismus 54, 60, 68, 69
Accursius, Bonus (1182/5–1260/63), Rechtsgelehrter in Bologna 25
Afrika 28, 32, 35, 38, 40, 42
Ägypten 16, 88
Alkoholsteuer 124 →indirekte Steuer
allgemeines Wahlrecht 96, 102
Altertum →Antike
Amerika 9, 22, 23, 32, 38, 40, 60, 66
Antike 12, 13, 14, 24, 25, 26, 124
Appenzell 48
Arbeitgeber 126, 127, 130

Arbeitnehmer 126, 127, 130
Arbeitsgesetz 126, 127
Astronom 27
Atlantik 29, 32
Auf der Maur, Jost (geb. 1953) schweiz. Historiker und Journalist 53
Aufklärung 23, **62,** 63, 64, 65, 68, 69, 72, 76, 77, 82, 96, 122, 123, 130
Azteken 36

Bahai-Glaube 128
Ballhausschwur (1789 in Paris) 74, 115
Basel 48, 51, 97, 112, 146
Bastille, Paris 74, 75
de Beauharnais, Joséphine (1763–1814), Gattin Napoleons I. 88, 89
Behaim, Martin (1459–1507), Kartograf in Nürnberg 26
Behörde 118, **119**
Bellinzona 118
Berlin 102, 103, 146
Bern 48, 86, 87, 97, 101, 110, 120
Bildquelle →Quelle
Binningen 131
Birr (Schweiz) 99
von Bismarck, Otto (1871–1890), deutscher Reichskanzler 106, 107
Böhmen 102
Bolivien 128
Bourbaki-Armee 108, 110
Bourbaki-Panorama 108, 109
Brasilien 42, 43
Brune, Guillaume-Marie-Anne (1763–1815), frz. General 87
Buchdruck 12, 13, 24, 25
Bullinger, Heinrich (1504–1575), Zürcher Reformator 49
Bund 95, 106, **120,** 124, 125
Bundesgericht 104, 118, 119
Bundesrat (Schweiz) 104, 105, 112, 118
Bundesstaat 71, 100, **101,** 104, 108, 110, 112, 114
Bundesverfassung (Schweiz) 65, 71, 77, 99, 100, 104, 105, 110, 111, 112, 114, 118, 119, 124, 130
Bonaparte 88 →Napoleon I.
Bürgerkrieg 71, **87,** 92, 100

Calvin, Johannes (1509–1564), Reformator in Genf 23, 50, 51

Campe, Johann Heinrich (1746–1818), dt. Schriftsteller, Pädagoge 127
Castres, Edouard (1838–1902), schweiz. Maler 108, 109
Cato, Marcus Porcius, der Ältere (234–149 v. Chr.) 17
Christi Geburt 8, 13, 14
Chronologie 14, 20
Cochläus, Johannes (1479–1552), dt. Humanist 47
Code civil 88, **89**
Colbert, Jean-Baptiste (1619–1683), frz. Finanzminister 60, 61
Corday d'Armont, Charlotte (1768–1793), frz. Attentäterin auf Marat 84, 85
Cortés, Hernán (1485–1547), span. Eroberer Mexikos 36, 38, 39

Dänemark 104
Darstellung 16, 20, 99, 113, 127
David, Jacques-Louis (1748–1825), frz. Maler 84, 85, 89, 98, 99, 115
Denkmal 137
Deutsch, Niklaus Manuel (wahrscheinlich 1484–1530), Maler, Dichter und Staatsmann in Bern 53
Deutscher Bund 95
Deutsches Reich 71, 95, 106, 107
Deutsch-Französischer Krieg 106, 108, 110
Deutschland 22, 25, 44, 61, 88, 101, 102, 103, 106, 107, 113
Diderot, Denis (1713–1784), frz. Schriftsteller und Philosoph 65
Diktatur 64, 118, **119**
direkte Steuer 124 →Steuer
Direktorium 82, **83,** 88
Disteli, Martin (1892–1844), schweiz. Maler und Karikaturist 96, 97
Dreieckshandel 40, 41
Dritter Stand 72, 73, 74, 75, 82, 115
duale Ausbildung 126
Dufour, Guillaume-Henri (1787–1875), schweiz. General, Staatsmann und Ingenieur 71, 100, 101
Dunant, Henry (1828–1910), schweiz. Initiant der Idee des Roten Kreuzes 110, 111, 114
Dürer, Albrecht (1471–1528), dt. Maler 25

142

Eidgenossenschaft 48, 49, 50, 52, 53, 65, 68, 70, 71, 86, 87, 92, 100, 110, 112, 113, 120 →Schweiz
Eidgenossenschaften 112
Einheitsstaat 86, 87, 92
Elsass-Lothringen 106
England 9, 42, 53, 60, 64, 67, 82, 90, 91
Epoche 12, 20, 23, 29
Erfindung der Schrift 12
Europa 12, 13, 24, 26, 28, 33, 40, 42, 44, 50, 52, 54, 66, 70, 71, 80, 82, 90, 94, 95, 96, 102, 104, 105, 113, 114, 140
europäische Expansion 38, 68
evangelisch 46, 48, 50
Exekutive 64, **118,** 120, 122, 130
Export 60, 61

fakultatives Referendum 110
→Referendum
Florenz 24
Flugblatt 44, 45, 74, 93
Föderalist 92
Folter 64
Frankreich 23, 42, 50, 52, 53, 54, 59, 60, 61, 67, 70, 71, 72, 73, 74, 76, 77, 78, 79, 80, 81, 82, 83, 86, 87, 88, 89, 90, 91, 92, 93, 102, 104, 106
Französische Revolution 70, 71, 86, 114
Freiburg (Schweiz) 48, 50, 71, 86, 97, 100, 146
Freiheit 62, 63, **64,** 65, 66, 67, 73, 76, 80, 86, 87, 88, 92, 102, 103, 113, 119
Friedrich II. (1740–1786), preuss. König 64
Friedrich III. der Weise, von Sachsen (1463–1525), Kurfürst und Förderer von Luther 46
Furrer, Jonas (1805–1861), schweiz. Bundesrat 105

Galadima 129
da Gama, Vasco (um 1469–1524), port. Seefahrer und Entdecker 28, 29, 35
Gegenwart 14, 15, 17, 20, 23, 68, 114, 118, 130
Gemeinde 50, 51, 99, 120, 121, 128
Gemeindeversammlung 120

Generalstände (Frankreich) 72, **73,** 74, 75, 114
Genf 50, 97, 108, 111, 112
Genfer Konvention, 1864, über die Gründung des Internationalen Roten Kreuzes 110
Geoffrin, Marie Thérèse (1699–1777), frz. Autorin 65
geozentrisches Weltbild 27
Gesamtarbeitsvertrag 126, **127**
Geschichtsforscher 9 →Historiker/-in
Gewaltenteilung 64, 65, **118,** 130
Gewerkschaft 127
Gewürze 28, 29, 34
Glarus 48
Gleichheit 76, 80, **82,** 86, 87, 122
Gottesgnadentum 54
de Gouges, Olympe (Marie Gouze, 1748–1793), frz. Autorin und Frauenrechtlerin 78, 79
Graubünden 48
Grossherzogtum Warschau 90
Guanahani (Bahamas) 32
von Guericke, Otto (1602–1686), dt. Politiker und Erfinder 63
Guillotin, Joseph-Ignace (1738–1814), frz. Arzt und Erfinder der Guillotine 80
Guillotine 80, 81, 82, 85
Gutenberg, Johannes (Gensfleisch, um 1400–1468), Erfinder des Buchdrucks mit beweglichen Lettern 12, 13, 24, 25

He, Zheng (1371–1433 oder 1435), chin. Admiral und Entdecker 22, 35, 69
Heilige Allianz 94
Heinrich der Seefahrer (1394–1460), port. Prinz und Förderer der Entdeckungsfahrten 28
heliozentrisches Weltbild 27
Helvetik 71, 87, 96, 98 →Helvetische Republik
Helvetische Republik 70, 86, 87, 92, 93, 96, 114 →Helvetik
Henlein, Peter (um 1479–1542), dt. Uhrenerfinder 15
Hess, David (1770–1843), schweiz. Schriftsteller und Maler 98, 99
Hierarchie 122, 123, 130

Historiker/-in 12, **16,** 17, 20, 53, 78, 133
Holland 42, 53, 61, 82 →Niederlande
Homeschooling 121
Humanismus 24

IKRK →Rotes Kreuz
Import 60, 61
Indien 23, 28, 29, 31, 32, 88
indigenes Volk 32, 42, 68
indirekte Steuer 124, 125 →Steuer
Intendant (frz. Provinzverwalter) 54, 55
Italien 24, 25, 48, 53, 86, 102

Jakobiner **82,** 83, 84, 85
Jerusalem 26
Jesus Christus (7–4 v. Chr. bis 30/31 n. Chr.), jüd. Begründer des Christentums 14, 42
Judikative 64, **118,** 120, 130
Jungsteinzeit 12

Kaiser 24, 29, 35, 46, 47, 71, 80, 81, 88, 94, 102, 106, 107
Kaiserreich 88, 90, 102, 106
Kalender 14, 36, 112
Kanada 53
Kant, Immanuel (1724–1804), preuss. Philosoph 63
Kanton 27, 49, 87, 104, 120, 121
Karikatur 17, 83, 96, **99**
katholisch 46, 48, 49, 50, 100
Kirche 26, 38, 42, 44, 45, 46, 48, 49, 50, 54, 62, 72, 73, 75, 76, 96, 98
Kirchenzehnter 73
Klerus 72, 73, 74, 76
Kokarde 83
Kolonie 32, 40, 41, 42, 43, 60, 67
Kolumbus, Christoph (um 1451–1506), Seefahrer aus Genua in span. Auftrag 9, 22, 23, 26, 31, 32, 33, 62, 69
Kommunion →Abendmahl
Konfession 48, 50, 51, 52, 112
konfessionelle Spaltung 48, 49, 68
konservativ 96, 98, 100, 110, 111
konstitutionelle Monarchie 80
Konsulat (Frankreich) 88
Kontinentalsperre 90
Konvent 80, 82, **83,** 85
Kopernikus, Nikolaus (1473–1543), dt. Astronom 26, 62

Register

Korsika 88
Kulturbegegnung 38, 68

Landort (Schweiz) 49
Landsgemeinde 49
Lausanne 118
Lavater, Johann Caspar (1741–1801), schweiz. Pfarrer und Schriftsteller 87
Lebrun, Charles (1619–1690), frz. Maler 54
Legislative 64, **118**, 120, 130
Legitimität 94
Lemonnier, Anicet Charles Gabriel (1743–1824), frz. Maler 65
liberal 96, 98, 100, 104, 105, 110, 114
Locke, John (1632–1704), engl. Philosoph 64
Ludwig XIV. (1643–1715), frz. König 23, 52, 54, 55, 57, 58, 59, 60, 68, 69, 91
Ludwig XVI. (1774–1793), frz. König 72, 73, 74, 80, 81, 114
Luther, Martin (1483–1546), dt. Reformator 9, 22, 23, 31, 32, 33, 44, 45, 46, 47, 48, 50, 69
Luzern 48, 100, 108, 109, 118, 146

Macht 23, 49, 51, 54, 61, 64, 65, 74, 80, 82, 87, 88, 90, 92, 96, 106, 107, 114, **122,** 123
Magellan, Ferdinand (1480–1521), port. Seefahrer im Auftrag Spaniens 28
Mailand 24
Manufaktur 40, 61, 72
Marat, Jean-Paul (1753–1793), frz. Verleger und Revolutionär 84, 85
Maria-Theresia (1740–1780), Königin von Österreich 63
Marie-Antoinette (1755–1793), frz. Königin, Gemahlin Ludwigs XVI. 74, 80
Mediationszeit (Schweiz) 92
Mehrwertsteuer 124 →indirekte Steuer
Menchú, Rigoberta (geb. 1959), Menschenrechtsaktivistin aus Guatemala 42, 43
Menschenrechte 64, 65, 76, 79, 118
Menschenrechtserklärung →UNO-Menschenrechtskonvention

Menschenrechtskonvention →UNO-Menschenrechtskonvention
Merkantilismus 60, 68
von Metternich, Klemens Wenzel Lothar (1773–1859), österr. Diplomat und Staatsmann 94, 102
Meutern/Meuterei 28, 32
Mexiko 36, 37, 38
Mineralölsteuer 124 →indirekte Steuer
Mittelalter 12, 13, 26, 44, 62, 112
Moctezuma II. (1502–1520), aztekischer Herrscher von Mexiko 36, 38, 39
Mohammed (zwischen 570 und 573–632), Prophet, Religionsgründer des Islam 15
Monarchie 54, 75, 80, 83, 89, **104,** 114
de Montesquieu, Charles-Louis (1689–1755), frz. Philosoph und Schriftsteller 64, 65
Mythos 112, **113**

Napoleon I. (Napoleon Bonaparte, 1799–1814), frz. General, Erster Konsul und Kaiser 70, 88, 89, 90, 91, 92, 93, 94, 96, 102, 106
Napoleon III. (1848–1870), frz. Präsident und Kaiser 102, 106
Nation 74, 78, 87, 103, 112, 113, 115
Nationalgefühl 113
Nationalrat (Schweiz) 104, 111, 118, 119
Nationalversammlung (Frankreich) 74, 75, 76, 77, 78, 80, 83, 115
Neapel 53, 90
Neutralität 94, 101, **110,** 114
Neuzeit 12, 13, 22, 23, 29, 38, 68, 69, 140
Nidwalden 86, 92 →Unterwalden
Niederlande 51, 104
Nigeria 129
Norddeutscher Bund 106
Nunes, Pedro (1502–1578), port. Astronom und Mathematiker 29

Obligationenrecht 126, 127
obligatorische Volksschule 98, **99,** 110, 120
Olympische Spiele 13

Organigramm 122, 123, 130
Ort 48, 49
Osmanisches Reich 31
Österreich 53, 80, 82, 88, 90, 94, 95, 101, 102, 106

Pantheon 78, 79
Papst 24, 42, 44, 46, 47, 62, 89
Paris 26, 54, 61, 74, 76, 77, 78, 79, 80, 81, 82, 88, 89, 102, 103, 106, 115
Parlament 64, 80, 104, 110, 118, 120, 122
Pestalozzi, Johann Heinrich (1746–1827), schweiz. Pädagoge 98, 99
Petersdom 44
Pizarro, Francisco (1476 oder 1478–1541), span. Eroberer des Inkareichs 40
Plantage 40
Plutarch (um 45–um 125), griech. Geschichtsschreiber 17
Polen 53
Porträt 25, 58, 59, 68, 79
Portugal 28, 29, 31, 32, 42
Preussen 64, 80, 81, 82, 90, 94, 95, 102, 106, 107
Privileg 72, 73, 74, 76
Protestant 50
Ptolemäus, Claudius (um 100–nach 160), griech. Astronom und Mathematiker 26
Puka Puka 128

Quelle 16, 17, 20, 38, 42, 65, 78, 79, 85, 114, 127
Quellenkritik 144

radikal 110
Rechtsstaat 118, **119**
Referendum 110, **120,** 121, 130
Reformation 22, 23, 44, **46,** 48, 49, 50, 68, 69
Regeneration 96, 97, 100
Regiment 52
Reichsacht 46
Reichstag (Deutsches Reich) 46, 47, 50
Renaissance 24, **25**
Republik 65, 70, **80,** 83, 86, 87, 92, 93, 96, 102, 104, 105, 114
Restauration 96, 97

Revolution 64, 70, 71, **74**, 76, 77, 78, 80, 82, 83, 84, 86, 89, 92, 96, 102, 103, 114, 115
Rheinbund 90
Robespierre, Maximilien (1758–1794), frz. Revolutionär 82, 83, 88
Rom 15, 17, 24, 26, 37, 44
Rotes Kreuz 110, **111**, 114
Rousseau, Jean-Jacques (1712–1778), Genfer Schriftsteller und Pädagoge 23, 65, 69
Russland 90, 92, 94

Sachquelle →Quelle
de Saint-Simon, Louis de Rouvroy (1675–1755), frz. Politiker und Schriftsteller 55
Sanduhr 14, 15
Sansculotte 82, 83
Sanson, Charles Henri (1739–1806), frz. Scharfrichter 81
Sardinien-Piemont 53, 104
Schaffhausen 48
Scherr, Ignaz Thomas (1801–1870), schweiz. Pädagoge 99
Schiller, Johann Christoph Friedrich (1759–1805), dt. Schriftsteller 113
Schleswig-Holstein 106
Schule 10, 11, 18, 19, 20, 98, 99, 116, 117, 118, 120, 121, 122, 123, 124, 126, 127, 128, 129, 130, 131
Schulgeschichte 145
Schulhaus 18
Schweiz 13, 18, 48, 50, 52, 53, 68, 70, 71, 75, 80, 86, 87, 92, 93, 94, 95, 96, 98, 100, 101, 104, 105, 108, 109, 110, 112, 113, 114, 116, 117, 118, 119, 120, 122, 123, 124, 125, 126, 130, 140, 146 →Eidgenossenschaft
Schweizer Garde (Paris) 75
Schwyz 48, 112, 113
von Segesser, Philipp Anton (1817–1888), schweiz. Politiker 111
Seneca, Lucius Annaeus (um 1–65), röm. Philosoph und Staatsmann 126, 127
Seoul 129
Sizilien 53
Sklave 17, 40, 42, 67
Söldner 48, **52**, 53, 54, 68
Solothurn 48, 50, 86

Sonderbund 100
Sonderbundskrieg (1847 in der Schweiz) 71, 100, 101
Sonnenuhr 14
Spanien 32, 36, 37, 40, 42, 53, 58, 81, 82, 90
Staatenbund 86, 87, 92, 100, **101,** 112
Staatsstreich 92
Stadtort (Schweiz) 49
Ständegesellschaft 72, 76, 114
Ständerat 104, 118
Steuer 40, 60, 67, 72, 73, 74, 76, 83, 124, 125
St. Gallen 27, 48, 118
Stundenkerze 14
Südamerika 40, 41, 42, 44
Südkorea 129
Sünde 44, 45, 46, 51

Tabaksteuer 72, 124 →indirekte Steuer
de Talleyrand, Charles-Maurice (1754–1838), frz. Politiker 91
Tenochtitlan 36, 37, 38
Tetzel, Johannes (1465–1519), Dominikanermönch 45
Tell, Wilhelm (schweiz. Sagengestalt des Gründungsmythos) 92, 113
Tonquelle →Quelle
Toulon 88
Trithemius, Johannes (1462–1516), dt. Abt und Humanist 25

Ungarn 102
UNO-Menschenrechtskonvention, 1948 118, 124
Untertanen 60, 64, 67, 86, **87,** 124
Unterwalden 48
Uri 48
Urkunde 112, **113**
Ur- und Frühgeschichte 12
USA 23, 66, 67, 101, 104, 110, 119

Venedig 24, 36, 53, 60, 61
Venezuela 32
Verband 127
Verfassung 64, 67, 71, 74, 80, 83, 86, 88, 92, 100, 102, 104, 105, 110, 112, 115, **119,** 130
Vergangenheit 9, 10, 12, 14, 15, 16, 17, 19, 20, 78, 85, 112, 113, 118

Versailles 54, 55, 56, 57, 58, 72, 76, 77, 106, 107
Vespucci, Amerigo (1451–1512), it. Seefahrer und Kaufmann 32
da Vinci, Leonardo (1452–1519), it. Maler, Bildhauer, Erfinder 24
Völkerwanderung 12, 13
Volksinitiative 120, 121, 130
Voltaire (François-Marie Arouet, 1694–1778), frz. Philosoph und Schriftsteller 64, 65

Wallis 100
Washington, George (1787–1797), erster Präsident der USA 23, 66, 67
Watt, James (1736–1819), schottischer Erfinder 9, 22, 23, 31, 32, 33, 69
Wecker Mötteli, Regina (geb. 1944), schweiz. Historikerin 105
Weltbild 26, 27, 68
Weltkarte 26
von Werner, Anton (1843–1915), dt. Maler 107
Wien 48, 80, 81, 94, 95, 102
Wiener Kongress 70, 94, 95, 110
Wilhelm I. (1871–1888), Kaiser des Deutschen Reiches 106, 107
Winkelried, Arnold (schweiz. Sagengestalt in der Schlacht von Sempach, 1386) 113
Württemberg 94
Wyss, Bernhard (1463–1531), schweiz. Chronist 49

Zeitmaschine 9
Zeitstrahl 10, 11, 12, 13, 20, 68, 75, 114, 130
Zentralist 92
Zerfall des Römischen Reiches 13
Zug 48, 53, 77
Zukunft 14, 15, 20
Zürich 18, 27, 48, 49, 97, 101, 112, 119, 146
Zurlauben, Maria Barbara (1660–1724), Zuger Söldnerfamilie 52, 53
Zurlauben, Beat Jakob II. (1660–1717), Zuger Söldnerfamilie 52, 53
Zweikammersystem 104
Zwingli, Huldrych (1484–1531), schweiz. Reformator 23, 48, 49, 50, 69

Textquellenverzeichnis

1 Eine Reise durch die Zeit
S. 17, Q3 Nach: Plutarch: Grosse Römer und Griechen, eingel. u. übers. v. Marco Ziegler, Bd. 1, Aristeides und Marcus Cato, Artemis Verlag, Zürich 1954, S. 345f., © De Gruyter, Berlin

2 Unterwegs in die Neuzeit
S. 25, Q2 Helmut Presser: Johannes Gutenberg, Rowohlt Taschenbuch Verlag GmbH, Reinbek bei Hamburg 1967

S. 25, Q3 Nicolette Mout (Hrsg.): Die Kultur des Humanismus, C. H. Beck, München 1998, S. 101f.

S. 29, Q2 Eberhard Schmitt: Die Anfänge der europäischen Expansion, Schulz-Kirchner, Idstein 1991, S. 199ff.

S. 29, Q3 Das europäische Geschichtsbuch. Eine europäische Initiative von Frédéric Delouche, © Hachette Livre, Paris 1997, Klett-Cotta, Stuttgart 1998

S. 33, Q2 Nach: Matthias Meyn (Hrsg.): Die grossen Entdeckungen (Dokumente zur Geschichte der europäischen Expansion, Bd. 2, hrsg. v. Eberhard Schmitt), C. H. Beck, München 1984, S. 112ff., 119

S. 37, Q2 Nach: Matthias Meyn (Hrsg.): Die grossen Entdeckungen (Dokumente zur Geschichte der europäischen Expansion, Bd. 2, hrsg. v. Eberhard Schmitt), C. H. Beck, München 1984, S. 112ff., 119

S. 39, Q2 Peter Martyr von Anghiera: Acht Dekaden über die neue Welt, Band 2, 2. verbl. Aufl., übers. v. Hans Klingelhöfer, WBG, Darmstadt 1975, S. 53f.

S. 39, Q3 Miguel León-Portilla, Renate Heuer (Hrsg.): Rückkehr der Götter, ungek. Ausg., aus d. Náhautl übers. v. Angel Maria Garibay K., dt. v. Renate Heuer, Vervuert Verlag, Frankfurt/Main 1986

S. 41, Q2 Herrscher und Untertanen. Indianer in Peru 1000 v. Chr. bis heute, Museum für Völkerkunde, Frankfurt/Main 1973, 1974

S. 43, Q2 Jorge Amado: Das Land der goldenen Früchte, übers. v. Herbert Bräuning, Volk und Welt, Berlin 1953, S. 176f.

S. 45, Q2 Nach: Helmar Junghans (Hrsg.): Die Reformation in Augenzeugenberichten, © Karl Rauch Verlag, Düsseldorf 1967, S. 43

S. 45, Q3 Nach: Helmar Junghans (Hrsg.): Die Reformation in Augenzeugenberichten, © Karl Rauch Verlag, Düsseldorf 1967, S. 58

S. 47, Q2 Nach: Johannes Cochläus: Historia Martini Lutheri, Ingolstadt 1582

S. 49, Q2 Nach: Emidio Campi, Philipp Wälchli (Hrsg.): Zürcher Kirchenordnungen 1520–1675, Bd. 1, Theologischer Verlag Zürich, Zürich 2011, Nr. 13 (15.6.1524), Nr. 53 (26.3.1530), Originale im Staatsarchiv des Kantons Zürich

S. 49, Q3 Nach: Emidio Campi und Philipp Wälchli (Hrsg.): Zürcher Kirchenordnungen 1520–1675, Bd. 1, Theologischer Verlag Zürich, Zürich 2011, Nr. 13 (15.6.1524) und Nr. 53 (26.3.1530), Originale im Staatsarchiv des Kantons Zürich

S. 51, Q3 Karl Heinrich Peter (Hrsg.): Briefe zur Weltgeschichte. Von Cicero bis Roosevelt, dtv, München 1964, S. 59ff.

S. 53, D1 Jost Auf der Maur: Söldner für Europa. Mehr als eine Schwyzer Familiengeschichte, Echtzeit Verlag, Basel 2011, S. 37, 45

S. 55, Q2 Nach: Theodor Steudel: Der Fürstenstaat (Teubners Quellensammlung für den Geschichtsunterricht V: 4), B. G. Teubner Verlag, Leipzig–Berlin 1933, S. 1ff., © Springer-Verlag, Heidelberg

S. 55, Q3 Louis XIV, Mémoires, veröff. v. Jean Longnon, Tallandier, Paris 1927, übers. v. Klaus Leinen

S. 61, Q2 Fritz Dickmann (Bearb.): Renaissance, Glaubenskämpfe, Absolutismus (Geschichte in Quellen, Bd. 3), 2. Aufl., Bayerischer Schulbuchverlag, München 1976, S. 448

S. 61, Q3 Thomas Schuler, Hans-Georg Hofacker (Hrsg.): Geschichtsbuch 2. Die Menschen und ihre Geschichte in Darstellungen und Dokumenten, übers. v. Günther-Arndt Hilke, Frankfurt/Main 1987, S. 159

S. 63, Q3 Wolfgang Kleinknecht, Herbert Krieger: Die Neuzeit (Materialien für den Geschichtsunterricht in mittleren Klassen, Bd. 4), Klinkhardt & Biermann, Braunschweig 1963, S. 187

S. 63, Q4 Immanuel Kant: Werke, Bd. 9, WBG, Darmstadt 1975, S. 53f.

S. 65, Q2 Encyclopédie, 1751, Histoire-Géographie, Bd. 4, Nathan, Paris 1992, S. 43, übers. v. Rebecca Leinen

S. 65, Q3 Heinrich Weinstock (Hrsg.): Jean Jacques Rousseau: Der Gesellschaftsvertrag oder die Grundsätze des Staatsrechts, übers. v. Dieter Ferchl, Reclam, Leipzig 1963, S. 30, 36

3 Die Schweiz im revolutionären Europa
S. 78, Q1 Susanne Petersen: Marktweiber und Amazonen, Pahl-Rugenstein Verlag, Köln 1987, S. 89–94

S. 79, D1 Quelle: Dr. Viktoria Frysak, Wien, http://olympe-de-gouges.info, Zugriff: Februar 2015

S. 81, Q2 Ulrich Friedrich Müller: Die Französische Revolution, Lesewerk zur Geschichte, Langewiesche-Brandt, Ebenhausen 1961, S. 46

S. 81, Q3 Gustav Landauer (Hrsg.): Briefe aus der französischen Revolution, Rütten & Loening, Frankfurt/Main 1919

S. 83, Q2 Martin Göhring: Geschichte der grossen Revolution, Bd. 2, Mohr Siebeck, Tübingen 1951, S. 382

S. 87, Q2 Wilhelm Oechsli: Quellenbuch zur Schweizer Geschichte, 2. Aufl., Zürich 1901, S. 563f.

S. 87, Q3 Das Werden der modernen Schweiz, Bd. 1, Interkantonale Lehrmittelzentrale Luzern/Lehrmittelverlag des Kantons Basel-Stadt, Luzern/Basel 1986, S. 21

S. 89, Q3 Code civil vom 21. März 1804, Gallica, Bibliothèque Numérique, aus: http://gallica.bnf.fr/ark:/12148/bpt6k1061517/f3.image.r=.langFR, übers. v. Rebecca Leinen, Zugriff: August 2015

S. 91, Q2 Eckart Kleßmann (Hrsg.): Deutschland unter Napoleon in Augenzeugenberichten, 2. Aufl., © Karl Rauch Verlag, Düsseldorf 1982, S. 312f.

S. 93, Q2 Bonaparte kündigt der Schweiz seine Vermittlung an, 30. September 1802. Publiziert als Dokument Nr. 220 in: Wilhelm Oechsli: Quellenbuch zur Schweizer Geschichte, 2. Aufl., Zürich 1901, S. 638–639. Quelle: gekürztes Flugblatt, Stadtbibliothek Winterthur

S. 95, Q2 Hilde Spiel (Hrsg.): Der Wiener Kongress in Augenzeugenberichten, dtv, München 1978, S. 74

S. 97, D2 Nach: Anne-Marie Dubler: Masse und Gewichte im Staat Luzern und in der alten Eidgenossenschaft, Festschrift, 125 Jahre Luzerner Kantonalbank, Luzern 1975

S. 99, Q3 Walter Wettstein: Die Regeneration des Kantons Zürich. Die liberale Umwälzung der 30er Jahre 1830–1839, Zürich 1906, 1907

S. 101, Q1 Edgar Bonjour: Die Gründung des schweizerischen Bundesstaates 1848, B. Schwabe & Co., Basel 1948, S. 278

S. 103, Q2 Karl Obermann (Hrsg.): Flugblätter der Revolution 1848/49, dtv, München 1972, S. 47ff.

S. 103, Q3 Walter Grab (Hrsg.): Die Revolution von 1848/49. Eine Dokumentation, Reclam, Stuttgart 1998, S. 46f.

S. 105, Q1 Zürcher Taschenbuch auf das Jahr 1848, S. 33

S. 105, Q2 Georg Kreis (Hrsg.): Geschichte der Schweiz, Schwabe AG, Basel 2014, S. 434

S. 107, Q2 Rainer A. Müller: Vom Deutschen Bund zum Kaiserreich 1815–1871 (Deutsche Geschichte in Quellen und Darstellung, Bd. 7, hrsg. v. Wolfgang Hardtwig, Helmut Hinze), Reclam, Stuttgart 1997, S. 411f.

S. 107, Q3 Rainer A. Müller: Vom Deutschen Bund zum Kaiserreich 1815–1871 (Deutsche Geschichte in Quellen und Darstellung, Bd. 7, hrsg. v. Wolfgang Hardtwig, Helmut Hinze), Reclam, Stuttgart 1997, S. 466f.

S. 111, Q2 Philipp Anton von Segesser: Sammlung kleiner Schriften, hrsg. v. K. J. Wyss, Bd. III, Bern 1877, S. 9

4 Zusammenleben in der Schweiz

S. 119, Q3 Nach: Hanneke Spinatsch: Schulpflicht – Der Trick mit dem Privatunterricht, aus: Beobachter 7/2014, 4. April 2014. Mit freundlicher Genehmigung zur Verfügung gestellt durch den Beobachter, © Beobachter

S. 121, Q2 Claudia Wirz: Lernen ohne Schule, aus: Neue Zürcher Zeitung, 22. Oktober 2012

S. 127, Q5 Nach: Oberdeutsche allgemeine Literaturzeitung LXX, 12. Juni 1804, S. 1118f.

Bildquellenverzeichnis

4–5 WmcRahulSaini, Wikimedia Commons, CreativeCommons-Lizenz by-sa-3.0

1 Eine Reise durch die Zeit

9.Q1 akg-images/Album/The Time Machine Dreamworks SKG/Warner Bros; **10.Q1** Familie Kokot; **11.Q2** Familie Kokot; **14.Q1** Shutterstock/Karramba Production; **15.Q2** Germanisches Nationalmuseum, Nürnberg; **15.Q3** bpk; **15.Q4** akg-images/Erich Lessing; **16.Q1** bpk/RMN/Grand Palais/Franck Raux; **17.Q2** akg-images; **17.Q4** akg-images; **19.D2** © Beat Fuhrer, Abländschen; **21.Q1** Staatsarchiv Basel-Stadt, PA 962a V 3.9.

2 Unterwegs in die Neuzeit

22.D1 Wikimedia Commons, Davepape; **24.Q1** akg-images/Cameraphoto; **25.Q4** akg-images; **26.Q1** Kloster Ebstorf; **27.Q2** Schweizerisches Nationalmuseum DIG-4866; **27.Q3** © Matthias Jurt; **28.D1** mauritius images/ROSENFELD; **29.Q1** akg-images; **32.Q1** akg-images; **35.Q1** KEYSTONE/IMAGINECHINA; **35.Q2** Philadelphia Museum of Art/Corbis/Dukas; **36.Q1** akg-images/British Library; **37.D1** Getty Images/De Agostini Picture Library; **38.Q1** akg-images; **39.Q4** ullstein bild/The Granger Collection; **40.Q1** bpk/Knud Petersen; **42.Q1** KEYSTONE/NTB SCANPIX NORWAY; **43.Q3** Marbod Roßmeißl/terre des hommes Deutschland; **44.Q1** akg-images; **46.Q1** akg-images; **47.Q3** akg-images; **47.Q4** bpk; **48.Q1** An der Grenze zwischen Zug und Zürich essen im Juni 1529 Krieger von beiden Seiten aus dem gleichen Topf eine Suppe aus Milch und Brot. Kopienband zur zürcherischen Kirchen- und Reformationsgeschichte (Heinrich Bullinger u. a.), von der Hand von Heinrich Thomann, 1605–1606, Zentralbibliothek Zürich, Ms B 316, Bl. 418v; **50.Q1** akg-images; **51.Q2** Innenansicht des Basler Münsters mit Blick gegen den Chor, Basel, 1650, Johann Sixt Ringle, © HMB–Historisches Museum Basel, Foto: M. Babey; **51.Q4** bpk/Hamburger Kunsthalle/Christoph Irrgang; **52.Q1** REUTERS/Max Rossi; **53.Q2** Niklaus Manuel: Allegorie auf den Krieger, der zum Bettler wird, Staatliche Museen zu Berlin; **53.Q3** Stefan Schuler, Wikimedia Commons, CreativeCommons-Lizenz by-sa-3.0; **54.Q1** akg-images/Erich Lessing; **55.Q4** INTERFOTO/National Maritime Museum, London; **56–57.Q1** ALTITUDE/Yann Arthus-Bertrand; **57.Q2** akg-images/Marc Deville; **58.Q1** bpk/RMN–Grand Palais/Gérard Blot; **61.Q1** akg-images; **62.Q1** akg-images/Erich Lessing; **63.Q2** akg-images; **64.Q1** ullstein bild/IBERFOTO; **65.Q4** Bridgeman Images; **65.Q5** bpk; **66.Q1** ullstein bild/The Granger Collection; **66.Q2** akg-images/North Wind Picture Archives; **69** KEYSTONE/IMAGINECHINA (Zheng He); akg-images (Christoph Kolumbus); akg-images (Huldrych Zwingli); akg-images (Ludwig XIV.); bpk (Jean-Jacques Rousseau)

3 Die Schweiz im revolutionären Europa

70.D1 Die Schweizer – Guillaume-Henri Dufour, der General, der die Schweiz rettete, © 2013 SRG SSR/ISAN 0000-0003-169D-0000-9-0000-0000-A; **72.Q1** akg-images; **74.Q1** Bridgeman Images; **75.Q2** akg-images; **76.Q1** akg-images; **77.Q2** akg-images; **77.Q3** akg-images; **78.Q2** AFP/Thomas Samson; **79.Q3** Olympe de Gouges, Pastell von Alexander Kucharski, Privatsammlung; **80.Q1** akg-images/Nimatallah; **81.Q4** Bridgeman Images; **81.Q5** Bridgeman Images; **82.Q1** ullstein bild/Imagno; **83.Q3, links** akg-images; **83.Q3, rechts** akg-images/Erich Lessing; **84.Q1** akg-images/André Held; **86.Q1** Überführung des Zürcher Staatsschatzes nach Paris, begleitet von französischen Soldaten, Stecher Balthasar Anton Dunker, 1799, Schweizerisches Nationalmuseum DIG-16731; **87.Q4** MoneyMuseum, Zürich; **87.Q5** iStockphoto/rusm; **88.Q1** akg-images/VISIOARS; **89.Q2** akg-images/Erich Lessing; **91.Q1** Bridgeman Images; **92.Q1** Älplerfahne, 1799, 176,5 mal 181 cm, Seidenbahnen zusammengenäht, helvet. Signet und Schrift aufgemalt, Sammlung Nidwaldner Museum Stans; **93.Q3** Zentralbibliothek Zürich, Graphische Sammlung und Fotoarchiv; **94.Q1** akg-images; **96.Q1** Lucien Leitess, Irma Noseda, Bernhard Wiebel: Martin Disteli … und fluchend steht das Volk vor seinen Bildern, Ausstellungskatalog Kunstmuseum Olten 1977, S. 41; **97.Q2** Eidgenössisches Schützenfest in Zürich, 13.–19. Juli 1834. Blick aus der Festhütte auf Fahnenburg, die Caféhäuser und das Schützenhaus, Ausschnitt. Zeichner Johann Jakob Sperli, 1834, Schweizerisches Nationalmuseum DIG-2859; **98.Q1** David Hess: Das neue Verhältnis des Herrn Schullehrer zum Pfarrer, um 1835, © 2015 Kunsthaus Zürich; **99.Q2** picswiss.ch/Zumbühl; **100.D1** Die Schweizer – Guillaume-Henri Dufour, der General, der die Schweiz rettete, © 2013 SRG SSR/ISAN 0000-0003-169D-0000-9-0000-0000-A. Das Kartenspiel ist Eigentum der Fondation Archives Dufour, Genève; **101.Q2** Alle unter Einem Hut, Holzstich von Jakob Ziegler, aus: Postheiri, 1849, Universitätsbibliothek Basel, Sign. LesG ZQ 117: 5/2 (1849); **102.Q1** Bridgeman Images; **103.Q4** bpk/Dietmar Katz; **105.D2** Neu illustriert nach: Helmut Meyer, Peter Schneebeli: Durch Geschichte zur Gegenwart, Bd. 2, Lehrmittelverlag des Kantons Zürich, Zürich 1996, S. 187; **106.Q1** akg-images; **107.Q4** akg-images; **108–109, oben** Bourbaki-Panorama, Luzern; **108.Q1** Alessandro Gallo, Wikimedia Commons, CreativeCommons-Lizenz by-sa-3.0; **108.Q2** Bourbaki-Panorama, Luzern; **109.Q3** Bourbaki-Panorama, Luzern; **109.D1** Julia Leijola, Wikimedia

Commons, CreativeCommons-Lizenz by-sa-3.0; **110.Q1** Schweizerische Nationalbibliothek, Graphische Sammlung: Sammlung Grafikansichten Schweiz; **111.Q3** © ICRC/Carina Appel; **112.Q1** Staatsarchiv Basel-Stadt, PA 526a E 8.2; **113.Q2** Schweizerisches Bundesarchiv, CH-BAR#E4#1000/781#276*; **113.Q3** Jean Renggli: Rütlischwur (Walter Fürst, Arnold von Melchtal und Werner Stauffacher), 1891, Öl auf Leinwand. Eigentum der Stadt Luzern. Foto: Georg Anderhub; **113.Q4** picswiss.ch/Zumbühl; **115.Q1** akg-images

4 Zusammenleben in der Schweiz
117.Q1 KEYSTONE/RUE DES ARCHIVES/RDA; **119.Q1** © Béatrice Devènes, Parlamentsdienste, Bern; **121.Q1** Markus Oertly, Wikimedia Commons, CreativeCommons-Lizenz by-sa-3.0; **124.D1** Fotolia/Alexander Raths (Soziale Unterstützung); iStockphoto/LivingImages (Bildung); © SBB CFF FFS (Verkehr); Andreas Eggenberger, Fotograf (Pflege öffentliche Orte); KEYSTONE/Gaëtan Bally (Verteidigung, Sicherheit); iStockphoto/monkeybusinessimages (Gesundheit); **125.D3** Quelle: Bundesamt für Statistik BFS; **125.D4** Quelle: Eidgenössische Finanzverwaltung EFV; **125.D5** Quelle: Bundesamt für Statistik BFS; **126.Q1** Fotolia/Eimantas Buzas; **128–129** Nach: UNICEF 2014; **128.Q1** Courtesy of ONE COUNTRY, the newsletter of the Baha'i International Community; **129.Q2** Carla Gómez Monroy, OLPC, CC-BY-SA-3.0; **129.Q3** REUTERS/Lee Jae-Won/SOUTH KOREA EDUCATION BUSINESS SOCIETY; **131.Q1** Klassenfoto einer Primarschule. Fotograf: Bruno Kugler. Um 1935. VI 66293, © Museum der Kulturen Basel; **131.Q2** © Fotoarchiv Gemeinde Binningen

Der Verlag hat sich bemüht, alle Rechteinhaber zu eruieren. Sollten allfällige Urheberrechte geltend gemacht werden, so wird gebeten, mit dem Verlag Kontakt aufzunehmen.

zeitreise 1
Schulbuch
Ausgabe für die Schweiz
auf der Grundlage von «Zeitreise 1» und «Zeitreise 2»
aus dem Ernst Klett Verlag GmbH, Stuttgart,
2011/2012

Bearbeitung für die Schweiz: Karin Fuchs, Hans Utz

Fachdidaktische Leitung: Peter Gautschi

Projektleitung und Redaktion: Vera Inderbitzin

Beratung und Erprobung: Folgende Sekundar- und Realschullehrerinnen und -lehrer haben in den Jahren 2014/15 Kapitel aus der «Zeitreise» erprobt und beratend an der Entwicklung der Schweizer Ausgabe mitgewirkt:
Dorothe Zürcher, AG; Carmen Neuenschwander, BE; Katharina Wälchli, BE; Dominique Oeri, BL; Trix Buholzer, LU; Urs Gilli, LU; Beatrice Gutmann Keller, SG; Patrick Keller, SG; Elsbeth Stamm, ZH

Fachwissenschaftliche Beratung: Volker Reinhardt, Universität Freiburg im Uechtland; Regina Wecker, Universität Basel

Satz und Layout: Krause Büro, Jens Krause, Leipzig

Reproduktion: Meyle & Müller, Medien-Management, Pforzheim

Umschlag- und Gesamtgestaltung: normaldesign, Jens-Peter Becker, Schwäbisch-Gmünd

Umschlagillustration: Getty Images/The Image Bank/ Candela Foto Art/Kreuziger

Illustrationen/Piktogramme: Krause Büro, Jens Krause, Leipzig; Lutz-Erich Müller, Leipzig; Sandy Lohss, Chemnitz; Eike Marcus, Berlin; Melk Thalmann, Luzern (S. 116); Ursula Koller, Baden-Rütihof (S. 123)

Schaubilder: Sandy Lohss, Chemnitz

Karten: Kartografisches Büro Borleis & Weis, Leipzig; Ingenieurbüro für Kartografie Dipl.-Ing. Joachim Zwick, Giessen

Computergrafiken: Kreaktor, Axel Kempf, Hannover

Fotografien: Iris Stutz, Zürich (S. 18–19)

Korrektorat: Stefan Zach, z.a.ch GmbH, Langenthal

Rechte und Bildredaktion: Silvia Isenschmid

Redaktionsassistenz: Wibke Oppermann; Simone Zöckler

Die Schweizer Ausgabe der «Zeitreise» wurde in Zusammenarbeit mit dem Institut für Geschichtsdidaktik und Erinnerungskulturen, Pädagogische Hochschule Luzern, entwickelt.

PH LUZERN
PÄDAGOGISCHE
HOCHSCHULE

Originalausgaben
zeitreise 1, 978-3-12-451010-5
zeitreise 2, 978-3-12-451020-4
zeitreise 2, Ausgabe Südtirol, 978-88-8566-698-9
Alle © Ernst Klett Verlag GmbH, Stuttgart 2011/2012
Für Südtirol: © Deutsches Bildungsressort, Bereich Innovation und Beratung, Bozen 2012

Autorinnen und Autoren: Sven Christoffer, Maria Heiter, Klaus Leinen, Peter Offergeld, Dirk Zorbach; mit Beiträgen von: Arno Höfer, Volker Scherer, Eckhard Spatz, Hans Steidle

1. Auflage 2016
3., unveränderter Nachdruck 2018
Alle Drucke dieser Auflage können im Unterricht nebeneinander verwendet werden.

Lizenzausgabe für die Schweiz
© Klett und Balmer AG, Baar 2016

Alle Rechte vorbehalten.
Nachdruck, Vervielfältigung jeder Art oder Verbreitung – auch auszugsweise – nur mit schriftlicher Genehmigung des Verlags.

ISBN 978-3-264-84160-2

Begleitband mit Online-Material ISBN 978-3-264-84163-3
Digitale Ausgabe für Lehrpersonen ISBN 978-3-264-84244-9

www.klett.ch/zeitreise; www.klett.ch
info@klett.ch